Bibliografische Information der Deutschen Nationalbibliothek
Die Deutsche Nationalbibliothek verzeichnet diese Publikation in der Deutschen National-
bibliografie. Detaillierte bibliografische Daten sind im Internet über dnb.dnb.de abrufbar.

Alle in diesem Buch gemachten Angaben, Übungen, Checklisten und Workshops wurden mit
größter Sorgfalt erarbeitet bzw. zusammengestellt. Trotzdem können Fehler im Text nicht
ausgeschlossen werden. Verlag und Autorin übernehmen daher für fehlerhafte Angaben und
deren Folgen weder eine juristische Verantwortung noch irgendeine Haftung. Sie sind jedoch
für Verbesserungsvorschläge und Korrekturen dankbar.

Wir weisen darauf hin, dass die in diesem Buch verwendeten Gebrauchsnamen, Handels-
namen, Warenbezeichnungen usw. warenzeichen-, marken- oder patentrechtlichem Schutz
unterliegen können. Ihre Verwendung dient ausschließlich Informationszwecken und stellt
keinen Missbrauch im Sinne des Urheberrechts dar.

ISBN: 978-3-943036-03-9
1. Auflage 2020

Autorin: Dr. Doris Schüler
Layout & Design: Alexander Bota-Weber
Coverfoto: Online Creative Media/narvikk
Korrektorat: Bettina Krauß
Herstellung: BoD – Books on Demand, Norderstedt

Copyright © 2020 amondis Verlag, Darmstadt

Internet: www.amondis.com

Doris Schüler

Schüchterne Kinder stärken

Wie sie Ängste überwinden, ihre Gaben entdecken
und die Persönlichkeit entfalten

amondis Verlag

Inhalt

Vorwort **9**

Kapitel 1 – Einleitung. **11**

Kapitel 2 – Die vielen Gesichter der Schüchternheit. **15**
2.1   Das breite Spektrum der Schüchternheit. 15
2.2   Wie Schüchternheit in der westlichen Kultur gesehen wird 16
2.3   Wie entsteht Schüchternheit? 17
2.4   Schüchternheit und Angst. 22

Kapitel 3 – Ein Blick in die Temperamentsforschung **27**
3.1   Was ist mit Temperament gemeint? 27
3.2   Temperamentsmerkmale und Schüchternheit 28
3.3   Hochsensible Kinder 34
3.4   Extrovertierte und introvertierte Persönlichkeiten 38

Kapitel 4 – Die Erste Säule: Ein gesundes Selbstgefühl **45**
4.1   Was ist mit Selbstgefühl gemeint? 45
4.2   Kinder wollen gesehen und anerkannt werden 47
4.3   Sich selbst und das Kind annehmen 49
4.4   Wie Zuneigung gezeigt werden kann 51
4.5   Angemessene Erwartungen der Eltern. 53
4.6   Mitfreude statt Lob und Belohnung 55
4.7   Glücksmomente sammeln 59
4.8   Zeit für das Kind. 61
4.9   Aktives Zuhören in der Familie einüben 62
4.10   Ich-Botschaften einsetzen 67
4.11   Eltern erzählen von sich 70

4.12   Den Blick auf das Positive richten 71
4.13   Ausdruck von Ärger und Wut 74
4.14   „Nein" sagen 75
4.15   Kinder wollen nicht „schüchtern" genannt werden 77
4.16   Entschuldigungen entlasten die Atmosphäre 79
4.17   Ein Klima der Toleranz 81
4.18   Wenn das Kind so sein will wie andere Gleichaltrige 83
4.19   Manche Kinder brauchen sehr viel Zeit 84
4.20   Die besonderen Eigenschaften hochsensibler Kinder. 87
4.21   Vom Umgang mit elterlichen Ängsten 91

Kapitel 5 – Die Zweite Säule: Das Selbstvertrauen stärken **95**
5.1   Das Kind seine Interessen wählen lassen 95
5.2   Erfolgserlebnisse und Mitverantwortung 97
5.3   Die besten Lösungen findet das Kind selbst 100
5.4   Altersgerechtes Mitspracherecht für das Kind 101
5.5   Mutiges Verhalten fördern 103
5.6   Freude an der eigenen Gesellschaft gewinnen 106
5.7   Bewegung tut gut. 107
5.8   Laut- und Ausgelassen-Sein 109

Kapitel 6 – Die Dritte Säule: Selbstmanagement lernen **111**
6.1   Vom Pessimisten zum Optimisten 111
6.2   Schnuller, Daumen und Schmusetuch 115
6.3   Misserfolge und Rückschläge. 117
6.4   Stressabbau. 119
6.5   Von Ritualen und einem gleichförmigen Tagesablauf 120
6.6   Vorplanen hilft bei Scheu vor neuen Situationen 123
6.7   Ziele setzen und kleine Schritte gehen. 124
6.8   Mit der Angst umgehen lernen 126
6.9   Angst auslösende Filme und Nachrichten 130
6.10   Spiele, Übungen, Tanz und Theater 133
6.11   Phantasiereisen und Geschichten 134
6.12   Entspannungsübungen 136
6.13   Herausforderung Pubertät 139

Kapitel 7 – Die Vierte Säule: Soziale Fertigkeiten trainieren........ 145

7.1   Augenkontakt aufnehmen 145

7.2   Laut und deutlich sprechen.. 146

7.3   Wertschätzung zeigen 148

7.4   Andere Perspektiven einnehmen 150

7.5   Verschiedene Bezugspersonen erleben 152

7.6   Vom Umgang mit Hänseleien 153

7.7   Eine geeignete Umgebung 156

7.8   Training sozialer Fähigkeiten im Spiel zu Hause 159

7.9   Das Trainingsprogramm „Ich schaff´s"........................... 160

Kapitel 8 – Die Fünfte Säule: Starke soziale Ängste überwinden..... 165

8.1   Wie äußern sich starke soziale Ängste? 165

8.2   Geht starke soziale Angst „von alleine" wieder weg? 167

8.3   Besondere Ursprünge von sozialen Ängsten 169

8.4   Kompetente Beratung.. 171

8.5   Gruppentraining und Einzeltherapie.............................. 174

Kapitel 9 – Die Sechste Säule: Wie Eltern mit ihren Kindern wachsen .. 179

9.1   Probier's mal anders!... 180

9.2   Ohne Fehler geht es nicht 182

9.3   Wenn Eltern ein übermäßig schlechtes Gewissen plagt............. 184

9.4   Wo bleiben die Bedürfnisse der Eltern? 189

9.5   Rund um Mitleid, Sorgen und Überfürsorge....................... 194

9.6   Das Verändern von negativen Gedanken und Gefühlen 199

9.7   Wie sich Familiensysteme ausbalancieren 210

9.8   Wenn Eltern unter Schüchternheit leiden......................... 212

Kapitel 10 – Tipps zum Weiterlesen, Literatur und Referenzen........ 215

10.1   Tipps zum Weiterlesen 215

10.2   Verwendete Literatur und Referenzen 220

Die Autorin

 **Dr. Doris Schüler**, Jahrgang 1966, psychologische Beraterin, Elterncoach, promovierte Ingenieurin und Autorin, ist Mutter von zwei Kindern.

Eines ihrer Kinder war sehr stark schüchtern und hat diese Schüchternheit – und die damit verbundenen Ängste – erfolgreich überwunden.

Kontakt: www.facebook.com/autorenseite.doris.schueler

Vorwort

Liebe Eltern, liebe Leserinnen, liebe Leser!

Jedes Kind ist anders und einzigartig. Dennoch erhalten Eltern immer wieder pauschale Ratschläge zur Kindererziehung, die die unterschiedlichen kindlichen Temperamente nicht berücksichtigen. Für ein sensibles, vorsichtiges oder zurückgezogenes Kind sind viele dieser Empfehlungen alles andere als hilfreich.

Jedes Kind bringt eine eigene Persönlichkeit mit, die sich im Wechselspiel mit der Umgebung immer wieder verändert und weiter entwickelt. Eine liebevolle Begleitung des Kindes bedeutet darum, das Kind und seine Bedürfnisse immer wieder aufs Neue zu erforschen und ihm soweit als möglich einen Rahmen zu schaffen, in dem es sich mit seinem Temperament gut zurecht finden und auf seine eigene Weise entwickeln kann. Eltern stärken ihr Kind sehr, wenn sie ihm soweit entgegen kommen, dass es den Halt, die Geborgenheit und die Herausforderungen erhält, die eine gesunde Entwicklung ermöglichen. Oft haben dabei schon kleine Veränderungen große Wirkungen.

Das Buch möchte Ihnen Anregungen geben, diese kleinen Veränderungsmöglichkeiten herauszufinden, die Ihrem zurückhaltenden Kind und Ihnen selbst gut tun. Das Ziel dieses Buches ist es nicht, Patentrezepte weiterzugeben. Das Ziel ist vielmehr, zum Nachdenken anzuregen - zur Auseinandersetzung mit Ihrem Kind und mit sich selbst. Denn Sie kennen Ihr Kind so gut wie kein anderer Mensch und werden sicher bereits gute Wege gefunden haben und weiterhin finden, um Ihr Kind hilfreich zu begleiten.

Auf der Suche nach diesen Wegen möchte ich Ihnen Mut machen und viele Anregungen zur Entdeckung der vielen – möglicherweise noch verborgenen – Potentiale Ihres zurückhaltenden Kindes geben. Dies gilt umso mehr, wenn Ihr Kind unter seinen zurückhaltenden Verhaltenweisen leidet. Denn viele Kinder, die unter ihrer

Schüchternheit und Ängstlichkeit gelitten haben, haben es gemeinsam mit ihren Eltern erfolgreich geschafft, diese Ängste abzulegen und sich zu glücklichen und selbstbewussten Persönlichkeiten zu entwickeln. Mit Ihrer Unterstützung wird auch Ihr Kind diesen Weg gehen.

Ich wünsche Ihnen auf der Entdeckungsreise mit Ihrem Kind viel Freude!

Doris Schüler, im November 2020

1 Einleitung

Jedes Kind hat seine besonderen Stärken und sein eigenes Temperament und demzufolge auch ganz eigene Bedürfnisse. Somit können keine allgemein gültigen Erziehungsrezepte gegeben werden, wie ein schüchternes Kind idealerweise begleitet werden sollte. Es gibt schüchterne Kinder, die unter ihrer Schüchternheit leiden und deshalb von ihren Eltern „gestärkt" werden sollten. Ebenso gibt es jedoch auch schüchterne Kinder, die zufrieden mit sich und ihrem Leben sind. Wenn sie in einer Umgebung aufwachsen, die ihr zurückhaltendes Temperament akzeptiert, können sie sich wunderbar entfalten.

Vor diesem Hintergrund beschäftigen sich die folgenden zwei Kapitel zunächst mit den vielfältigen Ausprägungen und Ursachen von Schüchternheit sowie mit dem aktuellen Stand der Temperamentsforschung. Die Kapitel zeigen, wie unterschiedlich und facettenreich die Temperamentsmerkmale von Kindern sind und welche spezifischen Gaben, Talente und Stärken insbesondere bei zurückhaltenden Kindern häufig vorhanden sind.

Nach diesen Hintergrundinformationen werden Sie zahlreiche Anregungen und Gedankenanstöße zur Stärkung von zurückhaltenden Kindern kennen lernen. Diese sind in sechs große Themenblöcke gegliedert und werden in diesem Buch als „Sechs Säulen" bezeichnet:

Die **Erste Säule** beschäftigt sich mit dem kindlichen Selbstgefühl. Damit ist das grundlegende Lebensgefühl gemeint, das – wenn es gesund und lebendig ist – die eigene Existenz rundum bejaht. Das Kind spürt, dass es wertvoll und in Ordnung ist, so wie es ist, ohne dafür etwas tun oder leisten zu müssen. Das Selbstgefühl betrifft unmittelbar den Kern der menschlichen Existenz und ist deshalb von großer Bedeutung für die kindliche Entwicklung. Die Anregungen im vorliegenden Buch zeigen viele Möglichkeiten auf, wie das Selbstgefühl von zurückhaltenden Kindern nachhaltig gestärkt werden kann.

Die **Zweite Säule** widmet sich dem kindlichen Selbstvertrauen. Das Thema hier ist, wie das Kind Vertrauen in seine eigene Kraft, seine Kreativität und sein Können aufbaut. Auch hier können Eltern ihr zurückhaltendes Kind stark fördern. Zugleich können sie es jedoch auch stark behindern, wenn sie ihm zu wenig zutrauen oder ihm zu viel abnehmen.

Bei der **Dritten Säule** geht es um das Selbstmanagement des Kindes. Im Laufe ihrer Entwicklung lernen Kinder nach und nach, wie sie mit ihren Gefühlen und Gedanken umgehen können und wie sie ihr Leben strukturieren und gestalten. Es gelingt ihnen zunehmend, mit ihrer Angst umzugehen und Misserfolge zu überwinden. In der Kleinkindphase brauchen sie in diesem Punkt noch die direkte Unterstützung der Eltern, während bei älteren Kindern die Eltern immer weiter zurücktreten und das Kind das Selbstmanagement zunehmend erlernt. Die Eltern können ihrem Kind auf diesem Gebiet die benötigten Fertigkeiten vermitteln und als Vorbild dienen. In dieser Säule werden viele Wege aufgezeigt, wie insbesondere zurückhaltende und ängstliche Kinder darin gefördert werden können, mit ihren unterschiedlichen Gefühlen und Gedanken zurechtzukommen und ihr Leben mit Freude selbst in die Hand zu nehmen.

Die **Vierte Säule** beschäftigt sich mit sozialen Fertigkeiten. Manche zurückhaltenden Kinder haben Schwierigkeiten in ihrem Umfeld, weil sie bestimmte soziale Fähigkeiten noch nicht besitzen. Mit konkreten Denkanstößen werden in diesem Kapitel Wege aufgezeigt, wie Kinder bestimmte noch nicht ausgebildete soziale Verhaltensweisen erlernen und einüben können.

Die **Fünfte Säule** richtet sich an Eltern von sehr schüchternen Kindern, die zugleich starke soziale Ängste haben. Hier werden Informationen zur Entstehung und zur Überwindung von ausgeprägten sozialen Ängsten gegeben. Viele Kinder und Erwachsene haben es geschafft, diese sozialen Ängste wieder abzubauen. Auf diesem Weg gibt es viele professionelle und bewährte Unterstützungsmöglichkeiten, die in der Fünften Säule übersichtlich vorgestellt werden.

Die **Sechste Säule** beschäftigt sich mit dem Wachstum und den Veränderungen der Eltern selbst. Das Zusammenleben mit Kindern kann wie eine gemeinsame große Reise betrachtet werden, die alle Familienmitglieder verändert. Die Kinder wandeln sich am deutlichsten. Aus kleinen Babys werden in wenigen Jahren neugierige Grundschulkinder, später entwickeln sie sich zu Jugendlichen und schließlich zu Erwachsenen. Auch Eltern können einige Verwandlungen durchlaufen, an den besonderen Schwierigkeiten und Erfolgen ihrer Kinder mitwachsen und eine sehr wohltuende Persönlichkeitsentwicklung im Zuge dieser Reise erfahren. Wenn Eltern diese Entwicklungspotenziale bewusst erleben und reflektieren, haben sie viele Möglichkeiten, ihr eigenes Leben zu bereichern und positive Veränderungen zu erfahren. Zugleich wirken sich diese positiven Veränderungen auf das gesamte Familiensystem aus. Das Ziel der Sechsten Säule ist es deshalb, Anstöße und Ermutigungen zum Aufbruch in diese unbekannten Welten zu geben.

Die Gliederung der Anregungen der einzelnen Kapitel in das System der Sechs Säulen dient der schnellen Orientierung und gibt einen Überblick über die vielen Facetten des umfangreichen Themas „Schüchterne Kinder stärken" Denn die Inhalte der Säulen betreffen jedes Kind auf unterschiedliche Art und Weise. Während ein Kind eine besondere Stärkung beim Aufbau eines gesunden Selbstgefühls (Erste Säule) braucht, erfährt ein anderes Kind vielleicht einige wohltuende Veränderungen durch das Training von bestimmten sozialen Fertigkeiten (Vierte Säule).

Trotz dieser Aufteilung stellen die Sechs Säulen keine statischen und streng getrennten Bereiche dar, sondern gehen fließend ineinander über. Es darf nicht übersehen werden, dass alle Handlungen und Maßnahmen letztlich den ganzen Menschen und das gesamte Familiensystem betreffen. Positive Änderungen an einer Stelle können zahlreiche Veränderungen in anderen Bereichen nach sich ziehen.

In diesem Sinne ist das Buch so angelegt, dass es nicht von vorne bis hinten gelesen werden muss. Sie können ebenso gut bei den Kapiteln anfangen, die Sie am meisten interessieren und erst später die grundlegenden Informationskapitel lesen. Alle Kapitel der Sechs Säulen haben zudem eine Textbox „Auf den Punkt gebracht". Hier werden in wenigen Sätzen wichtige Aspekte des jeweiligen Kapitels zusammengefasst.

Für die vertiefte Auseinandersetzung mit einzelnen Themen enthält jedes Unterkapitel der Sechs Säulen darüber hinaus eine Zusammenstellung weiterführender Fragen. Diese Fragen sind als Einladung zu verstehen, sich intensiver mit dem Thema und seiner Bedeutung für die eigene Familie zu beschäftigen.

In den einzelnen Kapiteln dieses Buches befinden sich zudem zahlreiche Fallbeispiele. Die Namen der handelnden Personen in diesen Beispielen sind zufällig gewählt. Denn es geht vorrangig um die anschauliche Darstellung einer Familiensituation und den konkreten Bezug zum Alltag.

Es ist ein wichtiges Anliegen der Autorin, ein gut lesbares Buch vorzulegen, das Freude beim Lesen gibt. Aus diesem Grund wurde eine Sprache gewählt, die nicht in jedem Fall sowohl die weibliche als auch die männliche grammatikalische Form verwendet. Selbstverständlich sind bei Formulierungen wie „die Leser" oder „die Lehrer" ausdrücklich beide - Frauen und Männer - angesprochen.

Ähnliches gilt für den Leserkreis. Im Buch ist durchgängig die Rede von den „Eltern". Mit dieser Formulierung sind jedoch nicht nur die Mutter und der Vater, sondern auch die Großeltern und andere wichtige Bezugspersonen der Kinder gemeint.

2 Die vielen Gesichter der Schüchternheit

2.1 Das breite Spektrum der Schüchternheit

Was ist Schüchternheit? Ist jemand bereits schüchtern, weil er lieber zu Hause ein Buch liest anstatt auf eine Party zu gehen? Oder ist nur derjenige schüchtern, der im Beisammensein mit anderen ängstlich und unsicher wirkt? Es gibt keine einheitliche Definition von Schüchternheit. Stattdessen wird der Begriff „schüchtern" für eine weite Bandbreite von Verhaltensweisen verwendet. Das Spektrum reicht von leicht zurückhaltendem Verhalten bis hin zu starker Angst bei der Begegnung mit anderen Menschen. Dementsprechend werden im Duden unter dem Begriff „schüchtern" das Adjektiv „zurückhaltend" aufgeführt, aber auch Begriffe wie „gehemmt", „schamhaft" und „voller Scheu".

Rund 80 % der Menschen geben an, zeitweise schüchtern zu sein [1]. Diese zeitlich begrenzte Schüchternheit äußert sich beispielsweise als Lampenfieber vor einem Auftritt, als Aufgeregtheit bei einem Vorstellungsgespräch oder als Nervosität beim Vortrag vor der Schulklasse. Diese Art der Schüchternheit oder Angst gehört zu Situationen, die die meisten Menschen gelegentlich erleben, und gibt keinerlei Anlass zur Besorgnis. Im Gegenteil – zeitweise Aufregung kann die Aufmerksamkeit und Leistung sogar steigern.

Rund 40 % der Menschen bezeichnen sich als generell schüchtern [1]. Damit meinen sie, dass sie im Allgemeinen eher zurückhaltend und vorsichtig sind und in sozialen Situationen zu Unsicherheit neigen. Viele Menschen leben mit dieser Ausprägung der Schüchternheit ein zufriedenes Leben. Sie fühlen sich zwar tendenziell unwohl in Gesellschaft mit zu vielen Menschen und sind in Gruppen eher zurückhaltend. Dafür haben sie aber meistens einige gute Freunde und genießen das Zusammensein in kleinerem Kreis. Solange Kinder und Jugendliche mit dieser Ausprägung der Schüchternheit selbstsicher und erfolgreich sind, ist alles bestens. Problematisch wird es nur dann, wenn die Eltern oder das Umfeld das ruhige und zurückhaltende Temperament des Kindes nicht akzeptieren wollen und dem Kind zu verstehen geben, dass sie sich ein forscheres oder extrovertierteres Kind wünschen.

Rund 10 % aller Kinder und Jugendlichen sind sehr stark schüchtern [1] und in der Begegnung mit anderen Menschen äußerst ängstlich. Sie leiden unter dieser ausgeprägten Schüchternheit sehr. Diese starke Schüchternheit, die von großer Angst begleitet wird, wird auch als soziale Angst bezeichnet. Ein Anzeichen der großen sozialen Angst ist, dass die betroffenen Kinder die sozialen Situationen, die diese Ängste auslösen, intensiv zu vermeiden versuchen. Glücklicherweise gibt es viele Möglichkeiten, diese Kinder dabei zu unterstützen, dass sie diese Ängste wieder ablegen.

Ein sehr schüchternes Verhalten zeigen auch fast alle Babys bzw. Kleinkinder in der Phase des sogenannten „Fremdelns" im ersten und zweiten Lebensjahr. Da das Fremdeln nur eine vorübergehende Entwicklungsphase, die alle Kleinkinder durchlaufen und die relativ kurz ist, wird sie hier nicht näher betrachtet.

In diesem Buch werden vielmehr viele Fallbeispiele und Gedankenanstöße zur Begleitung von Kindern gegeben, die über einen längeren Zeitraum schüchternes Verhalten zeigen. Die meisten Anregungen gelten für alle diese Kinder, egal ob sie nur leicht oder sehr stark schüchtern sind. Denn die grundlegenden Bedürfnisse der zurückhaltenden Kinder sind sehr ähnlich, und ihre Schwierigkeiten unterscheiden sich oft nur in dem Grad der Ausprägung. Darüber hinaus finden sich in dem Buch einige Abschnitte, die sich speziell mit der Überwindung von starker Schüchternheit und großen sozialen Ängsten befassen.

2.2 Wie Schüchternheit in der westlichen Kultur gesehen wird

Ein wichtiger Aspekt für unseren Umgang mit Schüchternheit ist die Bewertung von Schüchternheit. In der westlichen Kultur wird Schüchternheit überwiegend negativ gesehen und oft als ein Defizit betrachtet. Das spiegelt sich in Bemerkungen wider wie: *„Ich wünschte, meine Tochter wäre offener und aufgeschlossener."* Oder *„Mein Sohn soll mehr aus sich herausgehen, damit er erfolgreich wird."*

Die Schätze, die schüchterne Kinder in sich tragen, werden dabei leicht übersehen.

Viele schüchterne Kinder haben ein sehr reiches Innenleben mit einem ausgeprägten Sinn für Tiefe und Schönheit. Oft sind sie einfühlsam, feinfühlig, diszipliniert, zuverlässig und gerechtigkeitsliebend. Viele zurückhaltende Kinder haben darüber hinaus eine gute Beobachtungsgabe und sind tiefsinnige Denker. In China werden diese Eigenschaften deutlich stärker geschätzt als in der westlichen Kultur. So verglich eine Studie, welche Eigenschaften dazu führen, dass Schüler in China bzw. Schüler in Kanada bei ihren Klassenkameraden beliebt sind [2]. In der chinesischen Gruppe waren die zurückhaltenden und sensiblen Kinder sehr angesehen. In Kanada wiederum zählten diese zu den am wenigsten beliebten. Das zeigt, dass die vermeintlichen Probleme oft gar nicht in der Schüchternheit der Kinder begründet sind, sondern dass der Kern dieser Probleme in der westlichen Kultur meist ganz woanders liegt: bei der Ablehnung von Schüchternheit durch Erwachsene und Kinder. Es ist für schüchterne Kinder nicht leicht, ihrem zurückhaltenden Temperament gemäß zu leben, wenn sie spüren, dass die Eltern und das Umfeld sie lieber ganz anders hätten.

2.3 Wie entsteht Schüchternheit?

Ebenso wie die Ausprägung der Schüchternheit eine weite Bandbreite umfasst, gibt es viele unterschiedliche Faktoren, die das Auftreten von Schüchternheit und die Verfestigung von schüchternen Verhaltenszügen beeinflussen. Meistens sind es verschiedene Aspekte, die zusammenkommen und sich gegenseitig verstärken. Interessant ist dabei, dass es zum einen Faktoren gibt, die eine grundsätzliche Neigung zu Schüchternheit fördern, z.B. biologisch bedingte Reaktionen auf Außenreize. Zum anderen können besondere Schlüsselerlebnisse die bereits angelegte Schüchternheit dann konkret auslösen.

Im Folgenden wird der derzeitige Wissensstand zur Entstehung von Schüchternheit kurz dargestellt [3,4]. Hierbei ist zu beachten, dass es sich bei allen Erklärungsversuchen letztlich um von einzelnen Menschen entworfene Erklärungsmodelle handelt. Wie alle Modelle werden sie der komplexen Wirklichkeit nie vollständig gerecht. Es ist nicht möglich, bis ins Letzte zu ergründen, warum ein Kind stark schüchtern ist, während ein anderes Kind sich sehr aufgeschlossen zeigt. Die Erklärungsmodelle können uns dennoch hilfreiche Ideen vermitteln, woher eine ausgeprägte Schüchternheit möglicherweise kommt und wie sie überwunden werden kann.

Faktoren, die eine Neigung zur Schüchternheit fördern

Die verschiedenen Einflüsse, die eine grundsätzliche Neigung zur Schüchternheit fördern, können folgendermaßen untergliedert werden:

→ Biologische Ursachen und angeborenes Temperament
→ Psychische Faktoren
→ Körperliche Faktoren
→ Erziehungsstil und Elternhaus

Nachfolgend werden diese vier Einflussbereiche kurz beschrieben. Zu beachten ist hierbei, dass ein Kind, auf das einige dieser Kriterien zutreffen, deshalb noch lange nicht schüchtern werden muss. Denn es gibt Kinder, die diesen Einflussfaktoren ausgesetzt sind und dennoch keine Schüchternheit zeigen. Umgekehrt gibt es auch Menschen, die nur wenige der genannten Faktoren in sich vereinen, die aber stark schüchtern sind.

Biologische Faktoren und Persönlichkeitsmerkmale

Amerikanische Wissenschaftler haben festgestellt, dass etwa 20% einer Untersuchungsgruppe gesunder Babys auf für sie fremde und unbekannte Reize Furchtreaktionen zeigen. Dieses Verhalten wird auch als „Verhaltenshemmung" bezeichnet („Behavioral Inhibition"). Es wird davon ausgegangen, dass diese Babys eine niedrigere Erregungsschwelle haben und der Körper dadurch empfindlicher auf Außenreize reagiert. Dies führt dazu, dass in unbekannten bzw. unvorhergesehenen Situationen der Körper mit Stressreaktionen wie schnellerer Herzschlag, Muskelanspannung und einer erhöhten Ausschüttung der „Stresshormone" Cortisol und Noradrenalin reagiert. Diese komplexen körperlichen Reaktionen können zu einer anhaltenden Ängstlichkeit und zu Verhaltensblockaden führen. Die Wissenschaftler gehen davon aus, dass die niedrige Erregungsschwelle entweder genetisch bedingt ist oder während der Schwangerschaft bzw. der Geburt erworben wurde und meistens bis in das Jugend- und Erwachsenenalter niedrig bleibt.

Der Begriff der „Verhaltenshemmung" ist bei den meisten Menschen negativ besetzt. Die amerikanische Psychologin Aron benennt diesen Wesenszug positiver: Sie geht davon aus, dass rund 15 – 20 % der Menschen eine erhöhte Sensibilität als Wesenszug in sich tragen und bezeichnet diese Menschen als „hochsensibel". Andere Psychologen beschreiben diese Persönlichkeitsmerkmale mit weiteren Kategorien wie „Rückzug in neuen Situationen" und „langsame Anpassungsfähigkeit an neue Situationen und Stimmungslagen".

Psychische Faktoren

Kinder mit einem niedrigen Selbstwertgefühl neigen eher dazu, schüchternes Verhalten zu entwickeln als Kinder mit einem hohen Selbstwertgefühl. Ebenso wird die Neigung zur Schüchternheit bei Kindern mit Entwicklungsstörungen oder psychischen Störungen sowie bei Kindern, die traumatische Erfahrungen gemacht haben, erhöht. Eine Rolle spielt auch, wie Kinder sich und die Umwelt sehen. Wenn sie tendenziell davon ausgehen, dass die Umwelt ihnen nicht gut gesonnen ist oder dass andere Menschen sie ablehnen, wird schüchternes Verhalten stark begünstigt.

Körperliche und mentale Einschränkungen

Hierzu zählen Einschränkungen unterschiedlichster Art. Zu nennen sind körperliche Erkrankungen oder Behinderungen, die dazu führen, dass das Kind „anders" ist, auffällt und ungewollt die Aufmerksamkeit der Umgebung auf sich zieht.

Sprachliche Probleme machen es dem Kind schwerer, mit anderen Menschen zu kommunizieren. Das wiederum kann zu Missverständnissen und negativen Erfahrungen führen, die schüchternes Verhalten begünstigen.

Kinder mit Konzentrationsstörungen oder Lernbehinderungen neigen ebenfalls verstärkt zu schüchternem Verhalten. Gleiches gilt für Kinder mit Seh- und Hörbehinderungen, wie in Kapitel 8.3 näher dargestellt.

Erziehungsstil und Elternhaus

Wenn die Eltern schüchtern sind, kann sich deren Schüchternheit auf das Kind übertragen. Denn Kinder lernen durch das Beobachten ihrer Eltern und ahmen deren Verhalten nach. Darüber hinaus sind es bei Kleinkindern die Eltern, die die regelmäßigen Kontakte mit anderen Erwachsenen und Kindern pflegen oder aber eher vermeiden. Bei älteren Kindern ist es hingegen mehr von Bedeutung, ob das Kind beim Eingehen von Freundschaften von den Eltern ermutigt oder aber eingeschränkt wird.

Eine Rolle spielt auch, welche Sicht die Eltern auf die Welt haben. Wenn sie eher pessimistische Erwartungen haben und in ihrem Denken negative Einschätzungen überwiegen, überträgt sich diese Weltsicht möglicherweise auf das Kind. Es neigt dann verstärkt zu Depressionen, Ängstlichkeit oder Schüchternheit.

Der Erziehungsstil ist ebenfalls von Bedeutung. Wenn die Eltern sehr autoritär, streng und urteilend auftreten, neigen die Kinder verstärkt zu schüchternem Verhalten. Gleiches gilt für den gegenteiligen Erziehungsstil. Wenn Eltern die Kinder weitestgehend gewähren lassen und ihnen keinen festen Rahmen geben, entwickeln Kinder ein geringeres Sicherheitsgefühl, was dann ebenfalls Schüchternheit begünstigen kann. Wenn das Erziehungsverhalten der Eltern zudem wechselhaft ist und die Kinder oft nicht wissen, was sie von den Eltern zu erwarten haben und welche Regeln gelten, führt dies zu einer verstärkten Unsicherheit, die wiederum schüchternes Verhalten fördert.

Auslöser von schüchternem Verhalten

Wenn das Kind zu Schüchternheit neigt, kann diese zunächst kaum sichtbare Neigung durch sogenannte Auslöser zu deutlich wahrnehmbaren schüchternen Verhaltensweisen führen.

Die Auslöser sind sehr unterschiedlich und können von Kind zu Kind ganz andere sein. Es gibt Kinder, bei denen konkrete Erlebnisse die Auslöser waren, bei anderen Kindern hat sich die Schüchternheit allmählich manifestiert. Ebenso gibt es Kinder, die schon seit der Geburt schüchterne Verhaltensweisen gezeigt haben und bei denen die Schüchternheit von Anfang an ein bestimmender Teil ihres Temperaments zu sein scheint. Häufige Auslöser sind u.a.:

→ Veränderungen der Lebensumstände
→ Angstauslösende Situationen
→ Stress
→ Schambesetzte Ereignisse

Auch wenn diese Auslöser bei anderen Kindern Schüchternheit initiiert haben, heißt das nicht, dass genau einer dieser Auslöser im Leben Ihres schüchternen Kindes eine bedeutende Rolle spielt oder gespielt hat. Jedes Kind wird in seinem Leben öfters Situationen erleben, die hier als Auslöser für Zurückhaltung genannt werden. Viele Kinder werden deswegen noch lange nicht schüchtern. Die Kinder, die durch die Auslöser initiierte schüchterne Verhaltensweisen zeigen, sind zum Zeitpunkt des Auslösens vermutlich besonders empfänglich für die Entwicklung eines zurückhaltenden Verhaltensstils.

Veränderungen der Lebensumstände

Veränderungen der Lebensumstände müssen für das Kind nicht gleich traumatisch sein, um eine Wirkung zu haben. Manchmal genügt als Auslöser die Einschulung, ein Schulwechsel oder ein Umzug. Es können aber auch negativ erlebte Veränderungen und Verluste sein - wie das Ende einer Freundschaft, der Tod von jemand Nahestehendem, eine Veränderung der Familiensituation, ein Klassen- oder Lehrerwechsel oder ein Streit.

Angst auslösende Situationen

Es gibt viele Angst fördernde Situationen, die latent vorhandene Schüchternheit aktivieren können. Da sind zum einen stark verunsichernde Ereignisse wie schwere Erkrankungen, Krankenhausaufenthalte, traumatische Erlebnisse, Mobbing, Bedrohung oder das Erleben von Gewalt. Manchmal sind es stattdessen viele kleine Ereignisse, die in ihrer Häufung schließlich zum Auslöser werden. Ebenso können kurze, aber intensiv erlebte Geschehnisse, wie z.b. das Verlieren der Eltern in einer Menschenansammlung, zum Auslöser werden.

Stress

Allgemeiner Stress - z.B. Leistungsdruck in der Schule, Streit in der Familie oder ein hektischer Alltag - kann auch eine Ursache für das Auftreten von Schüchternheit sein. Bei hohen Belastungen durch Stress kann das Kind möglicherweise Situationen, mit denen es normalerweise umgehen kann, nicht bewältigen. Allgemeiner Stress kann auch mitverantwortlich für Rückschläge beim Abbau von Sozialangst sein.

Schambesetzte Ereignisse

Ereignisse, die das betroffene Kind als beschämend erlebt, können ebenfalls zum Auslöser von Schüchternheit werden. Dazu zählen, je nach der Persönlichkeit des Kindes, das Erfahren von Ablehnung oder Ausgegrenzt-Sein. Beispielhafte Situationen sind, dass ein Kind nicht zu einer Feier eingeladen wird oder sich als Außenseiter fühlt. Leistungsbezogene Misserfolge im Beisein Dritter wie beispielsweise ein schulisches Versagen vor der Klasse oder eine Niederlage im Sportwettkampf können ebenso als beschämend empfunden werden und Schüchternheit auslösen.

2.4 Schüchternheit und Angst

In den vorangegangen Kapiteln wurde dargestellt, dass der Begriff der Schüchternheit ein weites Spektrum von Verhaltensweisen umfasst. Ebenso verhält es sich mit der sogenannten „sozialen Angst", die schüchterne Menschen in sehr unterschiedlichem Maße erfahren.

Ein gewisses Maß an sozialer Angst – auch „Sozialangst" genannt – erlebt jeder Mensch regelmäßig. Wir haben beispielsweise Angst vor abwertenden Blicken, wenn wir uns in der Öffentlichkeit sehr auffällig benehmen; und die meisten Menschen sind sehr aufgeregt, wenn sie eine Rede halten sollen. Diese Sozialängste sind ein normaler Bestandteil des Lebens und zeitlich eng begrenzt. Wenn die Ängste jedoch größer werden, mehrere Lebensbereiche umfassen und zu einem Leidensdruck führen, wird die Lebensqualität deutlich beeinträchtigt.

Die soziale Angst hat bei näherer Betrachtung zwei Aspekte. Sie umfasst zum einen Angst und Unbehagen beim Zusammensein mit anderen Menschen, zum anderen beinhaltet sie das Bemühen, soziale Situationen zu vermeiden. Soziale Angst bedeutet dabei nicht, dass Betroffene grundsätzlich und permanent im Beisammensein mit Menschen Unbehagen empfinden und allen Menschen aus dem Weg gehen. Es geht vielmehr darum, dass sie manche soziale Situationen als Angst auslösend erleben und sie zu vermeiden versuchen. Ein Kind mit sozialen Ängsten kann sich beispielsweise in der Familie und im engen Freundeskreis gerne aufhalten, sich jedoch in der Schule oder im Sportverein stark gehemmt verhalten und sehr unwohl fühlen.

Viele Eltern wünschen sich, dass ihren Kindern die sozialen Ängste und auch die vielen anderen Ängste erspart bleiben, die sie selber als Kind erfahren haben: z.B. Angst vor Dunkelheit, Angst vor Gespenstern, Angst vor einem Referat in der Schule, Angst beim ersten Besuch im neuen Sportverein, die Angst, ausgelacht zu werden oder die Angst beim Alleinsein. Das angstfreie Leben ist jedoch eine Illusion. Es ist vielmehr so, dass Ängste ein unverzichtbarer Bestandteil der kindlichen Entwicklung sind. Die Psychologin Ahrens-Eipper formuliert es folgendermaßen [5]: „Ängste gehören zur Entwicklung des Kindes. Es ist wichtig, dass die Kinder diese Ängste erleben, durchleben und schließlich innerhalb der Altersstufe bewältigen". Wenn es Kindern gelingt, die jeweiligen alterstypischen Ängste zu überwinden, schöpfen sie daraus Selbstwertgefühl und Selbstvertrauen [6].

Eine Erziehung, die versucht, diese notwendigen Ängste von dem Kind fernzuhalten, schränkt das Kind dabei ein, sich zu einer unabhängigen und fest im Leben stehenden Persönlichkeit zu entwickeln. Eltern, die ihr Kind überbehüten, meinen es zwar gut mit dem Kind, in Wirklichkeit behindern sie es jedoch in seiner gesunden Entwicklung.

Die folgende Zusammenstellung gibt einen Überblick über alterstypische Ängste, die zur kindlichen Entwicklung dazugehören und kein Grund zur Besorgnis sind, sofern das Kind in der Lage ist, sie schrittweise zu bewältigen.

Alterstypische Ängste [5,29]

Alter	Quellen und Gegenstand typischer Ängste
0 – 1	Laute Geräusche
	Verlust von Zuwendung
	intensive sensorische Reize (Kälte, Hitze, Schmerzen)
0-3	fremde Menschen
	Trennung
2-5	Fantasiegestalten, Gespenster, Monster
	Einbrecher
	laute Geräusche
	Alleinsein
	Dunkelheit
5-7	Naturkatastrophen, Feuer
	Verletzungen
	Tiere
	Medienbasierte Ängste (durch Fernsehen, Radio, Zeitung)

Alter	Quellen und Gegenstand typischer Ängste
7-11	schlechte schulische oder sportliche Leistung
	Krankheiten
	Versagensängste
12-18	Ablehnung durch Gleichaltrige
	körperliche Veränderungen
	Erwachsenwerden

Die meisten der in der Tabelle aufgeführten alterstypischen Ängste durchleben und bewältigen die Kinder im Zuge einer gesunden Entwicklung. Die Erwachsenen können die Kinder bei der Angstbewältigung begleiten und unterstützen, indem sie den Kindern zeigen, wie sie mit diesen Ängsten und den tatsächlich vorhandenen Risiken umgehen können. In diesem Zusammenhang ist es alles andere als hilfreich, reale Gefahren zu leugnen. Stattdessen sollten Kinder und Eltern offen über mögliche Gefahrensituationen reden und gemeinsam nach geeigneten Lösungswegen suchen.

Neben diesen alterstypischen „normalen" Ängsten, die das Kind bewältigen kann, gibt es krankmachende Ängste. Solche Ängste sind so stark, dass sie anfangen, das Leben der Kinder zu beherrschen. Die betroffenen Kinder beginnen damit, Dinge zu vermeiden, an denen sie üblicherweise Freude haben. Wenn sie der Angst auslösenden Situation jedoch nicht ausweichen können, löst das in ihnen großes Unbehagen, intensive Angst und Reaktionen wie heftiges Weinen, Wut, Erstarren oder Anklammern an die Eltern aus. Kinder mit großer Sozialangst sind durch ihre Angst oft so gehemmt und abgelenkt, dass ihr Selbstvertrauen stark sinkt und sie keine oder kaum Freunde haben. Oft sind auch die Schulleistungen beeinträchtigt.

Spätestens wenn diese ausgeprägte Angst mehrere Monate anhält und die gesunde Entwicklung des Kindes beeinträchtigt, sollte das Kind fachkundige Unterstützung erhalten. Das Ziel ist es, dass das Kind die Ängste wieder „verlernt", denn schließlich hat das Kind die Ängste bei vielen kleinen und großen Erlebnissen erlernt und ist in der Lage, diese auch wieder zu verlernen [6].

Auf Kinder mit großen sozialen Ängsten wird in der Fünften Säule näher eingegangen. Darüber hinaus geben die anderen Säulen verschiedene Anregungen zum Umgang mit den vielen kleinen und großen Ängsten, die jedes Kind notwendigerweise im Rahmen seiner Entwicklung durchleben und bewältigen muss.

3 Ein Blick in die Temperamentsforschung

3.1 Was ist mit Temperament gemeint?

Fallbeispiel

Der vorsichtige John betrachtet die Schlittschuhfahrer mit großen Vorbehalten. Erst beim zweiten Besuch in der Eissporthalle wagt er es, Schlittschuhe anzuziehen und erste Schritt zu gleiten. Hingegen stürmt die aufgeschlossene und aktive Martha bereits beim ersten Mal auf das Eis und steht trotz vielen Stürzen immer wieder auf und übt unverdrossen weiter, bis sie zunehmend sicher und stolz über die Eisfläche gleitet. Der leicht zu frustrierende Ben weint gleich nach dem ersten Sturz heftig und verlässt die Eisfläche. Erst bei den nächsten Besuchen der Eissporthalle, die mit vielen Frustrationen verbunden sind, erlernt er langsam das Schlittschuh Fahren.

Das Fallbeispiel zeigt anschaulich, dass Kinder auf die gleiche Situation ganz unterschiedlich reagieren können. Diese voneinander abweichenden Herangehensweisen und Reaktionen beruhen auf verschiedenen Temperamenten. Denn das Temperament umfasst die unterschiedliche Art und Weise, wie Menschen ihre Umwelt und andere Menschen erleben und wie sie darauf reagieren. Die meisten Temperamentsforscher gehen davon aus, dass diese grundlegenden Erlebens- und Verhaltensstile angeboren sind, im Laufe des Lebens relativ stabil bleiben und weitestgehend biologische Ursachen haben [7].

Höchstwahrscheinlich lernen alle drei im Fallbeispiel dargestellten Kinder letztlich das Schlittschuh Fahren. Sie greifen dabei jedoch auf ganz unterschiedliche Verhaltensstile zurück. Das Verhalten eines Kindes ist damit keineswegs auf andere

Kinder übertragbar. Das bedeutet zugleich, dass es kein „normales" Verhalten gibt, sondern stattdessen eine ungeheuer große Bandbreite möglicher Verhaltensmuster.

Für die Erziehung und die Begleitung von Kindern bedeutet die Kenntnis ihrer jeweiligen Temperamente, dass die gleichen „Erziehungsmethoden" bei verschiedenen Kindern unterschiedlich wirken. Viele Eltern von Geschwisterkindern erfahren dies alltäglich, wenn jedes ihrer Kinder anders auf das gleiche elterliche Verhalten reagiert. Die Kunst des Erziehens und Begleitens von Kindern besteht damit maßgeblich darin, das Temperament des Kindes zu kennen und das elterliche Verhalten darauf abzustimmen. Das kindliche Wesen ist mit einer schönen, kostbaren Pflanze vergleichbar. Die eine Pflanze liebt die Sonne, während eine andere Pflanze an einem schattigen Standort gut gedeiht. Welcher Gärtner käme auf die Idee, dass sich die Schatten liebende Pflanze an die Sonne gewöhnen sollte? Es ist selbstverständlich für jedermann, dass jede Pflanze an den für sie idealen Standort gesetzt werden sollte. Bei Kindern hingegen scheinen viele Menschen deutlich weniger bemüht zu sein, jedes Kind in seiner Eigenart bedingungslos zu akzeptieren und zu fördern. Ein Wissen über die Bedeutung der Temperamente kann Eltern helfen, einen ganz besonderen Blick auf die Einzigartigkeit ihres Kindes zu werfen und dem Kind die „Nahrung" zu geben, die es braucht.

Ähnliches meint der Familienberater Jan-Uwe Rogge, wenn er sich dazu äußert, warum Eltern sich mit dem Temperament ihres Kindes auseinandersetzen sollten [6]: „Die Einsicht in anlagebedingtes Verhalten kann Eltern dazu bringen, sich intensiver und vorbehaltloser auf die Seite ihrer Kinder zu schlagen, ihnen Begleitung und Unterstützung zu geben, anstatt manchmal unbewusst gegen sie zu arbeiten."

3.2 Temperamentsmerkmale und Schüchternheit

Die New Yorker Psychologen Stella Chess und Alexander Thomas befassten sich in den 50er und 60er Jahren mit der Frage, warum sie in ihrer Berufspraxis immer wieder mit verhaltensauffälligen Kindern zu tun hatten, die aus einer behüteten Umgebung und aufmerksamen und verantwortungsvollen Elternhäusern kamen, während es zugleich viele Kinder gibt, die keine psychischen Auffälligkeiten zeigen, obwohl sie aus schwierigen Verhältnissen stammten. Chess und Thomas kamen zu dem Schluss, dass es angeborene Eigenschaften geben muss, die den Menschen in großem Ausmaß bestimmen und neben den Einflüssen der Eltern und der Umgebung eine große Rolle für das Verhalten spielen. Als Wegbereiter der modernen

Temperamentsforschung identifizierten die beiden Psychologen neun Temperamentsmerkmale, die auch heute noch eine Rolle in der psychologischen Praxis und in der Elternberatung spielen [7]. Diese Temperamentsmerkmale beschreiben Aspekte wie motorische Aktivität, sensorische Reizempfindlichkeit, Rhythmizität, Intensität, Anpassungsverhalten, Annäherungsverhalten und Ausdauer. Hierbei gibt es keine Wertung und kein „gut" und „schlecht". Es geht vielmehr darum, zu erkennen, welche grundlegenden Ausprägungen ein Mensch entwickelt hat und wie die individuelle Kombination dieser Ausprägungen aussieht. Denn das menschliche Verhalten wird stark durch das Zusammenspiel der verschiedenen Temperamentsmerkmale bestimmt.

Im Folgenden werden einige dieser zentralen Merkmale beschrieben [7,8]. Wenn Sie möchten, können Sie gleich beim Lesen überlegen, wie Sie das Temperament Ihres Kindes einschätzen.

Das Temperamentsmerkmal **Aktivität** beschreibt das Niveau der motorischen Aktivität.

Sehr aktive Kinder sind ständig in Bewegung, sogar im Schlaf. Als Kleinkinder wollen sie nicht angeschnallt im Autositz sitzen. Später bewegen sie sich viel und reden schnell. Sie entwickeln gute grobmotorische Fähigkeiten und streben früh Unabhängigkeit an.

Weniger aktive Kinder bevorzugen ruhige Spiele, bewegen sich langsamer und entwickeln häufig eine gute Feinmotorik. Oft entfalten sich ihre motorischen Fähigkeiten langsamer, und sie bleiben länger im Umkreis der Eltern.

Die **Sensibilität** beschreibt die nötige Stärke eines Reizes, damit das Kind auf diesen reagiert. Es ist ein Maß für die Empfindsamkeit bezüglich verschiedener Reize wie Berührung, Geruch, Lautstärke oder Temperatur.

Hochsensible Kinder bemerken kleinste Reize wie ein zarter Duft, ein kratzendes Kleidungsstück, ein veränderter Geschmack oder leise Geräusche. Oft sind sie auch sehr schmerzempfindlich. Durch ihre hohe Aufmerksamkeit sind sie schnell überreizt, wenn zu viele Informationen und Reize gleichzeitig auf sie einstürzen. Meistens haben sie auch eine sehr feine Antenne für die Gefühle von anderen.

Wenig sensible Kinder können als Babys auf Partys schlafen und stecken kratzende Pullover und kleine Verletzungen leicht weg. Generell sind sie sehr tolerant gegenüber Schmerzen und Unannehmlichkeiten. Durch ihre geringere Aufmerksamkeit übersehen sie öfters die Stimmungslagen anderer.

Die **Intensität** beschreibt, wie intensiv das Kind seine Emotionen und seine Reaktionen ausdrückt:

Dramatische und laute Kinder zeigen ihre Gefühle offen und deutlich. Emotionale Höhen sind ausgeprägter als bei anderen, und Tiefschläge werden intensiver negativ erlebt.

Ausdrucksschwächere Kinder sind ruhiger und drücken ihre Emotionen moderater aus. Bei Anlässen zur Freude lächeln sie manchmal nur, und bei Anlässen für Wut runzeln sie manchmal lediglich die Stirn. Für Eltern ist das undramatische Verhalten zunächst einfacher. Jedoch kann es passieren, dass Eltern nicht bemerken, was in ihrem Kind tatsächlich vorgeht.

Die **Rhythmizität**, die auch als Regelmäßigkeit der biologischen Funktionen bezeichnet wird, bestimmt die zeitliche Vorhersagbarkeit von Körperfunktionen wie Appetit, Schlaf-/Wach-Rhythmus und Stuhlgang.

Kinder mit regelmäßigem Rhythmus verfügen über eine innere Uhr, so dass sie täglich zu den gleichen Zeiten müde werden oder Appetit bekommen. Das macht einen geregelten Tagesablauf einfach. Abweichungen vom üblichen Tagesverlauf sind hingegen schwierig zu bewerkstelligen. Häufig sind diese Kinder ordentlich und organisiert.

Kinder mit unregelmäßigem Rhythmus sind nicht berechenbar hinsichtlich ihres Schlafbedarfs oder ihrer bevorzugten Essenszeit. Mal sind sie abends müde, mal ganz munter. Mal essen sie oft und viel, mal essen sie nur sehr wenig. Oft sind sie auch weniger ordentlich und weniger organisiert, weil sie wenig feste Abläufe haben.

Die **Anpassungsfähigkeit** beschreibt, wie leicht ein Kind mit Veränderungen und Übergängen zurecht kommt:

Flexible Kinder haben keine Schwierigkeiten mit den üblichen Wechseln im Tagesverlauf, neuen Situationen oder Grenzen. Für Eltern ist das zunächst sehr einfach. Es kann jedoch passieren, dass die Bedürfnisse dieser Kinder wegen ihrer hohen Anpassungsfähigkeit übersehen werden, oder dass sie von anderen Kindern dominiert werden.

Kinder, die sich nur langsam anpassen, haben immer wieder Schwierigkeiten mit Veränderungen und den vielfältigen Übergängen im Tagesablauf. Sie möchten wissen, was sie wann und wo erwartet. Mit schnellen Veränderungen kommen sie nicht gut zurecht. Auch tun sie sich schwer mit Aufforderungen und Befehlen, weil sie das Bedürfnis haben, die Abläufe selbst zu kontrollieren. Mit Spielkameraden haben sie öfters Streit. Hilfreich für diese Kinder sind Routinen und Strukturen.

Das Merkmal **Annäherung/Rückzug** beschreibt die spontane Reaktion des Kindes auf Unbekanntes wie z.B. unvorhergesehene Situationen, ungewohnte Orte oder fremde Menschen.

Zurückhaltende Kinder brauchen Zeit, um bei neuen Situationen, an fremden Orten oder bei unbekannten Menschen „warm zu werden". Sie sind vorsichtig und vermeiden Risiken. Alles nicht Vertraute wird zunächst abgelehnt. Sie beobachten intensiv und lernen vor allem durch ihr Beobachten. In vertrautem Umfeld können sie jedoch sehr offen sein.

Spontan offene Kinder interessieren sich sehr für Neues. Sie gehen ohne Scheu auf Unbekanntes zu und sind gesellig. Sie lernen vor allem durch das Tun. Wenn sie zudem noch sehr aktiv sind, ist die Gefahr von Unfällen tendenziell höher.

Ausdauer beschreibt die Fähigkeit, an einer Sache „dran zu bleiben", wenn es schwierig wird:

Ausdauernde und beharrliche Kinder haben ein gutes Konzentrationsvermögen und viel Geduld. Sie möchten eine Sache, die sie angefangen haben, bis zum Ende fertig machen. Sie können deshalb sehr stur sein, wenn sie ihre Tätigkeit vorzeitig abbrechen sollen. Ungewohnte Aktivitäten üben sie mit großer Geduld immer wieder aufs Neue ein, bis sie sie schließlich meistern.

Wenig ausdauernde Kinder haben Schwierigkeiten, mit ihrer Aufmerksamkeit bei einer Sache zu bleiben. Sie springen gerne von einer Beschäftigung zur nächsten, vor allem wenn ihnen etwas nicht gelingt. Weil Hindernisse sie sehr irritieren und frustrieren, haben sie gerne Erwachsene um sich, die sie in solchen Situationen unterstützen. Sie sind öfters ungeduldig und ertragen das Warten schwer.

Die dargestellten unterschiedlichen Temperamentsmerkmale zeigen eindrucksvoll, welche Bandbreite an unterschiedlichen Eigenschaften Menschen in sich tragen. Es gibt deshalb keine objektive Einteilung in „normale" und „nicht normale" Kinder, sondern unzählig viele Kombinationen von unterschiedlichen Temperamentsmerkmalen. Daher nehmen manche Konzepte in der Elternberatung das Temperament des Kindes als Ausgangspunkt für ihre Betrachtungen [7,8]. Eine Erziehung, die das kindliche Temperament kennt und berücksichtigt, hat folgende Vorteile:

→ Die Eltern verstehen ihr Kind besser. Sie begreifen seine Einzigartigkeit und können unrealistische Erwartungen an das Kind loslassen.

→ Die Eltern wissen, dass es keine „guten" oder „schlechten" Kinder gibt, sondern unterschiedliche Temperamente. Sie lernen schrittweise, ihren Kindern keine Vorhaltungen wegen ihres Temperaments zu machen, sondern ihre Kinder für ihre Einzigartigkeit zu schätzen.

→ Die Eltern können nachvollziehen, warum es Kinder gibt, bei denen die Erziehung besonders anstrengend ist. Je nach Kombination der Temperamentsmerkmale ist für Eltern und Kind vieles leicht, oder aber sehr schwer. Eltern und Kinder müssen sich deshalb nicht schuldig fühlen, wenn sie mit vielen Schwierigkeiten zu kämpfen haben.

→ Das Kind erhält die Unterstützung, die es auf Grund seines Temperaments benötigt. Das Gegenteil wäre, gegen das Temperament zu kämpfen.

→ Die Eltern können mit dem Wissen um das kindliche Temperament vielen Problemen vorbeugen, weil sie besser voraussehen können, was in ihrem Kind vorgehen wird.

→ Die Eltern hören auf, ihr Kind mit anderen zu vergleichen, und akzeptieren und unterstützen ihr Kind voll und ganz, wie es ist.

Für viele Familien dürfte es sehr spannend sein, die Temperamente der einzelnen Familienmitglieder zu vergleichen. Sie können das untenstehende „Temperamentprofil" für jedes Familienmitglied erstellen [8]. Dann können Sie sich typische familiäre Konfliktsituationen vor Augen führen und einmal aus der Perspektive der Temperamente betrachten. Liegt die Ursache für so manches Problem vielleicht darin, dass das Kind es temperamentbedingt schwer hat, bestimmten Erwartungen der Eltern oder der Umwelt gerecht zu werden? Oder haben die Familienmitglieder gegensätzliche Temperamente und können deshalb die Bedürfnisse der anderen nicht verstehen?

Temperamentsprofil von . . . .

Aktivität
motorisch sehr aktiv   ☐☐☐☐☐   wenig aktiv

Sensibilität
sehr sensibel   ☐☐☐☐☐   wenig sensibel

Intensität
dramatisch und laut   ☐☐☐☐☐   weniger ausdrucksstark

Rhytmizität
regelmäßiger Rhythmus   ☐☐☐☐☐   unregelmäßiger Rhythmus

Anpassungsfähigkeit
langsame Anpassung   ☐☐☐☐☐   flexibel

Annäherung/Rückzug
zurückhaltend   ☐☐☐☐☐   spontan/offen

Ausdauer
ausdauernd   ☐☐☐☐☐   wenig ausdauernd

Der Temperamentsforscher James Cameron hat ausgedehnte Untersuchungen zum Zusammenspiel der hier dargestellten Temperamentsmerkmale gemacht. Er hat dabei festgestellt, dass bestimmte Kombinationen gehäuft auftreten[7]. Eine dieser Varianten ist sicherlich für einige schüchterne Kinder relevant: die Kombination von hoher Sensibilität und Zurückhaltung (in dem Merkmal Annäherung/ Rückzug). Dies entspricht in etwa dem, was die Psychologin Elaine Aron als „Hochsensibilität" in Verbindung mit zurückhaltendem Temperament bezeichnet. Die Erkenntnisse ihrer Forschung und einige Empfehlungen für die Begleitung dieser Kinder werden in Kapitel 3.3 dargestellt.

Die in diesem Kapitel dargestellte Übersicht über die unterschiedlichen Temperamentsmerkmale hat deren große Bedeutung für das Zusammenspiel zwischen Eltern und Kindern aufgezeigt. Daraus lassen sich zahlreiche Anregungen und Gedankenanstöße für den Familienalltag und die Begleitung von schüchternen, zurückhaltenden und hochsensiblen Kindern ableiten. Der Leser findet sie in den nachfolgend dargestellten Sechs Säulen.

3.3 Hochsensible Kinder

Die Eigenschaft der Hochsensibilität – nach der amerikanischen Psychologin Elaine Aron - wurde in den vorangegangen Kapiteln bereits erwähnt. Sie ist für die schüchternen Kinder von Bedeutung, die temperamentsbedingt sehr sensibel sind. Dieses Temperamentsmerkmal wurde im vorherigen Kapitel beschrieben und entspricht bei einer deutlichen Ausprägung weitestgehend dem, was Aron als Hochsensibilität bezeichnet [9].

Elaine Aron hat intensiv zum Thema Hochsensibilität von Erwachsenen und Kindern geforscht und Bücher dazu veröffentlicht. Sie geht davon aus, dass die Ursache für schüchternes und ängstliches Verhalten oft in einer biologisch bedingten erhöhten Sensibilität begründet liegt. Da vermutlich ein nicht unerheblicher Anteil der schüchternen Kinder zugleich eine hohe Sensibilität hat, werden für viele Leser die Forschungsergebnisse von Interesse sein. Sie werden deshalb in den folgenden Abschnitten kurz dargestellt. Darüber hinaus kann Eltern, die bei ihren Kindern eine Hochsensibilität vermuten, empfohlen werden, sich intensiver mit dem (sehr leicht zu lesenden) Buch von Elaine Aron speziell zu hochsensiblen Kindern zu beschäftigen [9].

Die erhöhte Sensibilität nach Elaine Aron ist ein Wesenszug, den etwa 15 - 20 % der Menschen in sich tragen. Sie kann sich auf unterschiedliche Bereiche wie Lärm, Geruch, Körpergefühl (Wärme, Kälte, empfindliche Haut) und Schmerzempfindlichkeit erstrecken und ist bei jedem hochsensiblen Menschen anders ausgeprägt. Hinzu kommen häufig Eigenschaften wie ein intensives Gefühlsleben, Kreativität, Gewissenhaftigkeit, Nachdenklichkeit, vorsichtiges Verhalten, Schwierigkeiten mit der Umstellung auf neue Situationen und ein hohes Einfühlungsvermögen. Hochsensible haben die angeborene Neigung, ihre Umgebung deutlicher wahrzunehmen und intensiv nachzudenken, bevor sie handeln.

Das Gehirn hochsensibler Menschen verarbeitet Informationen viel gründlicher als das nicht hochsensibler Menschen. Dies führt u.a. dazu, dass sich viele Hochsensible bei starken äußeren Reizen, z.b. bei Lärm oder beim Aufenthalt in einer dichten Menschenmenge, schnell überreizt fühlen. Sie wirken dann auf andere leicht erregbar, scheu oder furchtsam. Die gründliche Informationsverarbeitung führt zudem dazu, dass sie intensiv über sich, die anderen und die Umwelt nachdenken und mehr Zeit für Entscheidungen brauchen. Auch reagieren sie oft emotional stärker und haben eine intensive Gefühlswelt.

Diese ausgeprägten Eigenschaften der hochsensiblen Menschen bedeuten nicht, dass nicht hochsensible Menschen unsensibel oder gefühlsarm sind! Auch nicht hochsensible Menschen können sensibel sein und ein reiches Gefühlsleben haben. Sie haben jedoch nicht die niedrigen Reizschwellen und die intensive Informationsverarbeitung, die dazu führen, dass sie schnell von der Vielzahl oder der Intensität der Reize überflutet werden.

Aron ist der interessanten Frage nachgegangen, ob hochsensible Menschen meistens introvertierte Menschen sind. Durch ihre zahlreichen Interviews kam sie zu dem Schluss, dass rund 70 % der hochsensiblen Menschen introvertiert sind, während 30 % extrovertiert sind. Dies zeigt, dass eine hohe Sensibilität nicht zwangsläufig mit einem zurückhaltenden Verhaltensstil verbunden sein muss. Mehr Informationen zu dem Aspekt Introvertiertheit / Extrovertiertheit und seiner Bedeutung für schüchternes Verhalten finden sich im nachfolgenden Kapitel.

Ob sich der Wesenszug der Hochsensibilität im Leben positiv oder negativ auswirkt, wird zu einem großen Teil durch die Erziehung und die familiäre Atmosphäre geprägt. Es ist von zentraler Bedeutung für eine positive Entwicklung des hochsensiblen Kindes, dass die Eltern ihr Kind achtsam begleiten und gut auf das Kind eingehen. Denn diese Kinder haben in einigen Bereichen ganz andere Bedürfnisse als nicht hochsensible Kinder. Beispielsweise benötigen viele hochsensible Kinder ruhige Phasen im Tagesablauf, um die vielen intensiv erlebten Eindrücke zu verarbeiten, und ziehen das Zusammensein mit einem oder wenigen Menschen großen Gruppen vor.

Elaine Aron hat einen Kurztest entwickelt, mit dem Eltern eine erste Einschätzung darüber erhalten können, ob ihr Kind möglicherweise hochsensibel ist. Falls Sie den nachfolgend aufgeführten Kurztest von Aron ausprobieren möchten, sollten Sie beachten, dass der Test als eine erste Orientierungshilfe gedacht ist und nicht eindeutig die Frage beantworten kann, ob Ihr Kind hochsensibel ist oder nicht. Auch ist eine starre Festschreibung eines Kindes auf die Kategorie „hochsensibel" nicht hilfreich. Vielmehr können Eltern den Test dazu nutzen, mit einer neuen Sichtweise auf das Kind zu schauen und gelassener mit manchen Besonderheiten des Kindes umzugehen.

Orientierender Kurztest von Elaine Aron: Ist mein Kind hochsensibel? [9]

	ja	nein
Das Kind erschrickt leicht.		
Das Kind hat eine empfindliche Haut, verträgt keine kratzenden Stoffe, keine Nähte in Socken oder Etiketten in T-Shirts.		
Das Kind mag keine großen Überraschungen.		
Das Kind profitiert beim Lernen eher durch sanfte Belehrung als harte Bestrafung.		
Das Kind scheint meine Gedanken lesen zu können.		
Das Kind hat einen für sein Alter ungewöhnlich gehobenen Wortschatz.		
Das Kind ist geruchsempfindlich, sogar bei sehr schwachen Gerüchen.		
Das Kind hat einen klugen Sinn für Humor.		
Das Kind scheint sehr einfühlsam zu sein.		
Das Kind kann nach einem aufregenden Tag schlecht einschlafen.		
Das Kind kommt schlecht mit großen Veränderungen klar.		

	ja	nein
Das Kind findet nasse oder schmutzige Kleidung unangenehm.		
Das Kind stellt viele Fragen.		
Das Kind ist ein Perfektionist.		
Das Kind bemerkt, wenn andere unglücklich sind.		
Das Kind bevorzugt leise Spiele.		
Das Kind stellt tiefgründige Fragen, die nachdenklich stimmen.		
Das Kind ist sehr schmerzempfindlich.		
Das Kind ist lärmempfindlich.		
Das Kind registriert Details (Veränderungen in der Einrichtung oder im Erscheinungsbild eines Menschen etc.).		
Das Kind denkt über mögliche Gefahren nach, bevor es ein Risiko eingeht.		
Das Kind erzielt beste Leistung, wenn keine Fremden dabei sind.		
Das Kind hat ein intensives Gefühlsleben.		

Testauswertung: Wenn Sie dreizehn oder mehr Aussagen mit „Ja!" beantwortet haben, ist Ihr Kind wahrscheinlich hochsensibel (entsprechend dem Verständnis von Aron). Wenn nur eine oder zwei der oben genannten Aussagen auf Ihr Kind zutreffen, dafür aber in extremem Maße, so ist dies unter Umständen ebenfalls ein Anzeichen für Hochsensibilität.

Wenn Eltern ihr Kind als Ergebnis des Tests als möglicherweise hochsensibel ansehen und vorher gar nicht auf die Idee gekommen waren, dass ihr Kind besonders sensibel ist, werden sie voraussichtlich ihr Kind nach und nach mit anderen Augen sehen. Viele bisher unverständliche Verhaltensweisen wie Quengeln oder Wutausbrüche in Situationen mit Reizüberflutung oder unangenehmen Reizen werden mit dieser neuen Sichtweise verständlich.

Zur Erziehung und Begleitung von hochsensiblen Kindern befinden sich einige Gedankenanstöße in den Sechs Säulen dieses Buches. Denn viele der in diesem Buch gegebenen Anregungen gelten gleichermaßen für schüchterne und hochsensible Kinder. Darüber hinaus werden in Kapitel 4.20 spezielle Empfehlungen für die Begleitung von hochsensiblen Kindern gegeben.

3.4 Extrovertierte und introvertierte Persönlichkeiten

Die zwei Persönlichkeitsmerkmale „extrovertiert" und „introvertiert" gehören zu den wichtigen Faktoren, die unser alltägliches Verhalten beeinflussen. Viele schüchterne Menschen zählen zu den introvertierten Menschen, und auch rund zwei Drittel der hochsensiblen Menschen sind nach Untersuchungen von Elaine Aron introvertiert. Da es extrovertierten Menschen häufig schwerfällt, sich in introvertierte Menschen hineinzuversetzen und umgekehrt das Gleiche gilt, werden im Folgenden Hintergrundinformationen zu diesen zwei entgegen gesetzten Persönlichkeitsmerkmalen gegeben. Besonders interessant ist dieses Thema für Familien, deren Familienmitglieder diesbezüglich sehr unterschiedlich sind. Insbesondere kann es für extrovertierte Eltern von introvertierten Kindern sehr anregend und aufschlussreich sein, sich näher mit dem Persönlichkeitsmerkmal der Introversion zu beschäftigen.

Was genau ist mit den Begriffen „extrovertiert" und „introvertiert" gemeint?

Extrovertiertheit bzw. Introvertiertheit wird hier als Persönlichkeitsmerkmal verstanden, das sich sowohl aus den angeborenen Neigungen, als auch aus den Lebenserfahrungen eines Menschen gebildet hat. Die Psychologen Stefanie Stahl und Melanie Alt gehen dabei davon aus, dass dieses Persönlichkeitsmerkmal zu rund 90 % genetisch festgelegt ist [10].

Die grundlegende Frage zur Unterscheidung von extrovertiertem und introvertiertem Verhalten ist: Woraus schöpft der Mensch seine Energie? Ist die Außenwelt die wichtigste Energiequelle, oder ist es vielmehr die Innenwelt? Der Extrovertierte tankt seine Energie im Kontakt mit anderen Menschen und seiner Umgebung. Der

Introvertierte hingegen gewinnt seine Energie durch das Alleinsein und in Auseinandersetzung mit der eigenen inneren Welt der Gedanken und Ideen. Daneben gibt es noch andere Merkmale, die nachfolgend kurz zusammengestellt sind.

Extrovertierte Menschen [10]

- tanken Energie im Kontakt mit Menschen;
- suchen Gesellschaft und Abwechslung;
- sind heiter, selbstsicher, erlebnishungrig und risikofreudig;
- haben das Herz auf der Zunge;
- denken laut nach;
- beschäftigen sich gern mit unterschiedlichen Aufgaben und benötigen gesellige Unterbrechungen;
- sind schnell begeistert, haben aber weniger Ausdauer;
- laufen Gefahr, die Auseinandersetzung mit sich selbst zu vernachlässigen und sich von Äußerlichkeiten blenden zu lassen.

Introvertierte Menschen [10]

- tanken Energie im Alleinsein;
- sind ruhig, besonnen und vorsichtig;
- verlieren sich in Gedanken;
- genießen ihre Privatsphäre und ihre eigene Gesellschaft; sie sind daher unabhängiger von der äußeren Welt;
- haben keinen starken Mitteilungsdrang;
- denken nach, bevor sie reden und erzählen dann nur das Ergebnis ihres Denkens;
- denken lange nach und handeln dadurch zielstrebiger;
- können sich stundenlang in eine Aufgabe vertiefen; sie sind mentale Langstreckenläufer, die in ausdauernder Zähigkeit das Ziel erreichen.

Zu beachten ist, dass sich kein Mensch ausschließlich extrovertiert oder ausschließlich introvertiert verhält. Jeder Mensch trägt beide Seiten in sich, lebt sie aber in unterschiedlichem Maße aus. Der bekannte Psychologe C.G. Jung hat darauf hingewiesen, dass Menschen in ihrer Persönlichkeitsentwicklung stark wachsen, wenn sie beide Pole in eine gute Balance bringen [11]. Wenn in diesem Kapitel von introvertierten (bzw. extrovertierten) Menschen gesprochen wird, sind damit Menschen gemeint, die überwiegend ihre introvertierte (bzw. extrovertierte) Seite leben.

Die nächste Gegenüberstellung zeigt noch einmal im direkten Vergleich einige Eigenschaften, in denen sich extrovertierte und introvertierte Kinder unterscheiden [12]:

Eigenschaften von extrovertierten und introvertierten Kindern

Extrovertierte Kinder ...	Introvertierte Kinder ...
• sprechen ihre Gedanken laut aus	• denken zu Ende, bevor sie sprechen
• stürzen sich ohne Scheu in neue Situationen	• warten und beobachten, bevor sie mitspielen
• lieben Abwechslung und ein lebhaftes Umfeld	• konzentrieren sich gerne auf eine Person oder eine Sache
• sind expressiv, laut und zeigen deutlich ihre Begeisterung	• sind nachdenklicher und zurückhaltender
• können sich für vieles begeistern, häufig jedoch nur kurzfristig	• sind wählerischer hinsichtlich Hobbys, Aktivitäten und Freunden
• genießen es und tanken auf, wenn um sie herum viel los ist	• sind erschöpft nach vielen Interaktionen mit anderen Menschen und Gruppen

Introvertierte schüchterne Kinder

Die amerikanischen Psychologen Paul Tieger und Barbara Barron-Tieger haben die allgemeinen wissenschaftlichen Untersuchungen zu verschiedenen Persönlichkeitstypen um Arbeiten speziell zu Kindern in unterschiedlichen Altersstufen ergänzt [12]. Sie haben verschiedene Kombinationen von Temperamenten bei Kindern untersucht und darauf aufbauend insgesamt sechzehn verschiedene Kindertypen beschrieben. Ihr Ansatz ist ähnlich wie der der Temperamentsforscher, die in Kapitel 3.2 vorgestellt wurden: Kind und Eltern profitieren sehr davon, wenn Eltern die Erziehung an der Persönlichkeit und den besonderen Bedürfnissen ihres Kindes ausrichten und seine Einzigartigkeit schätzen und fördern. Ebenso wie Pflanzen am besten an einem Standort mit für sie optimalen Licht-, Nahrungs- und Wasserverhältnissen gedeihen, entwickeln sich Kinder am besten, wenn die Eltern ihr Augenmerk darauf haben, welche Gaben und Schätze ihr Kind in sich trägt und welche Unterstützung es benötigt.

Paul Tieger und Barbara Barron-Tieger haben spezifische Empfehlungen für jeweils acht unterschiedliche extrovertierte und acht verschiedene introvertierte Kinderprofile erarbeitet. Die Autorin hat die spezifischen Empfehlungen für die acht introvertierten Kindertypen verglichen und festgestellt, dass diese trotz der großen Bandbreite an Persönlichkeitsausprägungen viele Gemeinsamkeiten aufweisen. Diese gemeinsamen Empfehlungen für die Begleitung von introvertierten Kindern werden im Folgenden in Kurzform wiedergegeben:

Empfehlungen für die Begleitung von introvertierten Kindern

abgeleitet aus acht introvertieren Kinderprofilen [12]

→ Respektieren Sie das Bedürfnis des Kindes nach Ruhe und Zeit, um alleine zu träumen, nachzudenken oder zu spielen!

→ Lassen Sie das Kind in Ruhe das Spiel anderer beobachten, bevor es mitspielt!

→ Sprechen Sie ruhig und unter vier Augen, wenn Sie das Kind kritisieren!

→ Versuchen Sie, nicht laut zu werden oder das Kind anzuschreien. Wenn Sie dennoch laut werden, sollten Sie sich beim Kind entschuldigen.

→ Hören Sie dem Kind mit voller Aufmerksamkeit gut zu, wenn es erzählen möchte!

→ Fragen Sie das Kind nicht aus über Dinge, die es nicht erzählen möchte!

→ Unterbrechen Sie das Kind nicht und warten Sie geduldig die Antwort ab, auch wenn es lange braucht!

→ Respektieren Sie die Privatsphäre des Kindes!

Diese Empfehlungen werden die Leser in dieser und anderer Form auch in den Sechs Säulen dieses Buches wiederfinden, da sie fundamental wichtig sind für die Begleitung von schüchternen Kindern.

Hinsichtlich der Förderung von introvertierten Kindern ist darüber hinaus zu bedenken, dass in der westlichen Kultur extrovertiertes Verhalten oft eher geschätzt wird als introvertiertes Verhalten. Die meisten introvertierten Kinder spüren es dementsprechend genau, wenn ihre Umgebung extrovertiertes Verhalten favorisiert. Umso mehr benötigen diese Kinder das Verständnis und die Wertschätzung der Eltern und ein deutliches Signal, dass sie so, wie sie sind, in Ordnung sind.

Extrovertierte schüchterne Kinder

Auf den ersten Blick fallen extrovertierte schüchterne Kinder nicht auf, weil ihr offener Verhaltensstil die Schüchternheit meistens verdeckt. Der amerikanische Psychologe Philip Zimbardo hat wesentliche Elemente ihres Verhaltensstils folgendermaßen beschrieben [2]:

„Extrovertierten Schüchternen gelingt es in den meisten Situationen, die richtigen Worte zu finden und anderen Menschen mit Lächeln, Lachen, Augenkontakt und Wertschätzung herzlich zu begegnen. Sie schaffen es recht gut, ihre Schüchternheit vor anderen zu verbergen. Sie sind oft so erfolgreich, dass selbst ihre besten Freunde meistens nicht wissen, dass sie die gleichen Empfindungen und Ängste wie die introvertierten Schüchternen haben. Schüchterne Extrovertierte kommen am besten zurecht, wenn sie eingespielte Rollen in klar definierten Situationen spielen, und besonders dann, wenn sie am Steuer sitzen. Die Schüchternheit zeigt sich, wenn sie die Bühne verlassen und mit Spontaneität und ungeplanten Begegnungen mit Menschen, wie sie im Alltag häufig passieren, umgehen müssen."

Philip Zimbardo zitiert in seinem Buch die Äußerung eines recht lebhaften achtzehnjährigen jungen Erwachsenen. Sie zeigt sehr deutlich das Dilemma von extrovertierten Menschen, die zugleich sehr schüchtern sind [2]:

„Wenn ich ungewohnte Situationen erlebe oder mit Leuten zusammen bin, die ich entweder nicht kenne oder die mir großen Respekt einflößen, rast mein Herz so schnell, dass ich fürchte, dass die Leute bemerken, wie stark es in meiner Brust hämmert. Mein Mund wird trocken, meine Hände schwitzen. Gleichzeitig schaffe ich es zu reden und zu lächeln, weil ich natürlich nicht möchte, dass irgendjemand mitbekommt, dass ich

schüchtern bin. Ich gebe mein Bestes und lasse mir meistens nichts anmerken, weil ich andere Leute wirklich mag. Obwohl ich mich oft sehr unwohl fühle, bin ich doch gerne mit anderen Menschen zusammen.

Manchmal passiert es, dass ich in einen Raum voller Leute hineingehe und dabei nicht nur zittere, sondern auch richtig schwindelig werde. Manchmal verzichte ich auf eine angebotene Tasse Kaffee, weil ich Angst habe, dass ich vor lauter Zittern den Kaffee verschütten könnte.

Das Peinlichste für mich ist, wenn ich neuen Leuten vorgestellt werde und sofort ihren Namen vergesse, weil ich so beschäftigt damit bin, was für einen Eindruck ich hinterlasse."

Diese Beschreibungen zeigen anschaulich, dass bei den extrovertierten schüchternen Kindern eine große Herausforderung für die Eltern darin besteht, zu erkennen, was in ihrem Kind vorgeht und die Schwierigkeiten des Kindes nicht zu übersehen. Nur dann können die Eltern das Kind beim Abbau der sozialen Ängste und bei der Bewältigung der alltäglichen Schwierigkeiten unterstützen. In diesem Sinne gelten die Empfehlungen der Sechs Säulen dieses Buches weitestgehend sowohl für extrovertierte als auch für introvertierte schüchterne Kinder und Jugendliche.

4 Die Erste Säule: Ein gesundes Selbstgefühl

4.1 Was ist mit Selbstgefühl gemeint?

Wer sich mit Schüchternheit bei Kindern beschäftigt, stößt schnell auf die Behauptung, dass schüchterne Kinder ein geringes Selbstbewusstsein hätten. Aber ist der Begriff „Selbstbewusstsein" hier angemessen? Kinder, und vor allem kleine Kinder, sind viel verletzbarer und ohnmächtiger als Erwachsene. Viele schüchterne Kinder spüren diese Verletzlichkeit und reagieren entsprechend ängstlich oder zurückhaltend. Auf hochsensible Kinder trifft dies in verstärktem Maße zu. Unbekümmerte Kinder machen sich weniger Gedanken um diese Verletzlichkeit und gehen viel offener auf ihre Umwelt zu. Kann daraus geschlossen werden, dass unbekümmerte Kinder selbstbewusster sind? Vermutlich nicht.

Die Wortwahl des Pädagogen Jesper Juul erscheint hier weitaus überzeugender und hilfreicher. Er unterscheidet zwischen Selbstgefühl und Selbstvertrauen. Mit dem Wort „Selbstgefühl" beschreibt er den Grundton unserer psychischen Existenz. Es ist unser Wissen und Erleben davon, wer wir sind. Bildlich gesprochen lässt sich das Selbstgefühl als innerer Kern beschreiben. Das ist zunächst abstrakt, wird aber sehr schnell anschaulich bei der Beschreibung eines gesunden und gut ausgeprägten Selbstgefühls: Das gesunde Selbstgefühl spricht: „Ich bin in Ordnung und wertvoll, ganz allein deshalb, weil ich bin!". Es wird erlebt als ein Gefühl des In-Sich-Ruhens und Sich-Wohlfühlens, völlig unabhängig von Verdiensten, Können und Leistung [13].

Selbstvertrauen handelt nach Juul von dem, was wir können, worin wir gut sind und worin wir schlecht sind. Es geht hierbei um unser Vertrauen in unsere Leistung und unser Können. Selbstvertrauen bezieht sich im Gegensatz zum Selbstgefühl auf Fähigkeiten und nicht auf das grundlegende Sein.

Selbstvertrauen und Selbstgefühl beschreiben damit ganz unterschiedliche Dinge. Für das grundlegende Wohlbefinden des Menschen ist das Selbstgefühl viel bedeutender als das Selbstvertrauen. Deswegen leidet ein Mensch, der ein gutes, gesundes Selbstgefühl hat, in der Regel nicht unter mangelndem Selbstvertrauen. Wenn er feststellt, dass er gewisse Fähigkeiten nicht hat, stellt er sich nicht grundlegend in Frage. Stattdessen eignet er sich die benötigten Fähigkeiten an, oder er wendet sich anderen Dingen zu.

Fallbeispiele

Annas große Schwester ist eine begabte Tänzerin und bekommt bei ihren Auftritten regelmäßig viel Applaus und Anerkennung. Anna schaut ihr immer wieder fasziniert zu und würde auch gerne so tanzen lernen wie ihre Schwester. Doch bald sieht sie, dass sie nicht die gleiche Begabung hat. Traurig nimmt sie von ihrem Wunsch Abschied und entdeckt kurz darauf ihre große Leidenschaft für Pferde und ihr Talent beim Reiten. Mit einem schwachen Selbstgefühl hätte sie vielleicht über sich selbst gedacht „Ich kann aber auch gar nichts" und hätte sich zurückgezogen. Ihr gesundes Selbstgefühl hat ihr jedoch geholfen, den Wunsch nach tänzerischen Fähigkeiten loszulassen und stattdessen andere Lebensbereiche und Talente zu entdecken. Ihr Selbstvertrauen wurde durch die Erfahrung, keine große Begabung für das Tanzen zu haben, nicht gemindert.

Für die seelische Entwicklung des Kindes bedeutet dies, dass die wichtigste Grundlage ein gutes Selbstgefühl ist. Deshalb werden in der Ersten Säule zunächst Anregungen gegeben, wie das Selbstgefühl der Kinder gefördert werden kann. Denn wenn Kinder kein gesundes Selbstgefühl entwickeln, wird auch das Stärken des Selbstvertrauens das Wohlbefinden des Kindes nicht grundlegend verändern. Wenn das Kind sich nicht als wertvoll und in Ordnung empfindet – ohne dafür etwas können oder tun zu müssen – fehlt ihm ein grundlegendes Fundament. Das Stärken des Selbstvertrauens des Kindes – basierend auf der Grundlage eines gesunden Selbstgefühls – ist Bestandteil der Zweiten Säule.

Fragen zur Vertiefung

Was sind Ihre größten Wünsche für Ihr Kind? Beziehen sie sich auf das Selbstgefühl, auf das Selbstvertrauen oder anderes?

Wie schätzen Sie das Selbstgefühl Ihres Kindes ein?

Wie haben Sie es geschafft, Ihrem Kind ein gesundes Selbstgefühl zu vermitteln?

Was können Sie im Alltag anders machen, um das Selbstgefühl Ihres Kindes noch mehr zu stärken?

Auf den Punkt gebracht:

Für die seelische Entwicklung ist ein gesundes Selbstgefühl die wichtigste Grundlage. Es vermittelt: „Ich bin in Ordnung und wertvoll, ganz allein deshalb, weil ich bin!". Es wird erlebt als ein Gefühl des In-Sich-Ruhens und Sich-Wohlfühlens, völlig unabhängig von Verdiensten, Können und Leistung. Wenn Kinder kein gesundes Selbstgefühl entwickeln, wird auch das Stärken ihres Selbstvertrauens, also das Vertrauen in eigene Leistungen und in eigenes Können, das Wohlbefinden des Kindes nicht grundlegend verändern.

4.2 Kinder wollen gesehen und anerkannt werden

Ganz zentral für die Entwicklung des Selbstgefühls ist, dass das Kind von mindestens einer Person „gesehen" und so angenommen wird, wie es ist [13].

Fallbeispiel

Jan baut in der Spielecke einen Turm aus Bauklötzen. Ab und zu hält er inne und ruft: „Schau' mal, Papa". Jan will gesehen werden. Er möchte gar kein Lob. Stattdessen will er sein aktuelles Erlebnis teilen. Sein Erleben soll von seinem Vater gesehen werden. Der Vater schaut ihm immer wieder freundlich zu. Später sagt er noch zu Jan: „Das macht richtig Spaß, das Bauen und das Zusammenstürzen lassen". Jan ist zufrieden.

Wie das Beispiel mit dem Kleinkind Jan zeigt, müssen Eltern gar nicht viel „tun". Es reicht, wenn sie das Kind freundlich anschauen, ihm zunicken, es anlachen und ab und zu das Erlebte in Worte fassen. Lob und Wertung sind nicht gefragt. Das Kind will nicht beurteilt werden. Stattdessen braucht es die Präsenz, die Gegenwart der Eltern. Es will ohne Vorbehalte und Wertungen anerkannt und gesehen werden, und das gilt für alle Altersstufen - vom Säugling bis zum Jugendlichen.

Bei älteren Kindern kann dieser Wunsch nach dem Gesehen-Werden seitens der Eltern schnell vergessen werden, wenn die Eltern nicht mehr das Kind an sich zuerst wahrnehmen, sondern stattdessen all die Aufgaben und Pflichten, die das Kind erfüllen sollte. Folgendes Fallbeispiel zeigt dies deutlich:

Fallbeispiel

Celine bringt in letzter Zeit zunehmend schlechte Schulnoten nach Hause. Die Mutter reagiert darauf nicht mit Kritik, Nörgeln, einem Nachhilfeprogramm oder einem Belohnungssystem. Stattdessen versucht sie, ihr Kind zu „sehen" und fragt Celine: *„Ich merke, dass es in der Schule zur Zeit nicht so gut läuft und du unzufrieden bist. Hast du eine Idee, woran das liegt?"* Sie bedrängt ihre Tochter nicht, bietet ihr jedoch unaufdringlich Hilfe an, falls die Tochter dies möchte. Die Tochter fühlt sich wahrgenommen und nicht verurteilt. Sie muss sich nicht verteidigen, sondern kann ohne elterlichen Druck nach eigenen Lösungen suchen.

Der Pädagoge Juul nennt Kinder, die über die gesamte Kindheit oder über längere Zeiträume nicht so „gesehen" werden, wie sie sind, „unsichtbare Kinder" [13]. Dazu zählt er auch Kinder, bei denen die Bezugspersonen das Befinden der Kinder nicht wahrnehmen. Diese „unsichtbaren" Kinder entwickeln ganz unterschiedliche Verhaltensweisen. Eine mögliche Reaktion sind der Rückzug oder die Isolation. Juul weist auch darauf hin, dass der Prozess von „unsichtbar" zu „sichtbar" viel Zeit braucht. Kritik, Zurechtweisung und besserwisserisches Verhalten der Erwachsenen sind in dieser Zeit unangebracht und kontraproduktiv.

Fragen zur Vertiefung

Welche (kleinen) Momente des Gesehen-Werdens – ohne Lob und Wertung – genießt Ihr Kind?

In welchen Situationen bewerten oder kritisieren Sie das Kind?

Wie können Sie diese Situationen dahingehend verändern, dass Ihr Kind sich zu allererst wahrgenommen fühlt?

An welche (kleinen) Momente des Gesehen-Werdens aus Ihrer Kindheit können Sie sich erinnern?

Auf den Punkt gebracht:
Ganz zentral für die Entwicklung des Selbstgefühls ist, dass das Kind von mindestens einer Person „gesehen" und anerkannt wird, so wie es ist. Lob und Wertung sind hierbei hinderlich. Stattdessen braucht das Kind die urteilsfreie Präsenz der Eltern. Es will ohne Vorbehalte und Wertungen anerkannt und wahrgenommen werden. Das gilt für alle Altersstufen - vom Säugling bis zum Jugendlichen.

4.3 Sich selbst und das Kind annehmen

Fallbeispiel
Adrian ist ein sehr zurückhaltendes Kind. Wenn er mit seiner Mutter Freunde besucht, klammert er sich erstmal an seine Mutter und beobachtet aus sicherem Abstand heraus das Spiel der anderen Kinder. Die Kinder der Freundin hingegen haben ein ganz anderes Temperament. Sie sind ausgelassen und fröhlich und gehen sofort auf die Besucher zu. Die Erwachsenen schenken diesen offenen Kindern viel mehr Aufmerksamkeit und Anerkennung als dem schüchternen Adrian. Die Mutter von Adrian wünscht sich, dass Adrian auch diese Offenheit und Leichtigkeit hätte. Sie fragt sich, ob mit Adrian etwas nicht in Ordnung ist oder ob sie etwas falsch gemacht hat.

Das Fallbeispiel zeigt anschaulich, wie schwierig es für Eltern oft ist, das zurückhaltende Temperament ihrer Kinder zu akzeptieren. Sie glauben beispielsweise, dass ihr Kind es mit diesem Temperament schwer haben wird im Leben. Oder sie glauben, dass sie etwas in der Erziehung falsch gemacht haben. Oft machen diese Eltern auch die schmerzliche Erfahrung, dass ihr zurückhaltendes Kindes von anderen Erwachsenen oder Kindern nicht so gemocht wird wie andere, offenere Kinder. Im weiteren Verlauf des Buches wird an verschiedenen Beispielen gezeigt, dass viele dieser Überzeugungen häufig nicht der Wirklichkeit entsprechen und die Eltern zusammen mit ihrem Kind viel bewirken können, damit diese Überzeugungen nicht zur Wirklichkeit werden. Denn zurückhaltende Kinder besitzen ein großes Potenzial, um ein glückliches Leben mit der Entfaltung all ihrer Talente zu führen, wenn sie in einer Umgebung aufwachsen, die ihr Temperament berücksichtigt. Dazu kommt, dass zurückhaltende Kinder oft wegen ihrer Zuverlässigkeit und ihres Einfühlungsvermögens beliebt sind, auch wenn sie sich nicht gerne in den Vordergrund drängen.

Der erste Schritt heraus aus diesem negativen Denken wie „Wäre mein Kind doch anders!" und „Was habe ich falsch gemacht?" ist die Akzeptanz von dem, was ist. Akzeptieren Sie, dass Ihr Kind so ist, wie es ist, ohne zu urteilen. Akzeptieren Sie auch sich selbst, so wie Sie sind. Akzeptanz bedeutet dabei nicht, dass die Eltern und ihr Kind untätig die Hände in den Schoß legen. Akzeptanz ist vielmehr eine grundlegende Lebenshaltung, die Welt so wahrzunehmen und anzunehmen, wie sie ist. Mit dieser Haltung entstehen Gelassenheit und ein Frieden mit sich und der Umgebung. Wer gelernt hat, die Dinge zu akzeptieren, wie sie sind, wird aus dieser Haltung heraus Ruhe und Stärke entwickeln, um hilfreich zu handeln.

Die Akzeptanz als Haltung einzuüben ist kein leichter Weg. Eltern sollten deshalb geduldig mit sich selbst sein und sich auch über kleine Schritte freuen. Im Laufe dieses Buches werden weitere Anregungen gegeben, die es Eltern erleichtern können, ihr Kind zu akzeptieren, wie es ist. Vermutlich entdecken viele Eltern im Laufe der Zeit zunehmend, welche schönen Seiten mit dem zurückhaltenden Temperament ihres Kindes verbunden sind und welche Gaben und Stärken es besitzt. Das Kind zeigt möglicherweise in der aktuellen Entwicklungsphase bestimmte Eigenschaften - diese müssen aber nicht gleichbleibend sein, sondern werden sich verändern, da das Kind im Laufe seines Lebens viele Entwicklungen durchleben wird.

Es geht zunächst nur darum, das zu akzeptieren, was **JETZT** ist, und nicht die Vorstellungen darüber übermächtig werden zu lassen, was in Zukunft alles sein könnte. Wenn Eltern ganz gefangen in Sorgen sind, wird es ihnen schwerer fallen, die Gegenwart so zu akzeptieren, wie sie ist. Denn neben den aktuellen Problemen laden sie sich auch noch die Sorgen um zukünftige Ereignisse, die möglicherweise nie eintreffen werden, auf ihre Schultern. Vertiefende Anregungen zum Umgang mit elterlichen Sorgen finden interessierte Leser in der Sechsten Säule.

Fragen zur Vertiefung

Was für ein Kind mit was für einer Persönlichkeit haben Sie sich während der Schwangerschaft erträumt?

Welche dieser Wünsche haben sich erfüllt?

Welche dieser Wünsche haben sich nicht erfüllt? Was ist anders geworden als erträumt?

Haben Sie sich erlaubt, Ihren Enttäuschungen Ausdruck zu geben, sie anzuerkennen, zu betrauern und von ihnen Abschied zu nehmen?

Woran spürt Ihr Kind, dass Sie es akzeptieren?

Auf den Punkt gebracht:
Der erste Schritt heraus aus negativem Denken wie „Wäre mein Kind doch anders!" und „Was habe ich falsch gemacht?" ist die Akzeptanz von dem, was ist. Wer gelernt hat, sein Kind und die Dinge so zu akzeptieren, wie sie sind, wird aus dieser Haltung heraus viel Gelassenheit und Stärke entwickeln, um hilfreich zu handeln. Die Akzeptanz des zurückhaltenden Temperaments und die Richtung der Aufmerksamkeit auf die Gegenwart lassen übermächtige Sorgen um die Zukunft geringer werden und stärken das Vertrauen in die eigenen Stärken und in die des Kindes.

4.4 Wie Zuneigung gezeigt werden kann

Allen Kindern tut eine warme und wohlwollende Atmosphäre im Elternhaus und in ihrem Umfeld gut. Dies gilt umso mehr für schüchterne Kinder, die häufig sehr sensibel sind und die Stimmungslage von Eltern und Geschwistern sehr deutlich spüren. Sie brauchen in besonderem Maße die Liebe, die Anerkennung, die Aufmerksamkeit und das Wohlwollen der Eltern. Wichtig für das Kind ist hierbei, dass die Eltern ihre Liebe und Wertschätzung dem Kind gegenüber auch immer wieder mit Worten und Gesten zum Ausdruck bringen. Eltern sollten nicht davon ausgehen, dass das Kind ohnehin schon weiß, dass sie es schätzen. Für ein Kind ist es von fundamentaler Bedeutung, dass es diese Zuneigung tatsächlich erlebt und erfährt, und zwar unabhängig von seinen Leistungen und seinem Wohlverhalten. Es dient niemandem, wenn den Eltern vor Liebe das Herz aufgeht, aber die Kinder dies gar nicht deutlich wahrnehmen und erleben.

Eltern sollten deshalb bewusst schauen, wie viel Zärtlichkeit ihr Kind braucht, vor allem wenn es jünger ist. Kinder sind hier sehr unterschiedlich. Wenn ein Kind Zärtlichkeiten mag, sollten Eltern ausreichend Raum und Zeit zum Kuscheln und für kleine Gesten zwischendurch schaffen. Eltern sollten auch immer wieder aufs Neue genau beobachten, welche Form der Nähe ihr Kind mag und welche nicht. Es ist nie zu spät, mit Zärtlichkeiten anzufangen – wenn das Kind es möchte.

Einige Kinder sind als Babys schnell reizüberflutet, so dass der Eindruck entsteht, dass sie generell nur wenig Bedürfnis nach Berührung haben. Dies kann sich im Laufe der Zeit jedoch ändern. Wichtig ist, dass die Eltern offen bleiben und ein verstärktes Bedürfnis des Kindes nach Nähe nicht übersehen.

Fallbeispiel
Rosa reagierte als Baby oft mit Weinen auf laute Geräusche, fremde Menschen und Umgebungswechsel. Auch lehnte sie oft das Schmusen ab, sehr zur Enttäuschung ihrer Eltern. Ihre Eltern akzeptierten schließlich das Bedürfnis ihres Kindes nach einer reizarmen Umgebung und tauschten nur dann Zärtlichkeiten mit Rosa aus, wenn sie zeigte, dass sie es genoss. Stattdessen trugen sie Rosa viel auf dem Arm herum, was ihr fast immer Freude bereitete. Mit zunehmendem Alter veränderte sich Rosas Bedürfnis nach Zärtlichkeit stark. Als sie ins Schulalter kam, war sie ein richtiges Schmusekind geworden und genoss das Kuscheln mit beiden Eltern sehr.

Der amerikanische Psychologe Philip Zimbardo schildert sehr eindrucksvoll das Beispiel eines Jungen, der sich seinen Eltern gegenüber eher abgewandt zeigte [2]. Erst im Alter von elf Jahren gingen seine Eltern mit Berührungen auf ihn zu. Er hat dies gerne angenommen, und der Austausch von Zärtlichkeiten wurde zum selbstverständlichen Teil des Familienlebens, was alle sehr genossen haben.

Fragen zur Vertiefung

Wie zeige ich meinem Kind meine Zuneigung? Bemerkt das Kind meine Zuneigung?

Mag mein Kind Zärtlichkeiten? Wann hat mein Kind am meisten Lust auf Schmusen? Morgens vor dem Aufstehen, am Nachmittag oder vor dem Schlafen gehen?

Kann ich akzeptieren, wenn mein Kind keine Zärtlichkeiten möchte?

Wie kann ich die Türe offen halten für Zärtlichkeiten, wenn es in der Familie derzeit kaum gegenseitige Berührung gibt?

Auf den Punkt gebracht:
Manche Eltern neigen dazu, ihre vorhandene Liebe und Wertschätzung ihrem Kind nicht offen und klar zu zeigen. Für Kinder ist es jedoch sehr wichtig, die Zuneigung der Eltern immer wieder ganz konkret durch Gesten oder Zärtlichkeiten erleben zu können.

Da das Bedürfnis nach Nähe und Berührung im Laufe der Entwicklung starken Schwankungen unterliegt, sollten Eltern besonders aufmerksam sein und auf die sich verändernden Bedürfnisse ihres Kindes eingehen.

4.5 Angemessene Erwartungen der Eltern

Viele Eltern haben hohe Erwartungen an ihr Kind. Das Kind soll beispielsweise gute schulische Leistungen erbringen, geschickt sein und ein gutes Benehmen zeigen. Oft ist es den Eltern auch für ihr eigenes Ansehen und ihren Ruf wichtig, dass die Kinder nach außen hin ein positives Bild darstellen und somit zeigen, dass ihre Eltern eine gute Erziehungsarbeit geleistet haben. Hinzu kommt die Angst, dass das Kind in der Gesellschaft nicht mithalten kann, wenn es nicht genügend Leistung zeigt. Auch wenn diese Erwartungen dem Kind gegenüber nicht geäußert werden, kann ein Kind sie spüren und möchte ihnen gerecht werden. Wenn die Erwartungen jedoch zu hoch sind, wird das Kind sie nicht erfüllen können. Es wird sich möglicherweise schlecht und schuldig fühlen und zu der Selbsteinschätzung kommen, dass es nicht gut genug sei. Die Folge wäre, dass das Selbstgefühl Schaden nimmt.

Das Dilemma des Kindes wird noch verstärkt, wenn Eltern ihre Enttäuschung entweder direkt zeigen oder dem Kind aus Enttäuschung weniger Zuneigung entgegenbringen. Das Kind wird dann den Schluss ziehen, dass es nur geliebt wird, wenn es die Erwartungen der Eltern erfüllt. Es verliert die Sicherheit, dass es bedingungslos geliebt wird. Das Selbstgefühl wird damit noch mehr beschädigt.

Viele Eltern haben zu hohe Erwartungen, weil sie nicht wissen, dass jedes Kind seine eigene Zeit für seine Entwicklung braucht. Das Entwicklungstempo kann von Kind zu Kind sehr unterschiedlich sein. Kinder, die sich langsamer entwickeln, werden sich genauso gut entfalten wie Kinder, die schneller sind. Lassen Sie deshalb Ihrem Kind seine eigene Geschwindigkeit für die Entwicklung. Vergleichen Sie es nicht mit anderen Kindern, die früher laufen lernen, früher lesen können, sportlicher sind oder anderes. Das Selbstgefühl der Kinder wird sich wunderbar entfalten, wenn sie in ihrem individuellen Rhythmus wachsen können.

Fallbeispiel

Die Eltern schicken Jonas auf ein Gymnasium, obwohl er dort große Mühe mit dem hohen Leistungsniveau hat. Jonas wird immer stiller und zurückhaltender und zieht sich vermehrt in sein Zimmer zurück. Freunde der Eltern beobachten dies und geben zu bedenken, dass Jonas in letzter Zeit weniger offen und selbstsicher erscheint. Vielleicht fehlt ihm das Gefühl, auch dann geliebt und anerkannt zu werden, wenn er schlechte Noten nach Hause bringt? Oder hat er neben dem vielen Lernen nicht ausreichend Zeit für Spiel und Freude, um die wichtigen kindlichen Glücksmomente zu erfahren? Die Eltern nehmen diese Anregungen auf und stellen fest, dass sie Angst haben, dass ohne Druck aus Jonas „nichts Anständiges" wird. Sie beschließen, diese Angst durch mehr Vertrauen zu ersetzen, gelassener zu werden und ihre Erwartungen an Jonas herunterzuschrauben. Sie achten fortan darauf, dass Jonas genug Freiräume für seine Freizeitinteressen und das Faulenzen erhält Langsam entspannt sich Jonas und wird wieder offener und zufriedener.

Fragen zur Vertiefung

Welche Erwartungen habe ich an mein Kind in den verschiedenen Lebensbereichen?

Wie reagiere ich, wenn das Kind diese Erwartungen nicht erfüllt?

Warum habe ich hohe Erwartungen an das Kind? Geht es um mein Ansehen als Elternteil? Stecken eigene Ängste hinter den Erwartungen?

Welche Erwartungen sind für mein Kind zu hoch und belasten es?

Auf den Punkt gebracht:
Eltern sollten ihre Erwartungen an das Kind bewusst reflektieren. Denn wenn sie so hoch sind, dass das Kind sie nicht erfüllen kann, wird das Kind darunter leiden und am Selbstgefühl Schaden nehmen. Verstärkt wird das kindliche Leid noch, wenn Eltern dem Kind ihre Enttäuschung zeigen oder dem Kind aufgrund der eigenen Enttäuschung sogar weniger Zuneigung schenken.

4.6 Mitfreude statt Lob und Belohnung

Alle Kinder freuen sich über die Anerkennung und das Wohlwollen der Erwachsenen. Viele Eltern zeigen dem Kind diese Anerkennung, indem sie es häufig loben und ihm Belohnungen für das erwünschte Verhalten in Aussicht stellen. Auch empfehlen viele Erziehungsratgeber das regelmäßige Loben des Kindes. Es finden sich dort zahlreiche Vorschläge für ausgefeilte Belohnungssysteme mit Smilies, Punkten oder sonstigem. Auch bei schüchternen oder ängstlichen Kindern arbeiten Erwachsene viel mit Lob und Belohnung, um das Kind zu mutigem Verhalten zu motivieren, kleine Schritte zu würdigen und das positive Verhalten zu verstärken.

Lob und Belohnung haben jedoch auch ihre Schattenseiten, die selten reflektiert werden. Beide stellen ein Werturteil eines Erwachsenen über das Kind bzw. das Handeln des Kindes dar. Das Kind reagiert vielleicht stolz darauf, aber dennoch wird es „von oben herab" beurteilt und bewertet. Das Kind erfährt durch belohnendes Verhalten und lobende Worte, dass es gut ist und geliebt wird, wenn es dieses oder jenes tut. Als Folge davon tun Kinder manche Dinge nur um des Lobes willen und nicht um ihrer selbst willen. Ein erfülltes und authentisches Leben beruht jedoch nicht darauf, etwas zur Erfüllung von Wertvorstellungen anderer zu tun. Überspitzt kann man sagen, dass Lob und Belohnung eine Art der Dressur sind.

Das Lob steigert nicht das Selbstgefühl des Kindes. Denn es vermittelt dem Kind nicht, dass es so, wie es ist, in Ordnung ist. Stattdessen vermittelt es dem Kind, welches Verhalten und Können erwünscht ist. Das Kind kann daraus auch schließen: „Ich bin nicht in Ordnung, wenn ich bestimmte Leistungen und Fähigkeiten nicht aufweisen kann". Dann kann das kindliche Selbstgefühl sogar schwächer werden. In der Folge verringern sich die Lebensfreude und das Wohlbefinden, und das Lob wäre dann sogar schädlich für die kindliche Seele.

Was ist die Alternative? Wie können die Eltern dem Kind Anerkennung vermitteln, ohne dafür Lob einzusetzen? Eine Alternative, die frei von „Dressur" und zugleich authentisch ist, ist die Mitfreude. Den Unterschied verdeutlicht folgendes Fallbeispiel:

Fallbeispiel
Karl hatte als Kindergartenkind Angst vor Ponys und zeigte keinerlei Interesse am Ponyreiten. Eines Tages kam die Familie bei einem Ausflug an Ponys vorbei, auf denen Kinder eine kurze Strecke an der Leine geführt „reiten" konnten. Zum Erstaunen der Eltern wollte Karl unbedingt beim Ponyreiten mitmachen und setzte sich ganz selbstsicher und ohne Angst auf den Ponyrücken. Die Mutter war ganz erstaunt und wollte schon ansetzen, Karl ein großes Lob auszusprechen. Doch etwas hielt sie zurück. Sie spürte, dass Karl ganz stolz und voller Würde auf dem Pony saß. Sie spürte, dass ein Lob seine Würde geschmälert hätte, und dass er kein Lob wollte, sondern Anteilnahme und Mitfreude der Eltern. Die Mutter reagierte darauf und zeigte ihre Mitfreude, indem sie ihn anstrahlte und sagte: *„Ich finde es prima, dass du so viel Spaß beim Reiten hast."*

Das Beispiel zeigt, dass es einer gewissen Sensibilität bedarf, um den Unterschied zwischen Lob und Mitfreude zu erkennen und auszudrücken. Wir sind so sehr gewohnt, dass Kinder gelobt werden, dass es nicht einfach ist, vom Lob zur Mitfreude zu wechseln. Deutlicher wird der Unterschied im Gespräch zwischen Erwachsenen. Nehmen wir an, eine erwachsene Frau erzählte ihrer Freundin von ihrem Sieg beim letzten Tennisturnier. Stellen Sie sich vor, dass die Freundin sie dafür loben würde. Das würde vermutlich eine Verstimmung oder sogar eine Verärgerung bei der Turniersiegerin hervorrufen. Sie möchte von der Freundin nicht gelobt werden, sondern sie wünscht sich, dass sie an ihren Erfolgserlebnissen Anteil nimmt und Mitfreude zeigt. Den gleichen Respekt und die gleiche Anteilnahme können wir Kindern zeigen. Kinder mögen Mitfreude ebenso gerne wie Erwachsene und weisen sogar manchmal Lob zurück, weil sie spüren, dass es eine Bewertung von oben herab darstellt.

Ähnliches gilt für Belohnungen in Form von Süßigkeiten, Spielsachen, Smilies oder Geld. Diese Belohnungen sind eine andere Form des Lobes, wenn das Kind die Belohnung für eine Leistung oder gutes Benehmen erhält. Eine Alternative zum Belohnen kann in vielen Fällen auch ein echtes „Danke" an das Kind sein. Ein Beispiel hierfür gibt das folgende Fallbeispiel:

Fallbeispiel
Emily räumt seit einigen Wochen ihr Zimmer regelmäßig alleine auf. Die Eltern freuen sich darüber und wollen ihre Anerkennung dafür zum Ausdruck bringen. Sie überlegen, ob sie für jedes Aufräumen eine kleine Belohnung geben sollten. Sie zögern, weil sie spüren, dass Emily stolz darauf ist, wie eine Erwachsene ihre Sachen selbst zu ordnen. Und Erwachsene wollen von anderen Erwachsenen auch keine Belohnung, sondern Anerkennung und Dank. Schließlich entschließen sie sich, Emily ihre Anerkennung mit einem herzlichen „Dankeschön" zu zeigen und ihr auch zu sagen, dass sie sich freuen, dass sie als Eltern jetzt mehr Zeit haben, anderes Schönes zu tun.

Das Fallbeispiel lässt ahnen, dass es für die Familienatmosphäre und den Umgang zwischen Erwachsenen und Kindern einen sehr großen Unterschied macht, ob das Kind für eine Belohnung aufräumt, oder ob ihm mit einem herzlichen Dankeschön Anerkennung und Respekt gezeigt werden. Kinder sind glücklich und stolz, wenn die Erwachsenen ihnen danken für ihre hilfreichen Beiträge zum Familienalltag. Das kann auch der Fall sein, wenn Kinder bei einem anstrengenden Ausflug durchhalten und nicht nörgeln oder quengeln. Ein sehr schöner Nebeneffekt des elterlichen Bedankens ist es, dass Kinder das Danken übernehmen und sich aus freien Stücken ab und zu bei den Eltern bedanken. Für Eltern ist das sehr berührend und ein ganz besonderes Geschenk.

Letztendlich geht es nicht darum, das Lob komplett zu vermeiden. Immerhin kann das Lob einen Beitrag zur Stärkung des Selbstvertrauens des Kindes leisten und ist besser als gar keine elterliche Reaktion. Zudem ist das Loben in unserem Verhaltensrepertoire gegenüber Kindern tief verankert. Es geht vielmehr darum, mit den lobenden Worten bewusster umzugehen und zu schauen, wo Eltern die Anerkennung für das Verhalten oder die Leistungen des Kindes auf andere Weise zeigen können. Diese Anregungen sind als eine Einladung zum Experimentieren gedacht: Statt eines Lobes oder einer Belohnung könnten Eltern ihre Mitfreude und ihren Dank erst einmal dort aussprechen, wo es am einfachsten ist. Fangen Sie nicht gleich dort an, wo die lobenden Worte und die Belohnungen Ihnen möglicherweise geholfen haben, zu einem Alltag ohne häufige kindliche Wutausbrüche zu finden. Veränderungen brauchen Zeit. Die Eltern müssen sich erst an die neuen Verhaltensweisen gewöhnen, und auch das Kind braucht Zeit sowie einen festen Rahmen und klare Regeln.

Zu unterscheiden ist des Weiteren auch zwischen dem gewöhnlichen Lob und dem von Herzen kommenden Kompliment. Wenn das Kind beispielsweise etwas gemalt hat, was den Eltern sehr gut gefällt, soll nichts die Mutter oder den Vater daran hindern, spontan und herzlich zu sagen, wie gut ihnen das Bild gefällt. Das Kind wird sich darüber freuen, genau wie ein Erwachsener über ein Kompliment zu seinem neuen kreativen Werk. Der Unterschied zwischen einem Standard-Lob und der hier beschriebenen Situation ist der, dass die Eltern das Lob aus vollem Herzen aussprechen. Sie meinen es ehrlich. Damit ist es ist kein „pädagogisches Lob", sondern ein echtes Kompliment, das von Herzen kommt.

Fragen zur Vertiefung

Wie habe ich als Kind auf Lob und Belohnung reagiert? Wie habe ich damals auf Mitfreude und ein Dankeschön reagiert? Wie fühlte sich das an?

In welchen Situationen kann ich meinem Kind mehr Anerkennung zeigen? Für welches positive Verhalten oder welche Leistung erhält es weder Lob, noch Dank, noch Mitfreude und auch keine Belohnung?

In welchen Situationen kann ich ausprobieren, Lob durch echte Mitfreude zu ersetzen?

In welchen Situationen kann ich ausprobieren, Belohnungen durch ein herzliches „Dankeschön" oder eine andere Form der Anerkennung zu ersetzen?

> **Auf den Punkt gebracht:**
> Wer seinem Kind regelmäßig Mitfreude zeigt und seine Beiträge mit einem Dankeschön würdigt, fördert das Selbstgefühl des Kindes viel mehr, als es mit Lob und Belohnungen geschehen kann. Denn Lob und Belohnungen sind immer – ob wir es wollen oder nicht – mit einer Bewertung des Kindes „von oben herab" verbunden.

4.7 Glücksmomente sammeln

Viele Erwachsene denken noch heute dankbar an die Glücksmomente zurück, die sie als Kinder erlebt haben. Diese Glückserfahrungen geben dem Kind Kraft und Lebensfreude, die sich bis in das Erwachsenenleben auswirken. Wenn Eltern beobachten, wo und wann ihr Kind Glücksmomente erlebt, stellen sie fest, dass es oft gar nicht die großen Dinge sind, die Kinderaugen strahlen lassen. Häufig sind es alltägliche oder kleine Dinge wie das begeisterte Spiel mit Freunden, das Gute-Nacht-Lied oder das Verstecken-Spielen mit den Eltern. Beobachten Sie diese glücklichen Augenblicke und verhelfen Sie Ihrem Kind zu solchen Erlebnissen. Ab und zu sollten Eltern deshalb die vielen Aktivitäten, die das Kind in der Woche unternimmt, daraufhin hinterfragen, ob das Kind dabei wirklich Glücksmomente sammelt oder ob es nur ein Freizeit- und Bildungspensum abarbeitet. Vielleicht lässt es die ein oder andere aufwendige Aktivität einfach sein und macht stattdessen einfache, kleine Dinge, die ihm Zufriedenheit vermitteln.

Fallbeispiel

Moritz geht regelmäßig mit seiner Mutter zum Turnen. Obwohl er sagt, dass er gerne hingehe, beobachtet die Mutter, dass er während des Turnens angesichts der vielen durcheinander tobenden Kinder und des hohen Lärmpegels oft angespannt ist. Er lacht während der ganzen Turnstunde meistens gar nicht. Wenn das Turnen vorbei ist, ist er weitaus entspannter und fröhlicher. Die Mutter entscheidet, dennoch weiterhin zur wöchentlichen Turnstunde zu gehen, um Moritz auch an das laute Zusammensein mit vielen Kindern zu gewöhnen. Zusätzliche wöchentliche oder regelmäßige Aktivitäten organisiert sie aber nicht, sondern lässt Moritz stattdessen die kleinen Augenblicke des Glücks beim Treffen mit Freunden, auf dem Spielplatz oder beim Spiel zu Hause erleben.

Beobachten Sie, wann Ihr Kind ausgelassen und fröhlich ist - und schaffen Sie im Alltag viele Freiräume und Gelegenheiten hierzu. Wie oft lachen Sie und Ihr Kind gemeinsam? Wenn Sie eine entspannte Familienatmosphäre schaffen, werden Sie von ganz allein immer öfter mit Ihren Kindern zusammen lachen. Das Selbstgefühl des Kindes wird dadurch sehr gestärkt.

Fragen zur Vertiefung

In welchen Momenten des Alltags erleben Sie Ihr Kind besonders glücklich?

Wie können Sie den Alltag so gestalten, dass das Kind noch mehr Glücksmomente erlebt?

Welche regelmäßigen Aktivitäten (z.B. Musikunterricht, Sport u.a.) unternimmt Ihr Kind? Ist das Kind gerne dabei, oder arbeitet es eher ein Bildungsprogramm ab?

Was können Sie tun, damit Sie und Ihr Kind mehr miteinander lachen?

Auf den Punkt gebracht:
Das kindliche Selbstgefühl wird durch die kleinen Glücksmomente im Alltag sehr gestärkt. Eltern sollten genau beobachten, welches die Augenblicke sind, in denen die Kinderaugen besondere Freude ausdrücken. Es ist hilfreich, immer wieder die vielen Termine, die das Kind innerhalb der Woche wahrnimmt, kritisch daraufhin zu hinterfragen, ob das Kind dabei glücklich ist oder ob es eher um das Lernen und Trainieren von Fähigkeiten geht.

4.8 Zeit für das Kind

Die Zeit, die Eltern mit ihren Kindern aktiv verbringen, ist in vielen Familien zunehmend begrenzt. Durch die beruflichen Pflichten der Eltern, das Freizeitprogramm der Kinder und den Fernsehkonsum verbleiben im Alltag immer weniger Momente zum gemeinsamen Spielen, Sprechen oder Kuscheln. Viele Erziehungsratgeber empfehlen deshalb, täglich eine halbe Stunde ausschließlich dem Kind zu widmen und das Kind aussuchen zu lassen, was gemeinsam getan wird. Den Kindern tut dies ausgesprochen gut. Sie werden gesehen, anerkannt, gewürdigt und ihnen wird zugehört.

Bei älteren Kinder und Jugendlichen können stattdessen auch regelmäßige Verabredungen zu gemeinsamen Unternehmungen getroffen werden, Dies kann eine gute Stütze sein, um den Kontakt zueinander aufrecht zu erhalten und einer möglichen Entfremdung zwischen Jugendlichen und Eltern vorzubeugen.

In Familien mit mehreren Kindern sind die Bedürfnisse der einzelnen Kinder oftmals unterschiedlich. Überprüfen Sie immer wieder, ob gerade jetzt ein Kind besondere Zuneigung und Aufmerksamkeit braucht und suchen Sie nach Möglichkeiten, dem Kind diese zu geben.

Fragen zur Vertiefung

Wie viel Zeit verbringe ich mit meinem Kind? Wie viel Zeit davon widme ich dem Kind meine ganze Aufmerksamkeit?

Wünscht sich mein Kind mehr Zuwendung und Aufmerksamkeit von mir?

Wie kann ich eine gute Balance finden zwischen meinen alltäglichen Pflichten, den Bedürfnissen des Kindes und ausreichend langen Ruhepausen für mich?

Auf den Punkt gebracht:
Nehmen Sie sich Zeit für Ihr Kind! Bei kleineren Kindern kann dies beispielsweise eine halbe Stunde täglich sein, die Sie ausschließlich Ihrem Kind widmen. Bei älteren Kindern und Jugendlichen können Sie sich regelmäßig zu gemeinsamen Unternehmungen verabreden.

4.9 Aktives Zuhören in der Familie einüben

In diesem Abschnitt werden die Grundbausteine des sogenannten „Aktiven Zuhörens" dargestellt. Das Aktive Zuhören ist die Kunst des aufmerksamen und einfühlsamen Zuhörens. Es wird darum auch „Empathisches Zuhören" genannt. Wenn es in der Familie in der Kommunikation zwischen Kind und Eltern und zwischen den Erwachsenen angewandt wird, kann es die mitmenschlichen Beziehungen deutlich vertiefen. Denn es geht darum, den anderen zu verstehen und anzunehmen und seine Bedürfnisse wahrzunehmen. Wertungen und Urteile bleiben außen vor. Der Zuhörende sendet keine eigene Botschaft aus. Das bedeutet, dass der Zuhörende während des Aktiven Zuhörens kein Urteil fällt, seine eigene Meinung zurückhält, keinen Rat gibt und keine Analyse vornimmt. Er meldet dem Erzählenden lediglich zurück, was nach seinem Verständnis die Botschaft des Senders bedeutet.

Fallbeispiel

Simone erzählt zu Hause, dass sie wütend über ihre beste Freundin sei, weil sie etwas Gemeines zu ihr gesagt habe. Die Eltern wollen ansetzen sie zu trösten und ihr zu sagen, dass die Freundin es bestimmt nicht so gemeint habe und morgen wieder alles besser sein werde. Sie halten sich aber zurück, weil sie spüren, dass solche beruhigenden Phrasen ihrer Tochter nicht wirklich weiterhelfen würden. Stattdessen versuchen sie es mit Aktivem Zuhören. Sie ermuntern Simone, mehr von dem Streit zu erzählen und fassen immer wieder zentrale Punkte zusammen wie z.B. *„Es hat dich traurig gemacht, dass ..."* und *„Du fandest es zutiefst ungerecht, dass ..."*. Nach dem Gespräch hat Simone zwar noch keine Lösung, aber sie ist sehr erleichtert, ihren Kummer ausgesprochen zu haben und ist sich weitaus deutlicher im Klaren, was sie in der Situation am meisten verletzt hat.

Diese Art des Zuhörens wird nur selten praktiziert und erscheint deshalb anfangs etwas ungewohnt. Mit regelmäßigem Üben und Geduld mit sich selbst kann diese Technik jedoch gut erlernt werden. Beim Kind löst dieses „Gehört werden" viele positive Dinge aus [14]:

→ Das Aktive Zuhören fördert – nebenbei – eine herzliche Beziehung zwischen Eltern und Kind. Das Kind ist glücklich, denn es will gehört und verstanden werden, und reagiert darauf mit liebevollen Gedanken und Gefühlen. Da die Eltern sich in das Kind hineinversetzen, wachsen auch bei ihnen Gefühle von Verbundenheit, Liebe und Zuneigung.

⇀ Das Aktive Zuhören ermöglicht dem Kind, die Probleme selbst zu lösen. Denn die Eltern urteilen und raten nicht, sondern hören nur zu und spiegeln das Gehörte wider. Das Kind wird dadurch angeregt, selbst nachzudenken und selbständig zu handeln.

⇀ Wenn Eltern das Aktive Zuhören praktizieren, wächst zugleich die Bereitschaft der Kinder, auch den Eltern zuzuhören.

⇀ Das Kind kann seine Empfindungen frei ausdrücken. Oft lösen sich negative Empfindungen daraufhin schnell wieder auf.

⇀ Das Aktive Zuhören hilft Kindern, sich vor negativen Gefühlen weniger zu fürchten. Denn es lernt, dass die negativen Empfindungen nicht verurteilt werden und dass sie benannt werden dürfen. Kinder und Eltern lernen, dass Empfindungen nicht gleichbleibend sind, sondern sich ständig wandeln.

Das Aktive Zuhören kann sowohl bei kurzen Dialogen als auch bei längeren Gesprächen eingesetzt werden. Wesentliche Elemente sind im Folgenden dargestellt:

Kurzanleitung zum Aktiven Zuhören

◼ Die Eltern nehmen eine aufmerksame und offene Haltung ein und haben öfters Blickkontakt zu dem Kind. Dazu gehört auch, dass die Eltern wirklich zuhören wollen und dass sie dem Kind mit ihrem Zuhören behilflich sein wollen. Die Eltern sind zudem bereit, alle Empfindungen, die das Kind äußert, anzunehmen.

◼ Wenn das Kind zurückhaltend ist, kann eine Einladung zum Sprechen als Türöffner dienen. Wenn das Kind daraufhin aber nicht erzählen will, sollte es nicht gedrängt werden. Aktives Zuhören setzt voraus, dass das Kind auch erzählen möchte! Wenn das Kind später im Gespräch zeigt, dass es nicht weiter reden will, sollte das Gespräch beendet werden.

◼ Das Kind spricht, und die Eltern ermutigen es zum Weitererzählen durch Nicken oder andere verstärkende Gesten. Auch Wörter wie „ja", „hmm" und „sehr interessant" zeigen echtes Interesse, sofern die Signale der Eltern wirklich von Herzen kommen.

◼ Die Eltern stellen Verständnisfragen, wenn sie glauben, etwas nicht verstanden zu haben.

■ Die Eltern wiederholen das Gesagte sinngemäß und zeigen damit, was sie verstanden haben. Das Kind kann dann korrigieren, wenn die Eltern etwas falsch verstanden haben. Zugleich spürt das Kind das elterliche Bemühen um ein echtes Verstehen und wird darin bestärkt weiter zu sprechen.

■ Die Eltern fassen immer wieder zusammen, was sie auf der Gefühlsebene verstanden haben. Sie sagen Sätze wie: *„Und da warst du traurig...."*. Oder *„Und das hat dir dann sehr viel Freude gemacht"*.

■ Zum Abschluss zeigen die Eltern, dass das Gespräch wertvoll war und ihnen Freude bereitet hat. Die Eltern sind sich bewusst, dass es nicht darum geht, dass im Gespräch eine Lösung gefunden wird. Die Lösung kommt vielleicht erst später. Oder sie liegt darin, eine unabänderliche Situation einfach anzunehmen.

Das nachfolgende Fallbeispiel gibt einen Eindruck, wie Aktives Zuhören im Alltag aussehen kann:

Fallbeispiel

Max erzählt, dass er sich bei einem neuen Lehrer in der Schule nicht traut, sich zu melden. Der Mutter fallen sofort verschiedene Ideen ein, wie ihr Sohn über seinen Schatten springen könnte. Doch sie hält sich zurück, um ihm Raum für eigene Lösungen zu lassen. Sie nimmt sich Zeit zum Aktiven Zuhören. Max beschreibt ihr ausführlich den neuen Lehrer und einzelne Situationen. Die Mutter fasst immer wieder zusammen, was sie verstanden hat. Dabei formuliert sie auch seine Empfindungen, so wie sie sie herausgehört hat. Max verbessert sie, wenn sie etwas falsch verstanden hat. Im Laufe des Gespräches wird Max immer klarer, welchen Schritt er sich am ehesten zutraut und wovor er am meisten Angst hat.

Folgende Zusammenstellung stellt dar, welche Rahmenbedingungen und Grundhaltungen für den Erfolg beim Aktiven Zuhören von großer Bedeutung sind. Sie zeigt darüber hinaus auf, wo Aktives Zuhören nicht geeignet ist:

→ Die Eltern sollten sich tief in das Kind hineinfühlen und versuchen, die Botschaften des Kindes zu entschlüsseln.

→ Aktives Zuhören darf kein reines Nachplappern sein!

→ Aktives Zuhören soll nicht angewandt werden, wenn das Kind um Rat bittet oder eine Bitte hat. Dann sind klare Antworten gefragt. Das Aktive Zuhören ist für das Vermitteln von Erlebnissen und Empfindungen wunderbar geeignet, aber nicht für das Erteilen einer Auskunft oder das Reagieren auf eine Bitte!

→ Aktives Zuhören darf nicht missbraucht werden, um Kinder zu lenken! Besonders schmerzhaft für das Kind ist es, wenn es erst ermutigt wird, seine Gefühle auszudrücken und dann doch bewertet wird. Lenken und Bewerten sind beim aktiven Zuhören tabu!

→ Aktives Zuhören ist sehr hilfreich, wenn das Kind Probleme hat, und nicht, wenn die Eltern Probleme haben. Für den Fall, dass die Eltern ein Problem mit dem kindlichen Verhalten haben, werden in Kapitel 4.10 Anregungen für eine gelungene Kommunikation mittels der Ich-Botschaften gegeben.

Fallbeispiel

Larissa möchte von ihrem Vater einen Rat haben, wie sie ihr Zimmer umgestalten kann und ist neugierig auf seine Ideen dazu. Der Vater möchte daraufhin das Aktive Zuhören anwenden und sagt: *„Habe ich es richtig verstanden, dass du dich in deinem jetzigen Zimmer nicht wohl fühlst ...".* Larissa reagiert gereizt und fühlt sich völlig missverstanden. Sie will nicht über Gefühle sprechen, sondern einfach Ideen sammeln, wie sie ihr Zimmer verändern kann. Larissa hat ihren Vater um einen Rat gefragt. Sie wünscht sich, dass ihr Vater ihr seine Ideen mitteilt und nicht, dass der Vater ihr zuhört.

Fallbeispiel

Elias mag nicht mehr zum Handballtraining gehen und möchte den Eltern nicht sagen, warum. Nachdem die Eltern mehrmals ihre Bereitschaft zum Zuhören signalisiert haben, fängt er zögerlich an zu erzählen, dass er von einigen Mitspielern ausgelacht wurde. Die Eltern fangen an, die Situation intensiv zu diskutieren und möchten darüber mit dem Trainer sprechen. Außerdem machen sie ihrem Sohn klar, dass sie erwarten, dass er die Sache durchsteht und nichts auf sich sitzen lässt. Elias nimmt sich vor, nie wieder den Eltern von solchen Dingen zu erzählen. Die Eltern meinen es zwar gut mit ihm. Aber sie haben ihn durch Aktives Zuhören dazu gebracht, ihnen von unangenehmen Gefühlen zu erzählen. Diese Offenheit haben sie dann enttäuscht, indem sie sein Rückzugsverhalten negativ bewerten und sich gegen den Wunsch von Elias einmischen. Damit riskieren sie, dass das offene und vertrauensvolle Verhältnis zu ihrem Sohn zerbricht.

Die Fallbeispiele zeigen, dass Aktives Zuhören viel Fingerspitzengefühl erfordert. Wer sich stärker mit diesem Thema beschäftigen will, findet im Literaturverzeichnis weitere Bücher dazu. Auch gibt es Seminare, in denen Aktives Zuhören ausführlich vermittelt und geübt wird. Hierzu zählt beispielsweise das Gordon-Training.

Fragen zur Vertiefung

Bei welchen Gesprächen praktiziere ich selbst Aktives Zuhören? Wo wird mir aktiv zugehört? Wie geht es mir dabei?

Wie verlaufen die meisten Gespräche mit meinem Kind? Höre ich zu, bewerte ich, analysiere ich oder gebe ich viele Ratschläge?

Helfe ich meinem Kind, seine Gefühle zu erkennen?

Warum fällt es mir oft schwer, meine Meinungen, Urteile und Ratschläge zurückzuhalten?

Auf den Punkt gebracht:
Das Aktive Zuhören ist die Kunst des aufmerksamen und einfühlsamen Zuhörens. Es kann die mitmenschlichen Beziehungen deutlich vertiefen. Die Eltern fällen während des Aktiven Zuhörens kein Urteil, drücken ihre eigene Meinung nicht aus, geben keinen Rat und nehmen keine Analyse vor. Sie melden dem Kind nur zurück, was sie verstanden haben. Aktives Zuhören ist sehr hilfreich, wenn das Kind von seinen Problemen erzählt. Es fühlt sich verstanden, und ihm wird geholfen, sich über die Situation und seine Emotionen klarer zu werden. Es ist nicht geeignet, wenn das Kind um Rat fragt oder eine Bitte hat.

4.10 Ich-Botschaften einsetzen

Wenn das Verhalten der Kinder die Eltern stört oder beeinträchtigt, reagieren Eltern oft damit, dass sie den Kindern sagen, wo es langgeht. Es wird dann angeordnet, befohlen, ermahnt, gedroht oder eine Lösung vorgegeben. Eine andere Strategie ist es, die Kinder herabzusetzen oder zu kritisieren, indem geurteilt, geschimpft, beschämt oder belehrt wird. Die Familienatmosphäre leidet unter beiden Reaktionsweisen, und das Selbstgefühl der Kinder wird keineswegs erhöht. Je nach Grad der Auseinandersetzung wird es sogar geschmälert.

Eine Alternative bietet hier die Ich-Botschaft. Mit einer Ich-Botschaft benennen die Eltern klar und ohne Schuldvorwürfe ihre eigenen Gefühle oder Bedürfnisse wie z.B. *„Ich bin müde"* oder *„Ich möchte eine Pause machen"*. Das Kind wird eingeladen, gemeinsam nach einem Miteinander zu suchen, das allen gerecht wird. Die Eltern teilen ihre Bedürfnisse mit und öffnen sich damit. Sie zeigen damit auch ihre eigene Verletzlichkeit und ihr Menschsein. Dies ist ein wichtiger Baustein für eine authentische und vertrauensvolle Beziehung.

Das Gegenteil der Ich-Botschaft ist die Du-Botschaft. Sie lautet beispielsweise *„Du musst...."*, *„Du sollst ...."* oder *„Du bist zu laut ...."*. Sie beinhaltet einen Befehl, eine Kritik oder eine Herabsetzung und fordert damit häufig Widerstand, Aggression, Schuldgefühle oder Rückzug beim anderen heraus.

Die Verwendung von Ich-Botschaften im Alltag entspannt das Familienklima sehr und ist wohltuend für das Kind und die Eltern. Insbesondere Eltern, die Angst haben, ihre Kinder könnten „Tyrannen" werden, können von Ich-Botschaften stark profitieren. Der dadurch entstehende respektvolle und vertrauensvolle Umgang miteinander schließt tyrannisches Verhalten auf beiden Seiten – Eltern und Kind – aus und ersetzt es durch beiderseitige Achtung. Diese setzt jedoch voraus, dass die Eltern ihre Gefühle und Bedürfnisse kennen und den Mut haben, sie auszudrücken, oder aber, dass Eltern sich auf den Weg machen, den Ausdruck ihrer Gefühle und Bedürfnisse zu erlernen.

Das vorliegende Kapitel will Eltern einladen, mit Ich-Botschaften zu experimentieren, es spielerisch anzugehen und sich keine Vorwürfe zu machen, wenn es nicht immer gelingt. Der Anfang mag ungewohnt sein, da die meisten Eltern in ihrer eigenen Kindheit gelernt haben, zu urteilen, zu werten und um Durchsetzung zu kämpfen. Auch haben die meisten Eltern Angst, dass sie ihre Kinder nicht mehr „im Griff" haben könnten, wenn sie weniger befehlen und drohen.

Ähnlich wie beim Aktiven Zuhören bedeutet der Einsatz von Ich-Botschaften mehr als nur eine rhetorische „Technik". Es handelt sich vielmehr um eine grundlegend andere Art und Weise, mit sich selbst umzugehen und auf den anderen zuzugehen. Damit bringt das Einüben von Ich-Botschaften nicht nur dem Kind Respekt und Akzeptanz entgegen, sondern führt auch den Erwachsenen eher zu sich selbst und unterstützt ihn bei der eigenen Persönlichkeitsentwicklung.

Fallbeispiel

Claras Mutter ist mit einer Freundin und deren Tochter auf dem Spielplatz. Die vierjährige Clara möchte fortwährend, dass die Mutter sie an der Schaukel anschubst, mit ihr wippt oder beim Rutschen zuschaut. Die kleine Tochter der Freundin interessiert sich für andere Spielgeräte, so dass die beiden Mütter kaum zur gemeinsamen Unterhaltung kommen, auf die sie sich gefreut hatten. Claras Mutter ist mit der Situation sehr unzufrieden und erklärt ihrer Tochter freundlich, aber bestimmt, dass sie sich mit der Freundin unterhalten möchte und sie Clara deshalb nicht an alle Spielgeräte begleiten kann. Clara ist davon zwar nicht begeistert, aber sie versteht das Anliegen der Mutter und akzeptiert es schließlich, ohne zahlreiche weitere Versuche, die Mutter umzustimmen.

Zu beachten ist, dass die Ich-Botschaften altersgemäß sein sollten und das Kind nicht überfordern dürfen. Wenn Erwachsene beispielsweise müde sind, kann es sinnvoll sein, an das Kind zu appellieren, sich für eine absehbare Zeit ruhiger zu verhalten. Wenn die Eltern aber permanent am Rande ihrer Kräfte sind, ist es die Aufgabe der Eltern, den Alltag anders zu organisieren. Den Kindern wird mit den Ich-Botschaften die Übernahme von Mitverantwortung angeboten. Diese muss jedoch an das Alter des Kindes angepasst sein. Das Kind darf keine Verantwortung tragen, die die Eltern eigentlich selbst tragen müssten.

Eine weitere wichtige Besonderheit von Ich-Botschaften zeigt sich im Zusammenhang mit Wut, Ärger oder Zorn. Die Botschaft *„Ich bin wütend, weil du so spät nach Hause gekommen bist"* ist nur auf den ersten Blick eine Ich-Botschaft. In Wirklichkeit ist es eine verkleidete Du-Botschaft mit der Aussage *„Du darfst nicht zu spät kommen und bist schuld an meinem Ärger"*. Hinter Wut, Zorn und Ärger stecken immer andere Empfindungen, die wir zurückhalten und die wir hinter der Wut verbergen. Im genannten Beispiel könnten die wahren Ich-Botschaften z.B. lauten: *„Ich habe Angst gehabt, dass dir etwas passiert ist."* Oder: *„Ich bin müde, aber ich musste noch wach bleiben, um dich reinzulassen".* Oder: *„Ich bin völlig ratlos, weil ich mich* *nicht darauf verlassen kann, dass du dich an die getroffenen Abmachungen hältst".*

Folgendes Fallbeispiel zeigt, wie hilfreich es sein kann, dem Kind in einer Ich-Botschaft die Gefühle mitzuteilen, die unter der eigenen Wut liegen:

Fallbeispiel
Die fünfjährige Julia trägt ihre Wünsche seit einigen Wochen in barschem und forderndem Ton vor. Die Mutter sagt ihr immer wieder, dass sie freundlicher sein solle, dass sie „bitte" sagen solle und dass sie in diesem Ton nicht mir ihr reden dürfe. Es fruchtet nicht. Die Mutter ist zunehmend frustriert, ärgerlich und wütend. Sie hat Angst, dass ihre Tochter sie trotz all ihrer Bemühungen um einen liebevollen Umgang immer mehr „tyrannisieren" könnte. Sie ist zudem enttäuscht und fühlt sich in keiner Weise von der Tochter für all ihr Engagement gewürdigt. Eines Tages möchte ihre Tochter Rosinenbrot essen und drückt dies aus, indem sie laut und in stark forderndem Ton sagt: „Rosinenbrot!". Die Mutter zuckt innerlich zusammen und sagt zu ihr: *„Wenn du so mit mir redest, tut das meiner Seele weh. Meine Seele weint dann."* Die Tochter schaut sie mit großen Augen an und fragt betroffen, ob die Seele wirklich weine, wo sie die Mutter doch gar nicht weinen sehe. Die Mutter erklärt ihr daraufhin, dass Erwachsene leider oft verstecken, was ihre Seele wirklich empfindet. Der fordernde Ton gehörte ab diesem kurzen Dialog - bis auf wenige Ausnahmen - der Vergangenheit an. Die Mutter war erleichtert und erstaunt, wie viel sie bewirken kann, wenn sie ihre Verletzlichkeit offen zeigt.

Fragen zur Vertiefung

In welchen alltäglichen Situationen mache ich meinem Kind immer wieder Vorwürfe oder kommandiere es? Wie reagiert mein Kind darauf?

Was wären in diesen Situationen mögliche Ich-Botschaften?

Welche Situationen machen mich immer wieder ärgerlich oder wütend? Welche Gefühle und unerfüllten Bedürfnisse stecken hinter meiner Wut und meinem Ärger?

In welchen Situationen wäre es für mich am Einfachsten, mit Ich-Botschaften erste Versuche zu machen?

> **Auf den Punkt gebracht:**
> Mit einer Ich-Botschaft benennen die Eltern klar und ohne Schuldvorwürfe ihre
> eigenen Gefühle oder Bedürfnisse wie z.B. *„Ich bin müde."* Das Kind wird einge-
> laden, gemeinsam nach einem Miteinander zu suchen, das allen gerecht wird.
> Die Eltern öffnen sich und zeigen auch ihre eigene Verletzlichkeit, den Kindern
> wird eine (altersgerechte) Übernahme von Mitverantwortung angeboten. Ich-
> Botschaften, die Wut, Ärger und Zorn ausdrücken, sind keine echten Ich-Bot-
> schaften. Hinter Wut, Zorn und Ärger stecken immer andere Empfindungen, die
> wir zurückhalten und die wir hinter der Wut verbergen. Das Wahrnehmen und
> Ausdrücken dieser versteckten Empfindungen kann viele Türen öffnen.

4.11 Eltern erzählen von sich

Kinder aller Altersstufen wissen oftmals sehr wenig über das, was die Eltern tun,
während sie im Kindergarten oder in der Schule sind. Denn viele Erwachsene erzählen den Kindern sehr wenig von ihrem Alltag. Eltern schaffen eine offene Gesprächsatmosphäre, wenn sie auch etwas von sich erzählen - was sie denken, was
sie fühlen und was sie machen - und nicht nur das Kind ausfragen, was es erlebt hat.
Damit ist nicht gemeint, dass Eltern all ihre „Erwachsenenprobleme" vor dem Kind
ausbreiten sollen und das Kind gar als Ersatz für fehlende erwachsene Gesprächspartner herhalten soll. Es geht eher darum, dass in der Familie eine Atmosphäre
des Sich-Mitteilens und des Austausches entsteht. Besonders gut tut es Kindern,
wenn die Eltern sie mit bildhaften Schilderungen in ihr schönes und positives Erleben mit hinein nehmen.

Eltern sollten dem Kind gelegentlich auch erzählen, wovor sie sich als Kind gefürch-
tet haben und was ihnen nicht gelungen ist. Damit signalisieren sie dem Kind, dass
es ebenfalls nicht perfekt sein muss, sondern dass Ängste oder Misserfolge zum
Leben dazugehören.

Nicht hilfreich ist es jedoch in diesem Zusammenhang, wenn Eltern übermäßig viel
von sich und ihren Ansichten erzählen und damit die Familiengespräche dominieren.
So ein Verhalten würde dazu führen, dass sich ein zurückhaltendes Kind noch weiter
zurückzieht. Ein möglicher Mittelweg ist das am Kind orientierte, Aktive Zuhören
der Eltern – ohne Wertung, Analyse und Vergleichen mit ihrer eigenen Kindheit.
Darauf aufbauend können Eltern ab und zu von sich berichten – was sie gerade jetzt
erleben, was ihnen Schönes aufgefallen ist oder wie es ihnen als Kind ergangen ist.

Auf den Punkt gebracht:

Eltern schaffen eine offene Gesprächsatmosphäre, wenn sie nicht nur das Kind ausfragen, was es erlebt, sondern auch etwas von sich erzählen - was sie denken, was sie fühlen und was sie machen. Das Ziel dabei ist, dass in der Familie eine zwanglose Atmosphäre des Sich-Mitteilens und des Austausches entsteht. Denn Kinder sind neugierig, was ihre Eltern erleben und profitieren besonders von positiven und bildhaften Schilderungen.

4.12 Den Blick auf das Positive richten

Im Alltag neigen viele Menschen dazu, sich eher mit dem zu beschäftigen, was sie stört, ärgert oder was ihnen nicht gefällt. Der Blick auf das Schöne und Positive kommt dabei leicht zu kurz. Diese oftmals unbewusste Haltung zeigt sich meist im engeren Kreis der Familie und sehr nahestehender Menschen besonders deutlich. Denn die Höflichkeit im Umgang mit Menschen außerhalb der Familie verbietet eine zu starke Offenheit oder gar Kritik. Zu Hause hingegen lassen sich die meisten Menschen eher gehen und erlauben sich Kritik und „Genörgel" gegenüber den Kindern und dem Partner.

Kinder - und insbesondere schüchterne Kinder - können darunter sehr leiden, denn sie sind äußerst sensibel gegenüber Abwertungen und Kritik. Unbedachte Sätze wie *„Du bist ein kleiner Angsthase"* und *„Ich habe schon befürchtet, dass du das wieder nicht auf die Reihe kriegst"* können sich tief in das kindliche Gedächtnis eingraben. Solche Äußerungen führen dazu, dass das Kind sich als unzureichend, minderwertig, schlecht oder ähnliches fühlt. Weitere Beispiele für abwertende Negativkommentare, die das Kind tief verletzen können, sind:

„Jetzt sei doch kein Langeweiler und Spielverderber und kriech' endlich hinter deinen Büchern hervor!"

„Warum gehst du nicht einfach - wie deine Schwester - zu den Nachbarskindern und fragst, ob du mitspielen kannst?"

„Wenn du dich nicht endlich aufraffst, dich mit den anderen Jugendlichen zu treffen, wirst du nie lernen, Freundschaften zu schließen."

Dass solche unbedachten Kommentare Kinder tief verletzen können, gilt für alle Kinder jeden Temperaments. Schüchterne Kinder sind jedoch häufig dünnhäutiger und nehmen sich solche Bemerkungen besonders stark zu Herzen. Noch beschämender sind Abwertungen, wenn sie in Gegenwart von Altersgenossen ausgesprochen werden.

Sehr entspannend für das Familienleben ist es, wenn Eltern es schaffen, einen Perspektivwechsel vorzunehmen. Sie richten dann ihre Aufmerksamkeit verstärkt auf das Schöne und Positive: auf die Stärken des Kindes, auf die schönen Seiten des Lebens, auf all die Dinge, die gut laufen und auf die Möglichkeiten der Unterstützung. Kritik und Genörgel werden in den Urlaub geschickt. Solch eine veränderte Perspektive kann große Auswirkungen haben. Zum einen macht der Alltag viel mehr Freude, wenn das Positive bewusst wahrgenommen wird. Zum anderen werden auch die Anlässe zu abwertenden Sichtweisen geringer. Wer sich gedanklich hauptsächlich um das Negative dreht, zieht diese Dinge vermehrt an, auch wenn dies nicht bewusst geschieht.

Fallbeispiel
Marthas Mutter ist häufig am Rande ihrer Kräfte und beschließt, sich von einem Elterncoach beraten zu lassen. Sie erzählt, ihre Tochter zeige außer Haus oft ein sehr schüchternes Verhalten und hänge stark an ihr. Zu Hause gäbe es viele Auseinandersetzungen und Machtkämpfe. Auf die Frage, welche schönen Seiten ihre Tochter hat, reagiert sie zunächst erstaunt. Erst fällt ihr wenig ein, aber nach einiger Zeit wird die Aufzählung immer länger. Sie nennt Begriffe wie kreativ, sensibel, aufgeweckt, ausdauernd und viele andere mehr. Bei der nächsten Sitzung erzählt sie, dass sie die Liste mit den positiven Seiten zu Hause an die Wand gehängt habe. Daraufhin habe sie ihr Kind in einem ganz anderen Licht wahrgenommen. Das hätte viele kritische Situationen deutlich entspannt.

Wenn Eltern den Blick auf das Positive richten, ist der nächste Schritt, dies das Kind auch spüren zu lassen. Denn es genügt nicht, wenn ihr Herz vor Liebe überquillt, es das Kind aber nicht merkt. Ebenso hilft es nur bedingt, wenn Eltern die positiven Seiten ihres Kindes zwar wahrnehmen, sie aber nicht benennen und ihre Freude darüber ausdrücken. Folgende Anregungen zeigen Möglichkeiten auf, den Perspektivwechsel im Alltag umzusetzen:

→ Zeigen Sie Ihre Freude schon über kleine Schritte und Erfolge!

→ Benennen Sie die positiven Seiten oder kleinen Erfolge so konkret wie möglich. Sagen Sie nicht einfach *„Prima"* oder *„Gut gemacht"*, sondern beispielsweise:

„Du hast es geschafft, ganz alleine die Brezeln zu holen und hast die Verkäuferin dabei sogar angeschaut."

→ Vergleichen Sie Ihr Kind nicht mit anderen Kindern und Geschwistern.

→ Vermeiden Sie Kritik, wo immer es geht. Eine Alternative zur Kritik können Ich-Botschaften sein. Sie sind in Kapitel 4.10 näher beschrieben.

→ Wenn Sie das Kind dennoch kritisieren oder disziplinieren, machen Sie dies nach Möglichkeit im Vier-Augen-Gespräch und in leisem Tonfall. Das ist für das Kind nicht beschämend und auch wirkungsvoller als die Kritik in Gegenwart von anderen. Scham verstärkt meistens die Schüchternheit.

→ Seien Sie aufmerksam, ob das Kind an anderen Orten herabgesetzt wird und unterstützen Sie Ihr Kind bei einer Lösung. Vermitteln Sie Ihrem Kind, dass es nicht in Ordnung ist, wenn es selbst oder aber seine Leistung von jemand anderem abgewertet wird.

Wenn Geschwister ein Kind häufig oder sehr verletzend herabsetzen, sollten die Eltern einschreiten. „Normale" Streitigkeiten unter Geschwistern sollten Kinder zwar soweit wie möglich selbst regeln. Wenn ein Kind aber regelmäßig herabgesetzt wird, sollten die Eltern klarstellen, dass sie das nicht dulden. Es ist dann Aufgabe der Eltern, dem Geschwisterkind ein respektvolles Miteinander beizubringen. Kinder verstehen oftmals sehr gut, dass sie jemand anderem „in der Seele wehtun", wenn sie schlecht über ihn reden. Gleiches gilt, wenn andere Familienmitglieder das Kind abwerten, z.B. der Ehepartner oder Verwandte. Auch dann sollten Eltern einschreiten.

Fragen zur Vertiefung

Sammeln Sie eine Woche lang, was für Schönes und Positives Sie bei Ihrem Kind bemerkt haben!

Welche Eigenschaften und Verhaltensweisen wissen andere Menschen an Ihrem Kind zu schätzen?

Wie kann ich Vergleiche und Negativkommentare vermeiden? Welches sind die häufigsten Vergleiche und Kommentare?

Wie kann ich meinem Kind zeigen, dass ich seine positiven Seiten schätze?

> **Auf den Punkt gebracht:**
> Viele Kinder fühlen sich schnell und tief verletzt durch unbedachte Abwertungen oder Kritik. Äußerst hilfreich ist dagegen ein Perspektivwechsel. Die Aufmerksamkeit wird verstärkt auf das Schöne und Positive gerichtet. Kritik und Nörgelei werden von allen Familienmitgliedern soweit wie möglich vermieden. Im nächsten Schritt ist es wichtig, dass die Eltern die positiven Seiten ihres Kindes nicht nur wahrnehmen, sondern ihre Anerkennung auch ausdrücken.

4.13 Ausdruck von Ärger und Wut

Schüchterne Kinder neigen dazu, Ärger und Wut nicht auszudrücken, sondern hinunterzuschlucken. Ärger und Wut sind damit nicht verschwunden, sondern wirken im Kind weiter und richten sich – unbewusst – gegen das Kind selbst. Die Kinder fühlen sich minderwertig oder schuldig und verlieren an Selbstgefühl. Darum ist es besonders für schüchterne Kinder wichtig, dass sie auch „negative" Emotionen wie Ärger und Wut ausdrücken dürfen. Kinder, die ihren Ärger nicht zeigen und auch nicht lernen, „Nein" zu sagen, entwickeln sich oft zu schüchternen Erwachsenen.

Eltern sollten deshalb ihr Kind ermutigen, den Ärger auf akzeptable Art und Weise auszudrücken und seine Wut klar zu äußern, beispielsweise mit Sätzen wie *„Das macht mich wütend!"* oder *„Es macht mich ärgerlich, wenn ..."*. Eltern sollten auch bedenken, dass ihr Kind in Kindergarten und Schule häufig in seinem zurückhaltenden Verhalten bestätigt wird. Denn es ist für Lehrer und Erzieher zunächst eine Erleichterung im Alltag, wenn ein Kind sich ruhig verhält. Besonders in großen Kindergruppen kann es passieren, dass ein sehr zurückhaltendes Kind erst dann ermutigt wird, seine Gefühle auszudrücken bzw. seine Gedanken auszusprechen, wenn es sich bereits über einen längeren Zeitraum äußerst still verhalten hat und deshalb Anlass zur Beunruhigung gibt. Zu diesem Zeitpunkt muss das Kind aber bereits große Anstrengungen aufbringen, um die Schüchternheit zu überwinden und seine Gefühle anderen mitzuteilen. Es ist darum eine wichtige Aufgabe der Eltern, frühzeitig zu bemerken, wenn ihr Kind seinen Ärger still „in sich hinein frisst", und es zu ermutigen, den Ärger stattdessen auszudrücken.

Auf den Punkt gebracht:
Schüchterne Kinder neigen dazu, Ärger und Wut nicht auszudrücken. Dann geschieht das Gleiche wie bei Erwachsenen auch: Sie „schlucken" ihre Verärgerung herunter und lassen damit zu, dass die negativen Gefühle in ihnen weiter wirken und sie langfristig seelisch oder sogar körperlich krank machen können. Darum brauchen Kinder die Ermutigung und eine Anleitung durch die Eltern, damit sie lernen, Ärger und Wut klar und in angemessener Weise auszudrücken.

4.14 „Nein" sagen

Viele Eltern erwarten von ihren Kindern, dass sie auf Großeltern, Freunde und Verwandte offen zugehen, die Hand geben und sich umarmen oder küssen lassen. Viele zurückhaltende Kinder verweigern dies zum Missfallen der Eltern und Verwandten. Das Kind befindet sich dann in dem Dilemma, ob es den Erwartungen der Eltern und der Familie entsprechen soll, oder ob es zu seinen eigenen Gefühlen stehen darf. Wenn es gedrängt wird, seine eigenen Gefühle zu übergehen, wird es vielleicht zu dem Schluss kommen, dass seine Gefühle nicht in Ordnung sind oder dass sie nicht wichtig sind. Damit verliert das Kind sein Vertrauen in die eigenen Empfindungen und entwickelt ein schwaches Selbstgefühl.

Akzeptieren Sie deshalb die Zurückhaltung und das Fremdeln gegenüber Großeltern, Freunden und Verwandten. Drängen Sie das Kind nicht dazu, die Hand zu geben oder sich umarmen zu lassen. Das Kind darf „Nein" sagen und zu seinen Gefühlen stehen.

Eltern können den anderen Erwachsenen freundlich aber bestimmt erklären, dass das Kind vom Temperament her zurückhaltend ist und dass sie wünschen, dass dies respektiert wird. Sie können auch darauf hinweisen, dass ihr Kind sich nach einer Aufwärmphase umso weiter öffnen wird, je mehr seine Gefühle von Beginn an respektiert werden. Betroffene Eltern werden vermutlich immer wieder auf Menschen treffen, die das nicht verstehen. Statt sich dies zu stark zu Herzen zu nehmen, sollten Eltern akzeptieren, dass nicht alle Menschen über ein gleich hohes Einfühlungsvermögen verfügen. Entscheidend ist, dass die Eltern selbst die Zurückhaltung ihres Kindes akzeptieren und dass das Kind dies spürt.

Bei hochsensiblen Kindern ist darüber hinaus zu bedenken, dass sie durch den engen Kontakt bei Begrüßungen besonders schnell überfordert werden können. Sie brauchen Zeit dafür, sich umzustellen und sich auf die neue Situation einzulassen. Sie verweigern nicht aus Trotz oder Abneigung die Begrüßungsrituale, sondern weil sie es anders nicht können und die Reizüberflutung zu stark ist.

Für die Eltern und das Umfeld kann auch das Wissen hilfreich sein, dass das stark zurückhaltende Verhalten des Kindes über die Jahre nicht gleichbleibend sein wird. Wenn das Kind mit einem gesunden Selbstgefühl aufwächst, wird es sich im Laufe der Entwicklung vertrauten und annehmenden Menschen gegenüber mehr öffnen können.

Fallbeispiel

Kai fremdelte bis zum Alter von fünf Jahren sehr stark, wollte Erwachsenen nicht „Hallo" sagen und nicht die Hand geben. Bei der Begrüßung mochte er auch nicht von Verwandten umarmt werden. Seine Eltern haben verstanden, dass er bei Besuchen immer wieder aufs Neue Zeit zur Gewöhnung an die neue Situation brauchte und mit dem erwarteten höflichen Benehmen völlig überfordert wäre. Sie drängten ihn daher zu keinen Begrüßungsritualen, lebten aber selbst einen herzlichen Umgang mit Freunden vor. Ein bis zwei Jahre später hatte Kai sich bereits stark verändert. Er begrüßte Freunde mit einem herzlichen Hallo und ließ sich von den Großeltern auch gerne umarmen. Die Eltern waren im Nachhinein erleichtert, dass sie ihrem Sohn die Zeit gegeben hatten, die er brauchte.

Das „Nein"-Sagen spielt auch in anderen Situationen eine wichtige Rolle. So haben schüchterne Kinder oft Schwierigkeiten, ihre Bedürfnisse anderen gegenüber einzufordern und klare Grenzen zu setzen. Kleinkinder müssen beispielsweise lernen, dass andere Kinder ihnen nicht einfach ihre Spielzeuge aus der Hand reißen dürfen. Wenn Kinder nicht „Nein" sagen können, weil ihnen der Mut fehlt oder weil sie meinen, dass sie das nicht dürften, wirkt sich das negativ auf ihr Selbstgefühl aus. Sie fühlen sich dann klein und minderwertig. Sie äußern Ärger und Missfallen nicht und fressen sie in sich herein. Sie stehen nicht zu ihren Gefühlen und verletzen sich damit selbst. Dieses Grundmuster kann sich bis in das Erwachsenenalter fortsetzen. Eltern können ihrem Kind helfen, indem sie ihm beibringen, wie es seine Bedürfnisse klar äußern kann. Dazu gehört auch, dass sie ihrem Kind vermitteln, dass es „Nein" sagen darf und dass jeder Mensch ein Recht auf ein „Nein" hat.

Wenn Ihr Kind sehr schweigsam ist und es nicht erzählen möchte, sollten Sie dieses „Nein" auch akzeptieren und das Kind nicht zum Reden drängen. Stattdessen können Eltern gute Momente mit einer offenen Atmosphäre schaffen. Die Psychologen Tieger und Barron-Tieger empfehlen Eltern von extrem schweigsamen Jugendlichen gemeinsame Aktivitäten, wo ein Schweigen nicht unangenehm ist, beispielsweise beim Radfahren [12]. Die Jugendlichen sollten in solchen Situationen ganz frei sein, ein Gespräch zu beginnen oder weiter zu schweigen.

Fragen zur Vertiefung

Darf Ihr Kind „Nein" sagen, wenn es sich unwohl fühlt oder seine Grenzen überschritten werden?

In welchen Situationen fällt es mir schwer, ein „Nein" meines Kindes zu akzeptieren? Was steckt dahinter?

In welchen Situationen akzeptiere ich oder die anderen Bezugspersonen das „Nein" nicht und drängen das Kind? Gibt es hier andere Lösungen?

Wie kann ich meinem Kind vermitteln, dass es „Nein" sagen darf?

Auf den Punkt gebracht:
Eltern sollten Zurückhaltung und Fremdeln gegenüber Verwandten und Freunden akzeptieren und das Kind nicht drängen, die Hand zu geben oder sich umarmen zu lassen. Das Kind darf „Nein" sagen und zu seinen Gefühlen stehen. Eltern sollten ihrem Kind vermitteln, dass es auch in anderen Situationen „Nein" sagen und seine Bedürfnisse klar äußern darf. Wenn das Kind sehr schweigsam ist und nicht erzählen möchte, sollten Eltern dieses „Nein" auch akzeptieren und das Kind nicht zum Sprechen drängen.

4.15 Kinder wollen nicht „schüchtern" genannt werden

Den meisten Kindern ist es äußerst unangenehm, wenn sie hören, dass Erwachsene sie als schüchtern bezeichnen. Es kann Reaktionen wie beispielsweise Scham, Rückzug und Minderwertigkeitsgefühle auslösen. Dem Kind ist damit nicht geholfen. Im Gegenteil: Vielleicht kommt das Kind dadurch zu der falschen Annahme, dass Schüchternheit ein fester Wesenszug von ihm ist und dass es immer schüchtern bleiben wird. Darum ist es diesen Kindern eine große Hilfe, wenn sie von anderen

Menschen nicht als schüchtern bezeichnet werden. Gleiches gilt für ähnliche Bezeichnungen wie „gehemmt" oder „ängstlich".

Wie in Kapitel 2 dargestellt, ist der Begriff „Schüchternheit" zunächst ein neutraler Begriff. Es ist jedoch so, dass Schüchternheit in der westlichen Kultur häufig als nicht wünschenswert angesehen wird. Die Gesellschaft zieht in vielen Fällen ein forsches und extrovertiertes Auftreten vor und vergisst oftmals die Vorzüge der nachdenklichen und zurückhaltenden Menschen. Aus diesem Grund ist es für schüchterne Kinder hilfreich, wenn ihre Eltern, statt sie mit der Bezeichnung „schüchtern" auf nur eine ihrer Eigenschaften zu reduzieren, eher andere Worte finden. Einige Anregungen hierzu gibt das folgende Fallbeispiel:

Fallbeispiel
Ein Passant sagt zu Julius´ Vater: *„Ihr Sohn ist ja ganz schön schüchtern."* Der Vater entgegnet: *„Wenn Sie ihn näher kennen lernen, wird er Sie mit vielen Fragen löchern und sehr gesprächig sein."* Wenn er mit Julius Bekannte besucht, die Julius noch nicht kennt, reagiert er auf Julius´ Unwohlsein mit den Worten. *„Ich weiß, dass du oft etwas Zeit brauchst, bis es dir bei fremden Menschen gefällt. Du möchtest halt erst einmal schauen, was dort passiert, bevor du dich wohlfühlst. Du kannst dich auch erstmal in aller Ruhe umsehen."* Julius wird damit vermittelt, dass sein Verhalten völlig in Ordnung ist, und dass die Zurückhaltung nur eine Seite von ihm ist. Die Etikettierung als „schüchtern" hingegen würde ihn auf eine Verhaltensweise festlegen und darüber hinaus beschämen.

Fragen zur Vertiefung

Was verbinde ich mit dem Wort „schüchtern"? Wäre es mir lieber, wenn mein Kind sich anders verhalten würde?

Wie kann ich über mein Kind sprechen, ohne es als „schüchtern" zu bezeichnen?

Sieht mein Kind sich als schüchtern im negativen Sinne? Wie kann ich ihm zu einem positiveren Selbstbild verhelfen?

> **Auf den Punkt gebracht:**
> Den meisten Kindern ist es äußerst unangenehm, wenn sie hören, dass Erwachsene sie als „schüchtern" bezeichnen. Möglicherweise fühlen sie sich dadurch abgewertet oder schämen sich. Denkbar ist auch, dass sie zu der Überzeugung kommen, dass die Schüchternheit immer ein fester und unbeliebter Wesenszug von ihnen sein wird. Solch eine Überzeugung würde das Rückzugsverhalten weiter verfestigen und das Kind zunehmend einengen.

4.16 Entschuldigungen entlasten die Atmosphäre

Im Familienalltag bleibt es in den meisten Familien nicht aus, dass selbst ausgeglichene Eltern ab und zu dem Kind gegenüber sehr laut werden oder es anschreien. Viele Eltern, die alles richtig machen wollen, machen sich dann Vorwürfe und halten sich für schlechte Eltern. Mit dem schlechten Gewissen ist aber weder dem Kind noch den Eltern geholfen. In der Sechsten Säule werden deshalb Anregungen für den elterlichen Umgang mit Wut und Ärger sowie hohen Ansprüchen an sich selbst gegeben. Denn Erwachsene können viel verändern, wenn sie bewusst mit diesen Gefühlsausbrüchen umgehen und ihre Haltung hinterfragen.

Für das Kind ist es sehr hilfreich, wenn Eltern sich für die unangemessene Art und Weise, wie sie ihren Unmut zum Ausdruck bringen, entschuldigen. Auch jüngere Kinder können schon gut unterscheiden zwischen der vielleicht berechtigten Kritik an ihrem Verhalten und der Art und Weise, wie die Eltern diese ausdrücken. Für Eltern ist es oft nicht einfach, diese beiden Dinge – Inhalt und Form der Botschaft – zu trennen. Wenn ein Konflikt eskaliert, zeigt sich ein häufiges Denkmuster der Erwachsenen: *„Das Kind hat sich so unmöglich benommen und mich so stark provoziert, dass es nur gerecht war, dass ich es angeschrien habe."* Mit mehr zeitlichem Abstand reift dann manchmal die Erkenntnis, dass das Verhalten des Kindes zwar nicht in Ordnung war, dass eine andere elterliche Reaktion jedoch angemessener gewesen wäre.

Wenn Eltern es mal nicht geschafft haben, gelassen zu bleiben, und sie sich dann für ihren Zornesausbruch entschuldigen, können sie dem Kind gleichzeitig erklären, was sie am Verhalten des Kindes gestört hat. Sie können klar aufzeigen, dass sie sich nicht für die konkrete Kritik am kindlichen Verhalten entschuldigen. Die Eltern entschuldigen sich vielmehr für die Art und Weise, wie sie das Kind zurechtgewiesen haben.

Fallbeispiel

Die alleinerziehende Mutter von Peter und Dina war oftmals so überlastet und gereizt, dass sie ihre Kinder angeschrien hat. Die Kinder reagierten jedes Mal sehr erschrocken und eingeschüchtert. Die Mutter machte sich danach stundenlang Vorwürfe, dass sie die Beherrschung verloren hatte. Das hat ihre Anspannung jedoch nur noch verstärkt. Im Laufe der Zeit bemerkte die Mutter, dass es kaum Eltern gibt, die nicht ab und zu die Beherrschung verlieren. Sie versuchte, ihre hohen Ansprüche an sich selbst nicht übermächtig werden zu lassen. Gleichzeitig versuchte sie es mit dem Entschuldigen bei den Kindern und war sehr erstaunt, wie gut die Kinder eine Entschuldigung annehmen, sogar die kleine 3-Jährige. Die Familienatmosphäre wurde deutlich entspannter – und als Folge wurden die Ausbrüche der Mutter auch seltener. Wenn sie jetzt die Beherrschung verliert, ist es kein so großes Drama mehr. Sie entschuldigt sich bei den Kindern und erklärt den Kindern später in freundlichem Ton, was sie so geärgert hat. Das Familienklima kommt seitdem schnell wieder ins Lot, auch wenn die Mutter immer noch ab und an die Beherrschung verliert.

Das Fallbeispiel zeigt, dass eine Entschuldigung die Atmosphäre in der Familie für alle am Konflikt Beteiligten stark entlasten kann. Besonders schön ist es für die Eltern, wenn die Kinder das Verhalten der Eltern übernehmen und sich hin und wieder bei den Eltern entschuldigen, wenn sie selbst unfreundlich oder verletzend geworden sind.

Wenn hier die Empfehlung gegeben wird, sich für elterliches Schreien und Lautwerden zu entschuldigen, bedeutet dies nicht, dass dem Kind keine Grenzen gesetzt werden sollen. Denn auch schüchterne Kinder brauchen Grenzen. Hierzu werden im Kapitel 4.10 Anregungen gegeben.

Fragen zur Vertiefung

Wie reagiert mein Kind, wenn ich laut werde oder schreie? Wie geht es mir selbst hinterher?

Entschuldige ich mich ab und zu bei meinem Kind? Was hält mich davon ab, mich zu entschuldigen?

Wie reagiert mein Kind, wenn ich eigene Fehler eingestehe und mich entschuldige?

> **Auf den Punkt gebracht:**
> Wenn Eltern ihrem Kind gegenüber sehr laut werden, hilft ein schlechtes Gewissen weder dem Kind noch den Eltern. Stattdessen ist es für das Kind sehr hilfreich, wenn die Eltern sich für die Art und Weise, wie sie ihren Unmut zum Ausdruck bringen, entschuldigen. Auch jüngere Kinder können schon sehr gut unterscheiden zwischen der vielleicht berechtigten Kritik am kindlichen Verhalten und der Art und Weise, wie die Eltern diese ausdrücken.

4.17 Ein Klima der Toleranz

Kinder, die unter Schüchternheit leiden, haben häufig Angst vor der Abwertung durch andere. Der amerikanische Psychologe Philip Zimbardo, der viele Jahre mit schüchternen Kindern und Erwachsenen gearbeitet hat, weist darauf hin, dass ein stark wertendes Elternhaus die Schüchternheit von Kindern erhöhen kann. Denn wenn Kinder daran gewöhnt sind, dass die Eltern andere Menschen bewerten, beurteilen, abwerten oder verurteilen, gehen sie davon aus, dass andere Menschen das gleiche mit ihnen machen. Sie entwickeln die Vorstellung, dass andere Menschen jeden Fehler und alles, was ihnen nicht gefällt, wahrnehmen und ihr Gegenüber dafür verurteilen. Das führt dazu, dass diese Kinder zu viel über sich selbst nachdenken in der Furcht, dass ihr Verhalten zu einer Missbilligung oder einer Ablehnung führen könnte.

Philip Zimbardo rät darum, dem Kind Herzlichkeit und Liebenswürdigkeit beizubringen. Das Kind sollte ein wohlwollendes Verständnis entwickeln für die verschiedensten Gründe, die dazu führen, dass Menschen Fehler machen. Eltern können beispielsweise zusammen mit ihrem Kind darüber nachdenken, welche Umstände jemanden veranlasst haben könnten, dieses oder jenes Negative zu tun.

Da schüchterne Kinder in besonderem Maße von der einfühlsamen Rücksichtnahme von Menschen profitieren, sollten sie auch selbst sensibel auf die Gefühle anderer eingehen können. In der Familie sollten daher alle Familienmitglieder – vor allem die Eltern und die älteren Geschwister – Vorbild für ein einfühlsames Verhalten sein und Auslachen, Spott, Schadenfreude, überkritische Bewertungen und Beschimpfungen vermeiden.

Beurteilungen und Wertungen sind in der westlichen Kultur tief verwurzelt. Es ist daher eine große Herausforderung, das eigene Urteilen und Bewerten durch Toleranz und Wohlwollen zu ersetzen. Wer hier andere Wege beschreiten möchte, benötigt deshalb viel Nachsicht und Geduld mit sich selbst selber. Oft urteilen wir, ohne es bewusst zu bemerken. Ein erster wichtiger Schritt ist, die eigenen Urteile, die unser „innerer Richter" fortwährend erzeugt – Urteile gegenüber anderen und Urteile gegenüber uns selbst – bewusst wahrzunehmen. Wenn Sie bemerken, dass Sie eine unreflektierte Bewertung gemacht haben, sollten Sie sich dafür nicht verurteilen. Im Gegenteil: Sie können eher stolz auf sich sein, da Sie das eigene Urteilen registriert haben. Wenn mit der Zeit die Aufmerksamkeit für die eigenen bewertenden Gedanken und Worte wächst, verringern sie sich allmählich von selbst.

Fragen zur Vertiefung

Wie wird bei uns zu Hause über andere Menschen gesprochen, die wir nicht mögen, die Fehler machen oder die etwas nicht gut können?

Wie vermittle ich meinem Kind, dass jeder Mensch Stärken und Schwächen hat?

Versuchen Sie, einen Tag lang besonders aufmerksam wahrzunehmen, wann Sie beurteilen oder bewerten – in Gedanken oder in Worten.

Auf den Punkt gebracht:

Ein stark wertendes Elternhaus kann die Schüchternheit von Kindern erhöhen. Denn wenn Kinder erleben, dass ihre Eltern andere Menschen bewerten und verurteilen, fürchten sie, dass andere Menschen das Gleiche mit ihnen tun könnten. Das erhöht die Angst vor Ablehnung und Verurteilung. Die tief sitzende Gewohnheit, zu werten und zu urteilen, kann in vielen kleinen Schritten überwunden werden. Ein Schlüssel dazu ist es, die eigenen Urteile immer öfter wahrzunehmen und zu bemerken.

4.18 Wenn das Kind so sein will wie andere Gleichaltrige

Kinder und vor allem Jugendliche wollen fast immer so sein wie die anderen Gleichaltrigen. Das betrifft die Kleidung, den Haarschnitt, den Musikgeschmack und vieles mehr. Es hilft dem Kind dabei nicht, wenn es von den Eltern hört, dass es zu seinen eigenen Ansichten und zu seinem eigenen Stil stehen solle. Der Psychologe Philip Zimbardo gibt den Eltern einen klaren Ratschlag: Wenn das Kind so sein möchte wie die anderen, machen die Eltern es dem Kind deutlich leichter, wenn sie es nicht zwingen, sich anders als die anderen zu kleiden. Je älter die Kinder werden, desto mehr Toleranz sollten die Eltern aufbringen. Das Gleiche gilt für die Auswahl von Gegenständen, z.B. der Brotdose oder dem Schulranzen, und natürlich für den Haarschnitt.

Schüchterne Kinder haben im Alltag, den sie als Kindergarten- oder Schulkinder zu einem großen Teil in Gruppen verbringen müssen, bereits viele Herausforderungen zu bewältigen. Eltern halten ihrem Kind den Rücken frei, wenn sie die Hürden und Maßstäbe nicht höher legen als nötig. Dann kann das Kind sich mit all seiner Kraft der Erfüllung der hohen sozialen Anforderungen und der Verarbeitung der zahlreichen täglichen Eindrücke und der Reizüberflutung widmen. Wenn es als Kind nicht zu einem Anders-Sein gezwungen wird, bleibt ihm mehr Kraft, um ein gutes Selbstgefühl und ein gutes Selbstvertrauen aufzubauen. Das ist das beste Fundament für ein Kind, um seinen ganz eigenen Weg zu finden und seine Persönlichkeit voll entfalten zu können. Die Zeit der extremen Anpassung mag den Eltern lang vorkommen, aber sie wird von ganz allein nach der Pubertät wieder abklingen.

Fragen zur Vertiefung

Ärgert es mich, wenn mein Kind so sein will wie die anderen gleichaltrigen Kinder oder Jugendlichen?

Wie reagiert mein Kind, wenn es anders sein soll als die anderen, z.B. indem es sich anders kleiden muss?

Habe ich Vertrauen in mein Kind, dass es langfristig seinen eigenen Weg finden wird?

Überfordere ich mein Kind, wenn ich von ihm erwarte, dass es anders sein soll als die anderen? Was steckt hinter meinen Erwartungen?

Auf den Punkt gebracht:
Wenn das Kind so sein möchte wie die anderen, machen die Eltern es dem Kind deutlich leichter, wenn sie es nicht zwingen, sich in jedem Fall von den anderen zu unterscheiden, z.B. in der Kleidung oder Wahl des Schulranzens. Wenn das Kind nicht zu einem Anders-Sein gezwungen wird, bleibt ihm mehr Kraft übrig, um ein gutes Selbstgefühl und ein gutes Selbstvertrauen aufzubauen und als Erwachsener dann seinen ganz eigenen Weg zu finden.

4.19 Manche Kinder brauchen sehr viel Zeit

Jedes Kind hat sein eigenes Entwicklungstempo und seinen eigenen Rhythmus. Besonders die emotionalen Entwicklungsphasen der Kinder sind sehr individuell [6]. Vergleiche mit anderen Kindern sind da alles andere als hilfreich.

Besonders große Unterschiede zwischen den Kindern zeigen sich darin, wieviel Zeit die Kinder brauchen, um sich auf neue Situationen einzustellen. Die Psychologin und Temperamentsforscherin Jan Kristal nennt in diesem Zusammenhang die beiden Temperamentsmerkmale „langsame Anpassungsfähigkeit" und „Zurückhaltung in neuen Situationen" [7]. Da es sich um angeborene Temperamentsausprägungen handelt, können die „langsameren" Kinder diese Eigenschaft nicht einfach ablegen. Sie brauchen einfach ausreichend Zeit zum Ankommen und Beobachten. Eltern können die Kinder sehr unterstützen, indem sie den Kindern diese Zeit auch einräumen.

Bei einigen Kindern dauert das Ankommen sogar sehr lange und fordert von den Eltern ein hohes Maß an Zeit und Geduld. Aber leider gibt es keine Abkürzung und keine Alternative. Kinder, die temperamentsbedingt sehr viel Zeit für alle Umstellungen brauchen, werden nicht schneller, wenn sie gedrängt werden. Meistens ist das Gegenteil der Fall, und sie ziehen sich noch mehr zurück. Deshalb wird es für diese Kinder besonders schwer, wenn ihre Eltern glauben, dass sie sich absichtlich schüchtern verhalten. Dem ist aber nicht so - sie können sich (noch) nicht anders verhalten. Dennoch können auch diese „langsamen" Kinder ein gutes Selbstgefühl und Selbstvertrauen aufbauen, wenn sie in ihrer Persönlichkeitsausprägung akzeptiert werden.

Fallbeispiel

Pias Eltern bemühen sich sehr um ihre Tochter und ein gutes Familienklima. Dennoch verhält sich Pia immer noch häufig scheu und schüchtern. Die Mutter ist frustriert und glaubt, dass sie versagt hat. Der Vater wird ungeduldig und fühlt sich ungerecht behandelt. Langsam beginnen die Eltern, Pia zu drängen mit Sätzen wie *„Du kennst die Klassenkameraden doch schon so lange, da kannst du doch auf den Geburtstag gehen"* oder *„Die anderen Kinder schaffen das doch auch"*. Pia glaubt, dass mit ihr etwas nicht stimmt und wird noch scheuer. Leider wissen die Eltern nicht, dass Pia anlagebedingt einfach noch mehr Zeit braucht, und dass weder sie als Eltern, noch Pia daran „schuld" sind.

Große und bedeutsame Umbrüche im Leben eines Kindes sind Ereignisse wie der Eintritt in den Kindergarten, die Einschulung, ein Klassenwechsel oder ein Umzug. Die Umstellung kann für ein stark zurückhaltendes Kind einige Wochen – im Extremfall auch einige Monate – dauern und mit vielen Tränen verbunden sein. Das ist sowohl für das Kind als auch für die Eltern nicht einfach. Hilfreich für die Eltern ist es, wenn sie sich immer wieder vor Augen führen, dass diese langen Umstellungsphasen temperamentsbedingt sind und dass sie das Vertrauen haben können, dass das Kind die neue Situation bewältigen wird. Das Kind spürt, wenn die Eltern Vertrauen haben, und ihm wird die Anpassung leichter gelingen.

Wenn Eltern das Abwarten sehr schwerfällt, kann es sein, dass ihnen einfach das Einfühlungsvermögen für die Kinder fehlt, weil sie selbst ein ganz anderes Temperament besitzen. Vielleicht kann es diesen Eltern helfen, sich mit anderen Erwachsenen auszutauschen, die dem Kind ähnlicher sind und sich besser in das Kind einfühlen können.

Fallbeispiel

Roberto ist ein hochsensibles und zurückhaltendes Kind. Für die Eingewöhnung in den Kindergarten hat er viele Monate gebraucht. Er hat viel geweint und sich an die Mutter geklammert. Er hatte das Glück, dass die Erzieherinnen ihn sehr einfühlsam begleitet haben, so dass er sich langsam, aber sicher an die vielen Kinder gewöhnte. Danach ging er gerne in den Kindergarten. Bei der Einschulung hat die Lehrerin die Mutter schon darauf vorbereitet, dass Kinder, die viel Zeit für die Kindergarteneingewöhnung benötigen, meistens auch lange für den Übergang in die Schule brauchen. Für die Mutter war die Erfahrung, dass Roberto den zunächst ungewohnten Besuch des Kindergartens gemeistert hatte, eine gute Grundlage für ihre Geduld und ihr Vertrauen in die bevorstehende Schuleingewöhnung. Nach rund drei Monaten war Roberto gut in die Klasse integriert und wurde trotz seiner zurückhaltenden Art von seinen Mitschülern geschätzt.

Das folgende Beispiel zeigt, wie Eltern ihr Kind in neuen Situationen unterstützen können. Darüber hinaus kann es hilfreich sein, über das Neue vorab mit dem Kind zu sprechen. Dann bekommt das Kind eine Idee davon, was es erwartet, und es kann sich langsam darauf einstellen.

Fallbeispiel
Serkan will einen Schwimmkurs besuchen. Als es so weit ist, möchte er gleich wieder gehen und klammert sich weinend an die Mutter. Der Mutter liegen viele Reaktionen auf der Zunge, doch sie sagt sie nicht, weil sie wenig hilfreich sind. So sagt sie NICHT:

- Hör auf zu heulen.

- Du musst keine Angst haben.

- Sei nicht so schüchtern.

- Du wolltest doch zum Schwimmkurs.

Stattdessen ermutigt sie ihn mit Sätzen wie:

- Du kannst erst einmal ein Weilchen beobachten. Du musst nicht gleich mitmachen.

- Du kannst erst schauen, was die Kinder im Schwimmkurs machen.

- Ich bin manchmal auch aufgeregt und ängstlich, wenn ich etwas Neues anfange.

Serkan fühlt sich ernst genommen und schaut deutlich entspannter zu. Er bekommt langsam Lust auf das Schwimmen und muss nicht mit unangenehmen Gefühlen nach Hause fahren.

Vielleicht benötigt Ihr Kind auch sehr viel Zeit, um eine Frage zu beantworten oder etwas zu erzählen. Das ist für Gesprächspartner, die schnelle Gespräche gewöhnt sind, nur schwer auszuhalten. Dennoch haben Eltern keine andere Wahl, wenn sie die Tür für tiefere Gespräche offen halten wollen. Sie müssen sich in Geduld üben. Denn wenn Eltern nicht abwarten, entmutigen sie das Kind sehr und halten es davon ab, etwas zu erzählen.

Fragen zur Vertiefung

Was für ein Temperament hat mein Kind? Braucht es in vielen Situationen ausreichend Zeit, um sich umzustellen?

Wie reagiert mein Kind, wenn ich es dränge oder Ungeduld zeige?

Was kann mir helfen, die nötige Geduld mit meinem Kind und mit mir selbst aufzubringen?

Wie kann ich mein Kind ermutigen, dass es sich die Zeit zur Umstellung selbst einräumt und möglichst entspannt mit neuen Situationen umzugehen lernt?

Auf den Punkt gebracht:
Kinder mit den Temperamentsmerkmalen „langsame Anpassungsfähigkeit" und „Zurückhaltung in neuen Situationen" brauchen ausreichend Zeit zum Ankommen und Beobachten. Bei einigen Kindern dauert das Ankommen sehr, sehr lange und fordert von den Eltern ein hohes Maß an Zeit und Geduld. Denn diese Kinder werden auch nicht schneller, wenn sie gedrängt werden. Die Langsamkeit ist ein Teil ihrer Persönlichkeit und sollte unbedingt respektiert werden.

4.20 Die besonderen Eigenschaften hochsensibler Kinder

In Kapitel 3.3 wurde bereits vorgestellt, was Hochsensibilität nach dem Konzept der Psychologin Elaine Aron bedeutet. In dem Kapitel befindet sich auch ein kurzer Fragenkatalog, mit dem Eltern in einem ersten Schritt schauen können, ob ihr Kind möglicherweise hochsensibel ist. Wenn das Kind hochsensibel ist, wird es sich in einigen Verhaltensweisen von anderen Kindern unterscheiden und auch von einem anderen Erziehungsstil profitieren. Da die Hochsensibilität ein sehr bedeutsames

Persönlichkeitsmerkmal ist und auch das Selbstgefühl maßgeblich prägen kann, wird dieses Thema hier in der Ersten Säule noch einmal aufgegriffen.

Elaine Aron gibt in ihrem Buch „Das hochsensible Kind" zahlreiche Ratschläge, die alle Altersstufen - vom Säugling bis zum jungen Erwachsenen - abdecken. Viele ihrer Anstöße gelten auch für nicht-hochsensible schüchterne Kinder und stimmen in vielen Punkten mit den in diesem Buch enthaltenen Anregungen überein. Darüber hinaus gibt es einige spezielle Anregungen, die für Eltern von hochsensiblen Kindern sehr wertvoll sein können. Sie werden im Nachfolgenden kurz wiedergegeben [9].

■ Viele hochsensible Kinder sind in einem oder mehreren Bereichen körperlich sensibler – z.B. schmerz-, geruchs- oder geräuschempfindlicher. Eltern sollten ihrem hochsensiblen Kind Glauben schenken, wenn es sagt, dass etwas weh tut, kratzt oder brennt. Das Kind empfindet es wirklich so, auch wenn die Eltern selbst es nicht so stark empfinden würden.

Fallbeispiel
Karina weinte bei Stürzen und Verletzungen sehr lange und laut. Die Mutter, die selbst eher hart im Nehmen war, reagierte ungeduldig auf Karinas Weinerei und ihrer ständigen Suche nach Trost. Insgeheim wünschte sie sich, dass Karina sich nicht so anstellen möge. Sie glaubte nicht, dass der Schmerz „echt" sei, sondern ging davon aus, dass Karina sich in das intensive Schmerzempfinden regelrecht hineinsteigerte. Erst als die Mutter davon erfuhr, dass es hochsensible Kinder gibt, wurde ihr klar, warum Karina oft so weinerlich war: Karina ist ein hochsensibles Kind, nicht nur hinsichtlich des Schmerzempfindens, sondern auch hinsichtlich des Temperaments. Die Mutter hat seither verstanden, dass Karinas Schmerz echt war und konnte damit viel gelassener umgehen. Jetzt weiß sie, dass Karina ihr nichts vortäuscht. Sie macht zwar weiterhin kein großes Aufheben um kleine Verletzungen. Aber sie versichert ihrer Tochter, dass sie weiß, dass es wehtut. Karina reicht dieses Nachempfinden meistens aus.

■ Hochsensible Kinder neigen dazu, schnell reizüberflutet zu sein, und reagieren dann möglicherweise mit Rückzug, einem Zusammenbruch oder Gequengel. Eine große Veränderung bedeutet es, wenn die Eltern darauf achten, dass das Kind gut ausgeruht ist. Es ist dann weniger reizbar und kann mit vielen Eindrücken und Überforderungen deutlich besser umgehen.

- Hochsensible Kinder verinnerlichen Regeln oft ganz selbstverständlich. Sie halten sie von sich aus ein, weil sie besser als andere Kinder verstehen, wozu sie gut sind. Außerdem können sie eine konfliktreiche Stimmung schlecht aushalten und gehorchen deshalb eher. Ein sanftes Korrigieren reicht bei hochsensiblen Kindern fast immer! Bei härterer oder lauter Kritik können hochsensible Kinder regelrecht verzweifeln und den Boden unter den Füßen verlieren. Die Anregungen in Kapitel 4.9. zum Aktiven Zuhören und in Kapitel 4.16 zum Ausdruck von Entschuldigungen erhalten bei hochsensiblen Kindern eine verstärkte Bedeutung.

- Es gibt hochsensible Kinder, die keine oder nur wenig Berührung mögen. Auch gibt es hochsensible Kinder, die nur wenig reden. Eltern sollten das unbedingt akzeptieren. Es bedeutet keine Ablehnung der Eltern, sondern hängt mit dem Temperament zusammen.

- Für nicht-hochsensible Eltern ist es besonders wichtig, ihre Kinder in ihrer Andersartigkeit besser zu verstehen. Sie werden dann eine viel tiefere Beziehung zu ihrem Kind aufbauen können. Sehr hilfreich als Einsteig ist das Buch von Elaine Aron über das hochsensible Kind. Vielleicht entdecken nicht-hochsensible Eltern in ihrer Familie oder ihrem Freundeskreis auch hochsensible Erwachsene, die ihnen einen Einblick in die Welt der Hochsensiblen geben können.

Wenn Sie ein hochsensibles Kind haben, bringt dieses Temperament neben diesen Besonderheiten auch viele Freuden für die Eltern mit sich, wie das nachfolgende Fallbeispiel zeigt:

Fallbeispiel

Elfi ist ein hochsensibles Kind. Während der Kleinkindzeit war sie sehr scheu, anhänglich und schnell reizüberflutet. Die Eingewöhnung in den Kindergarten dauerte etliche Wochen. Die Eltern machten sich Sorgen um ihr Kind und fragten sich, ob ihre Tochter mit ihrem zarten Temperament es schaffen werde, in der Welt zurechtzukommen. Das änderte sich grundlegend, als Elfi rund 6 Jahre alt war. Viele positive Seiten der Hochsensibilität begannen aufzublühen und sichtbar zu werden. Elfi zeigte ein großes Interesse an kreativen Arbeiten verbunden mit einem hohen Durchhaltevermögen. Sie entwickelte einen ausgesprochenen Sinn für schöne Dinge. Schnelle Bewegungen mochte sie nicht, dafür zeigte sie eine ausgezeichnete Feinmotorik. Sie hatte eine innige und liebevolle Beziehung zu beiden Eltern. Den Aufenthalt in größeren Gruppen mochte sie nicht. Stattdessen schloss sie Freundschaften und pflegte diese engagiert. Die Eltern staunten sehr über diese Entwicklung und sind seitdem fest davon überzeugt, dass Elfi im Leben sehr gut zurechtkommen wird und ihre besonderen Eigenschaften voll entfalten wird.

Es kann für Eltern äußerst hilfreich und beglückend sein, die vielen schönen Seiten der Hochsensibilität klar zu erkennen. Da im Alltag oftmals eher die negativen als die positiven Dinge wahrgenommen werden, neigen Eltern dazu, die Gaben und Stärken ihrer hochsensiblen Kinder zu übersehen. Es folgt deshalb eine kurze Übersicht über einige schöne Eigenschaften hochsensibler Kinder [9]:

■ Hochsensible Kinder schärfen oftmals die Aufmerksamkeit der Eltern für Schönheiten, Nuancen und Feinheiten sowie für soziale Besonderheiten und Lebensfragen, da sie sich mit diesen Dingen intensiv beschäftigen.

■ Wenn hochsensible Kinder einfühlsame Eltern haben, haben sie meist eine innige Beziehung zu ihren Eltern.

■ Eltern von hochsensiblen Kinder staunen, dass sich ihre Kinder – sofern sie in einem positiven Umfeld aufwachsen – als Persönlichkeit mit einer enormen Gefühlstiefe entwickeln und in der Lage sind, die Schönheit der Außen- und Innenwelt intensiv zu genießen.

■ Hochsensible Kinder, die in einer ermutigenden und harmonischen Umgebung groß werden, zeigen oft außergewöhnliche Gaben und Leistungen. Da sie gute Beobachter und Denker sind und sich zudem sehr mitfühlend zeigen, entwickeln sie sich oft zu guten Eltern und Partnern und engagieren sich sehr für die soziale Gerechtigkeit oder die Umwelt.

Fragen zur Vertiefung

Wer in Ihrer Familie ist möglicherweise hochsensibel? Verstehen Sie diese Menschen in einigen Aspekten besser, nachdem Sie etwas über die Besonderheiten Hochsensibler erfahren haben?

Falls Ihr Kind hochsensibel ist: Ergeben sich aus dieser Erkenntnis neue Wege in der Erziehung und der Gestaltung des Alltags?

Falls Ihr Kind hochsensibel ist: Welche schönen Seiten beobachten Sie bei Ihrem Kind?

Auf den Punkt gebracht:

In diesem Kapitel werden einige besondere Stärken und schöne Seiten hochsensibler Kinder dargestellt. Für Eltern ist es sehr wichtig, die Hochsensibilität mit ihren verschiedenen Facetten zu verstehen und zu schätzen. Darauf aufbauend können sie ihre Erziehung auf die besonderen Eigenschaften ihres Kindes ausrichten. Denn in einigen Punkten sind hochsensible Kinder anders und haben unterschiedliche Bedürfnisse.

4.21 Vom Umgang mit elterlichen Ängsten

Alle Eltern haben – ebenso wie die Kinder – zahlreiche Ängste in sich, die sie sich nur ungern eingestehen. Manche Eltern von schüchternen Kindern fürchten, dass ihr Kind in der rauen Welt untergehen werde, dass es unglücklich sein werde oder dass es gemobbt werden könne. Eltern, die selbst schüchtern sind und dabei negative Erfahrungen gemacht haben, haben möglicherweise Sorge, dass ihre Kinder die gleichen Erfahrungen durchleben werden. Andere Eltern sorgen sich ganz allgemein um ihr Kind: beispielsweise, dass ihm im Verkehr etwas zustoßen oder dass es in der Schule nicht zurechtkommen könnte. Diese und andere Ängste haben in gewissen Maß alle Eltern und sind ein Teil des Mensch-Seins. Daneben gibt es übermäßig große elterliche Ängste, die sowohl die Eltern als auch die Kinder stark belasten können. Zum Umgang mit diesen großen elterlichen Ängsten und Sorgen werden in der Sechsten Säule Anregungen gegeben, denn sie können verändert und verringert werden. Sie sind kein Schicksal. Es liegt in der Hand eines jeden Einzelnen, an seinen eigenen Ängsten zu arbeiten und zu wachsen.

Kinder haben ein feines Gespür für die elterlichen Ängste und übernehmen diese häufig. Sie werden dann ebenfalls ängstlich. Kinder spüren, wenn Eltern kein Vertrauen in sie besitzen. Sie vertrauen dann weniger auf sich selbst oder andere und entwickeln ein schwächeres Selbstgefühl. Wenn durch die elterliche Angst die Angst des Kindes wächst, können die elterlichen Sorgen noch weiter zunehmen. Dies wiederum kann die Angst des Kindes vergrößern, und eine Angstspirale entsteht.

Fallbeispiel

Leon weint regelmäßig beim Ankommen im Kindergarten und klammert sich an die Mutter. Die Mutter belastet die Sorge um ihr weinendes Kind so sehr, dass sie schon mit dem morgendlichen Aufstehen unter einer hohen Anspannung steht. Sie versucht immer wieder, ihren Sohn auf dem Weg zum Kindergarten zu trösten. Wenn Leon es dann in der Kindergartengruppe geschafft hat, sich anderen Kindern oder einer Erzieherin zuzuwenden, steht seine Mutter noch immer in der Tür und ruft ihm zu: *„Ich gehe jetzt. Du brauchst nicht weinen, ich hole dich nach dem Mittagessen gleich ab."* Leon zuckt zusammen und fängt wieder an zu weinen und sich erneut an die Mutter zu klammern. Das Abschiedsritual ändert sich erst, als eine Erzieherin die Mutter darauf hinweist, dass sie es mit ihrer Sorge Leon noch schwerer macht. Leon spürt kein Vertrauen der Mutter. Er spürt stattdessen ihre Angst, dass er ohne sie seinen Weg nicht findet. Die mütterliche Angst blockiert nicht nur die Mutter selbst, sondern auch ihr Kind.

Eltern sollten sich keineswegs für ihre Ängste und Sorgen verurteilen, sondern sich stattdessen wertfrei bewusst machen, was sie bedrückt, ängstigt oder einschüchtert. Sie können ihre Angst verändern, und sie können auch ihre eigene Schüchternheit verändern, sofern sie ihre Schüchternheit als belastend empfinden. Und vor allem können sie ihr Kind unterstützen, wenn sie ein Leben mit weniger Angst und Sorge vorleben.

Sehr hilfreich für das Kind ist es auch, wenn es seine Angst offen aussprechen kann. Dies ist dann möglich, wenn Eltern sich nicht vor der Angst fürchten und dem Kind – unbewusst – signalisieren, dass ihnen die kindliche Angst unangenehm ist. Denn dann traut sich das Kind nicht, seine Ängste zu äußern und muss sie ganz alleine bewältigen. Hinzu kommt, dass ihm das Gefühl vermittelt wird, dass mit ihm etwas nicht stimme. Eltern können dem Kind folgendermaßen helfen, seine Angst frei zu äußern:

- Eltern können ihr Kind offen fragen, ob es Angst hat, wenn es sich ängstlich verhält.

- Eltern können ab und zu erzählen, dass sie auch als Erwachsene hin und wieder Angst haben und als Kind auch Ängste gehabt haben.

- Eltern können mit dem Kind zusammen nach Lösungen zur Angstbewältigung suchen.

- Eltern sollten die kindlichen Ängste ernst nehmen und die Angst nicht herunterspielen mit Sätzen wie „Davor brauchst du doch keine Angst haben" oder „Jungen in deinem Alter haben doch vor so etwas keine Angst mehr".

Weitere Anregungen, wie Kinder ihre Angst bewältigen können, werden im Kapitel 6.8 gegeben.

Fragen zur Vertiefung

Was sind meine größten Sorgen und Ängste bezüglich meines Kindes?

Was kann ich tun, damit meine eigenen Ängste und Sorgen nicht das Kind belasten?

Wie reagiere ich, wenn mein Kind sagt, dass es Angst hat?

Wie kann ich mein Kind ermutigen, seine Angst offen auszudrücken?

Auf den Punkt gebracht:
Kinder haben ein feines Gespür für die elterlichen Ängste und übernehmen diese häufig. Sie spüren, wenn Eltern kein Vertrauen in sie haben und vertrauen dann auch nicht auf sich selbst und andere. Eltern sollten sich bewusst machen, was sie selbst bedrückt und ängstigt und an ihren eigenen Ängsten arbeiten. Zugleich sollten Eltern keine Angst vor der Angst haben und offen über die Ängste der Kinder sprechen.

5 Die Zweite Säule: Das Selbstvertrauen stärken

Die Erste Säule hat sich intensiv mit dem Aufbau eines gesunden Selbstgefühls beschäftigt. Es ging darum, dass das Kind sich als wertvoll und in Ordnung empfindet – unabhängig von Leistungen oder Fähigkeiten. Ein gesundes Selbstgefühl wird dann erlebt als ein Gefühl des In-Sich-Ruhens und Sich-Wohlfühlens.

In der Zweiten Säule geht es um Selbstvertrauen. Im Mittelpunkt stehen hierbei die menschlichen Fähigkeiten. Im Gegensatz zum Selbstgefühl ist das grundlegende Sein davon nicht berührt. Es geht beim kindlichen Selbstvertrauen vielmehr darum, dass das Kind etwas leisten kann und dass es in seine Leistungsfähigkeit vertraut. Ein Kind mit einem guten Selbstvertrauen geht davon aus, dass es über ein ausreichendes Können verfügt oder aber sich die benötigten Fähigkeiten aneignen kann, um etwas zu leisten. Auf dem Fundament eines guten Selbstgefühls fällt dies den Kindern viel leichter als ohne dieses Fundament. Ein gesundes Selbstgefühl hilft auch ganz besonders dann, wenn das Kind entdeckt, dass es in verschiedenen Bereichen unterschiedlich begabt ist. Es kann sich dann leichter damit abfinden, dass es für bestimmte Dinge nicht talentiert ist, und sich dann ohne Verdruss anderen Gebieten zuwenden, auf denen es größere Begabungen hat.

Der Familientherapeut Jesper Juul betont, dass es kein psychologisches Problem sei, wenn ein Mensch mit gesundem Selbstgefühl ein mangelndes Selbstvertrauen habe. Dies sei vielmehr ein praktisch-pädagogisches Problem [13]. Mit zunehmendem Können wachse dann auch das Selbstvertrauen.

5.1 Das Kind seine Interessen wählen lassen

Alle Kinder haben den natürlichen Drang, Neues zu entdecken, ihren Interessen nachzugehen und sich auszuprobieren. So erschließen sie sich immer wieder neue und spannende Lebensräume. Das Kind macht dabei viele Erfahrungen, lernt seine Stärken und Schwächen kennen und wird im Laufe der Zeit in seinen Lieblingstätigkeiten immer besser. Wenn Kinder diesen Entdeckerdrang ausleben können, erleben sie dabei viele Glücksmomente und bauen ein gutes Selbstvertrauen auf.

Zunächst klingt das ganz einfach und unkompliziert. Das ist es im Grunde genommen auch - wenn die Wünsche und Wertungen der Eltern nicht in das Entdecken und Hinausgehen in die Welt mit hineinspielen. Wer kennt nicht ein Mädchen, das keine Grasflecken auf der Hose haben darf, obwohl es so gerne auf dem Rasen herumtollen würde? Oder den Jungen, der sich mit dem Gymnasium abmüht und vor lauter Lernen keine Zeit findet, seinem geliebten Sport nachzugehen?

Viele Eltern haben Wünsche und Erwartungen, was ihre Kinder tun sollten, welche Interessen sie entwickeln und was sie vermeiden sollten. Im besten Fall decken sich die elterlichen Vorstellungen mit den Begabungen und Interessen des Kindes. Im schlechtesten Fall möchte das Kind ganz andere Wege einschlagen, wird aber von den Eltern davon abgehalten. Dies kann offen durch Verbote oder aber indirekt durch negative Kommentare geschehen. Das Kind wird dann kein gutes Selbstvertrauen aufbauen. Denn fast immer sind Menschen in den Bereichen richtig gut, die sie faszinieren und begeistern.

Wenn es darum geht, die Schüchternheit zu überwinden, ist ein gutes Selbstvertrauen sehr hilfreich. Eltern sollten ihr Kind deshalb bei all seinen Interessen unterstützen, egal ob sie diese Interessen teilen oder nicht. Stattdessen können Eltern neugierig sein, welche verborgenen Talente ihr Kind im Laufe der Zeit entdecken wird. Ein wichtiger Schritt hierbei ist, dass die Eltern ihre Erwartungen und Wünsche an das Kind reflektieren und überdenken. Denn Kinder sind nicht dazu da, die unerfüllten Wünsche, Träume und Sehnsüchte von Eltern zu erfüllen. Eltern können sich stattdessen anstecken lassen, auch ihre eigenen Stärken zu entfalten und neue Potenziale zu entdecken. Viele Eltern schauen der kindlichen Entwicklung staunend – vielleicht auch ein wenig neidisch – zu und übersehen dabei, dass ihr Leben noch lange nicht „fertig" ist und dass auch sie genauso wie ihre Kinder immer wieder zu neuen Zielen aufbrechen können. Wenn Eltern diese Herausforderung annehmen, wird es ihnen viel leichter fallen, die Wünsche und Erwartungen an ihre Kinder loszulassen und die Kinder ihre eigenen Wege gehen zu lassen. Schüchterne Kinder werden davon stark profitieren.

Fragen zur Vertiefung

Was sind die Interessen meines Kindes? Wofür kann es sich von Herzen begeistern?

Welche Wünsche und Erwartungen habe ich an mein Kind? Kann ich stattdessen diese Wünsche in meinem eigenen Leben erfüllen?

Halte ich mein Kind von bestimmten Interessen fern, indem ich abwertende Kommentare mache oder es verbiete?

Welche unerfüllten Wünsche habe ich? Wie kann ich selber neue Wege gehen?

Auf den Punkt gebracht:
Wenn Kinder ihren Entdeckerdrang und ihre Interessen ausleben können, bauen sie ein gutes Selbstvertrauen auf. Unterstützen Sie darum Ihr Kind bei all seinen Interessen, egal ob Sie die Interessen teilen oder nicht. Eltern fällt es leichter, das Kind seine eigenen Wege gehen zu lassen, wenn sie sich selber immer wieder eigene neue Ziele stecken und Veränderungen wagen.

5.2 Erfolgserlebnisse und Mitverantwortung

Das kindliche Selbstvertrauen wächst mit jedem Erfolgserlebnis. Viele solcher stärkenden Ereignisse kann das Kind im Alltag zu Hause erleben. Es sind nicht nur die „großen" Erfolge in Schule, Sport oder in der Freizeit, die das Kind Selbstvertrauen aufbauen lassen, ebenso zählen die kleinen Begebenheiten des Alltags.

Im Alltag fördern Eltern das Selbstvertrauen des Kindes, wenn sie ihm nichts abnehmen, was es alleine bewältigen kann. Wenn Eltern das Kind die Dinge, die es alleine schafft, auch alleine bewerkstelligen lassen, signalisieren sie dem Kind einiges: Sie zeigen, dass sie bemerkt haben, was das Kind schon alles kann. Sie zeigen ihrem Kind auch, dass sie ihm zutrauen, dass es gut zurecht kommt. Das Kind übernimmt ein kleines Stück Eigenverantwortung und wird dadurch zusätzlich im Selbstvertrauen gestärkt.

Das Selbstvertrauen wächst auch, wenn das Kind im Haushalt mithilft und kleinere Aufgaben erfüllt. Dafür sollte es dann ein elterliches Feedback bekommen – ein

Dankeschön oder ein würdigender Satz wie *„Das war für mich eine große Hilfe".* Eltern stärken das Kind, wenn sie die Hilfe anerkennen und nicht für selbstverständlich nehmen.

Die Übernahme von Eigenverantwortung und die Mithilfe im Haushalt beginnen mit ersten kleinen Dingen und weiten sich mit zunehmendem Alter aus. Entscheidend ist, dass diese Übernahme von Verantwortung altersgerecht ist und für das Kind einen positiven Entwicklungsanreiz darstellt. Im Folgenden werden einige Beispiele aufgeführt. Es werden hierbei keine konkreten Altersangaben genannt, da Kinder unterschiedliche Entwicklungsgeschwindigkeiten haben. Probieren Sie aus, was Ihr Kind schon kann und tun möchte. Sie werden vielleicht überrascht sein, welche Fähigkeiten Ihr Kind bereits hat und welche Sie ihm nur noch nicht zugetraut haben.

Nach und nach können die meisten Kinder folgende Dinge selbständig ausführen:

→ selbst Kleidung auswählen und anziehen,

→ Spielsachen aufräumen,

→ Bett selber machen (wenn auch nicht so ordentlich wie Erwachsene es machen würden),

→ kämmen und Schuhe binden,

→ kleinere Einkäufe tätigen, z.B. zum Bäcker gehen,

→ Tisch decken,

→ Zimmer aufräumen und sauber halten,

→ eigenständig das Frühstück zubereiten, später auch selbst kochen,

→ Brote schmieren und die Brotdose für die Schule herrichten,

→ telefonieren, um Auskünfte einzuholen, Verabredungen zu treffen etc.,

→ Wäsche auf der Leine auf- und wieder abhängen und in den Schrank legen,

→ alleine mit öffentlichen Verkehrsmitteln fahren,

→ eigene Termine selbst vereinbaren (bei älteren Kindern auch Arzttermine),

→ Wäsche selbst waschen.

Die Mithilfe bei der Hausarbeit sollte sich nach den Fähigkeiten ausrichten. Dabei sollte den Kindern auch ein Mitspracherecht eingeräumt werden. Hilfreich ist hierbei, dass die Eltern Besserwissen und Bevormundung vermeiden. Wenn Eltern dem Kind signalisieren, dass sie alles besser wissen und besser können und das Kind für seine Art der Mithilfe unangemessen kritisieren, werden die Kinder sich weigern, Mitverantwortung zu übernehmen.

Neben dem Zuhause bietet das weitere Umfeld mit Kindergarten, Schule, Freunden, Vereinen und Freizeitaktivitäten viel Raum für Erfolgserlebnisse, die das Kind stärken. Wenn ein Kind wenige Erfolgserlebnisse hat, können die Eltern es dabei unterstützen, dass es Bereiche mit angemessenen Herausforderungen findet. Trauen Sie Ihrem Kind zu, dass es die Vorhaben schafft, die es sich vornimmt und bremsen Sie Ihr Kind nicht mit Vorbehalten aus. Das Kind spürt elterliches Vertrauen ebenso wie elterliches Misstrauen.

Fragen zur Vertiefung

Wo kann mein Kind mehr altersgerechte Eigenverantwortung erfahren und kleinere Aufgaben im Haushalt übernehmen?

Neige ich dazu, meinem Kind viele Dinge abzunehmen?

Habe ich Vertrauen in mein Kind, dass es schrittweise mehr Eigenverantwortung übernimmt? Wie kann ich dieses Vertrauen meinem Kind zeigen?

Teile ich meinem Kind die Aufgaben zu, oder wird mein Kind an den Entscheidungen beteiligt?

Auf den Punkt gebracht:
Im Alltag fördern Eltern das Selbstvertrauen des Kindes, wenn sie dem Kind nichts abnehmen, was es alleine schafft und dem Kind Eigenverantwortung sowie kleinere Aufgaben im Haushalt übertragen. Hierbei ist entscheidend, dass dies altersgerecht geschieht und für das Kind einen positiven Anreiz darstellt. Manche Eltern unterschätzen ihr Kind auch in dem, was es bereits selbst erledigen kann.

5.3 Die besten Lösungen findet das Kind selbst

Kinder sind von Natur aus sehr kreativ. Das zeigt sich auch in ihrer Gabe, Lösungen für ihre eigenen Belange zu finden. Eine Voraussetzung dafür ist, dass die Eltern sich zurückhalten und dem Kind nicht gleich die elterlichen Lösungsvorschläge präsentieren.

Fallbeispiel

Die dreijährige Maleen ist ganz angespannt, weil ein Ausflug mit Freunden des Vaters ansteht. Für einen der Freunde ist im Auto nur ein Platz auf der Rückbank neben ihrem Kindersitz frei. Maleen weiß das und hat schon Stunden vor der Abfahrt Angst davor, so dicht neben dem Besuch auf der Rückbank sitzen zu müssen. Der Vater versichert ihr, dass sie den Besuch doch kenne, dass er sehr nett sei und Kinder sehr gerne habe. Das beruhigt Maleen aber keineswegs. Kurz vor der Abfahrt hat sie einen Vorschlag ausgetüftelt: Der Besuch solle doch das Auto steuern, dann könne der Vater neben ihr auf der Rückbank sitzen. Der Vater ist sehr erstaunt, dass eine Dreijährige in der Lage ist, solche Ideen zu entwickeln und stimmt zu. Er nimmt sich vor, seine Tochter öfter eigene Lösungen finden zu lassen!

Wenn das Kind etwas bedrückt oder es Angst hat, können Eltern zuerst das Kind fragen, ob es einen Einfall dazu hat. Oft hat das Kind Ideen und Lösungen, auf die ein Erwachsener nie gekommen wäre. Und für das Kind ist es sehr beglückend, die Lösung selbst gefunden zu haben. Der Familienberater Jan-Uwe Rogge nennt in seinem empfehlenswerten Buch zu Kinderängsten [6] viele anregende Fallbeispiele, bei denen Kinder eigene erfolgreiche Lösungen zur Angstbewältigung gefunden haben. Am Anfang steht dabei die Aufforderung zur Mitarbeit, z.B. mit der Frage „Was glaubst du, wie kannst du die Monster ungefährlich machen?". Die Beispiele aus der Praxis zeigen, dass Kinder auf solche Angebote eingehen und begeistert mitmachen. Das Kind fühlt sich ernst genommen, wenn es nach eigenen Lösungsvorschlägen gefragt wird. Außerdem wird es durch das Vertrauen der Eltern gestärkt.

Das Gegenteil dieser positiven Unterstützung bei der Lösung von Problemen ist die elterliche Haltung von Mitleid. Wenn Eltern Mitleid zeigen, überträgt sich dieses in negativer Weise auf das Kind, denn das Kind erhält die Botschaft, dass es bedauernswert ist und sich in einer misslichen Lage befindet. In der Folge fühlt sich das Kind dann meist auch schwach, hilflos und bedauernswert. Durch diese Wirkung schwächt das Mitleid das Kind und das kindliche Selbstvertrauen noch weiter.

Die kindliche Lösungssuche wird ebenso durch elterliches Besserwissen und elterliche Bevormundung geschwächt. Das Kind ist unter diesen Rahmenbedingungen meist nicht motiviert, Verantwortung zu übernehmen oder an Lösungen mitzuarbeiten. Gleichzeitig ist es für Eltern nicht leicht, sich zurückzuhalten. Wir Eltern sind so sehr gewohnt, Ratschläge zu geben und für unsere Kinder zu handeln, dass wir die Kinder schnell erdrücken können. Eine Hilfe für uns als Eltern ist es, wenn wir uns vorstellen, dass wir selbst von anderen mit ungebetenen Ratschlägen und Hilfsaktionen überschüttet würden. Das ist eine sehr unangenehme Vorstellung, die Eltern vielleicht motivieren kann, ihre Kinder freier und selbstständiger handeln zu lassen.

Auf den Punkt gebracht:
Wenn ein Kind bedrückt ist oder Angst hat, sollten die Eltern sich zunächst mit elterlichen Ratschlägen und Handlungen zurückhalten. Das Kind kann stattdessen wunderbar eigene Lösungen finden. Kinder fallen oft überraschende und erfolgreiche Lösungen ein, auf die Erwachsene nie kommen würden!

5.4 Altersgerechtes Mitspracherecht für das Kind

In einer Familienatmosphäre, in der Kinder ermutigt werden, ihre eigenen Interessen auszuleben, Eigenverantwortung wahrzunehmen und eigene Lösungen zu finden, ergibt es sich fast von selbst, dass die Kinder auch an den Entscheidungsprozessen beteiligt werden.

Die Beteiligung an Entscheidungen muss altersgerecht sein, wenn sie dem Kind und der Familienatmosphäre nutzen soll. Sie darf das Kind nicht überfordern und zu einem kleinen Erwachsenen machen. Solange die Kinder sehr jung sind, ist es die Aufgabe der Eltern, einen sicheren Rahmen vorzugeben. Zu viele Wahlmöglichkeiten können Kinder maßlos überfordern. Manchmal ist schon eine einzelne Wahlmöglichkeit zu viel für ein übermüdetes Kind.

Fallbeispiel

Der zweijährige Joshua weigert sich, den von der Mutter ausgesuchten Pullover anzuziehen. Er ist jedoch noch zu klein, um sich alleine einen passenden Pullover herauszusuchen. Bei den letzten Malen nahm er viel zu dicke oder viel zu dünne Pullover aus der Schublade. Die Mutter beschließt, ihn an der Entscheidung zu beteiligen, indem sie ihm zwei verschiedene Pullover anbietet und ihn einen davon wählen lässt. Joshua ist zufrieden. Er durfte selbst aussuchen und war nicht überfordert von einer Vielzahl an Wahlmöglichkeiten.

Ebenso ist mit einem kindlichen Mitspracherecht nicht gemeint, dass sich das Familienleben primär den kindlichen Interessen unterordnen soll. Es geht beim Einbeziehen des Kindes in den Entscheidungsprozess nicht darum, dass das Kind mehr „Macht" bekommen soll. Es geht vielmehr um eine Entscheidungsfindung, an der alle Familienmitglieder gemeinsam mitwirken. Für die Eltern ist es darum wichtig, dass sie wissen, was sie wirklich wollen und welches ihre Bedürfnisse sind. Nur dann können sie diese auch den Kindern klar mitteilen und auf einer ausgewogenen Gestaltung des Familienlebens bestehen. Nur wenn die Eltern ihre eigenen Bedürfnisse kennen und achten, können sie eine demokratische Entscheidungsfindung in der Familie anleiten, ohne Angst zu haben, dass ihre Kinder das Ruder übernehmen und die Eltern überrollen. Ein gutes Fundament hierfür ist der Dialog mit Aktivem Zuhören und dem Formulieren von Ich-Botschaften. Diese beiden Kommunikationsformen sind in Kapitel 4.9 und Kapitel 4.10 dargestellt.

Fragen zur Vertiefung

An welchen Entscheidungen kann ich mein Kind – altersgerecht – beteiligen? Spüre ich, dass die Mitwirkung meinem Kind gut tut?

Mit welchen Entscheidungen überfordere ich mein Kind? Woran merke ich, wenn mein Kind überfordert ist?

Wie kann ich meinem Kind in der gemeinsamen Entscheidungsfindung klar und deutlich meine eigenen Bedürfnisse und Grenzen vermitteln?

> **Auf den Punkt gebracht:**
> Eine Beteiligung an Entscheidungen stärkt das kindliche Selbstvertrauen, wenn die Beteiligung altersgerecht gestaltet ist, sie das Kind nicht überfordert und nicht zu einem kleinen Erwachsenen macht. Ein weiteres Ziel der gemeinsamen Entscheidungsfindung ist ein Familienleben, das den Bedürfnissen aller entgegen kommt. Eine wertvolle Unterstützung in diesem Prozess sind das Aktive Zuhören und die Ich-Botschaft.

5.5 Mutiges Verhalten fördern

Schüchterne Kinder neigen in Angst auslösenden Situationen im Umgang mit anderen Menschen dazu, diese zu vermeiden, sich ängstlich zu zeigen oder sich stur bzw. trotzig zu verweigern. Diese Muster verstärken sich selbst und führen langfristig zu einer zunehmenden Vermeidungshaltung und Rückzug. Das Selbstvertrauen, solche Situationen aktiv zu meistern, nimmt ab. Deshalb ist eine wichtige Empfehlung:

Mutiges und nicht ängstliches Verhalten des Kindes sollte von den Eltern gesehen und anerkannt werden. Jeder kleine mutige Schritt verdient Beachtung!

Viele Ratgeber empfehlen, das mutige Verhalten darüber hinaus zu loben und zu belohnen. Je nach Erziehungsstil werden die Eltern vielleicht nicht loben oder belohnen wollen, sondern ihre Anerkennung lieber anders zum Ausdruck bringen. Letzten Endes steht jedoch nicht im Vordergrund, wie Eltern die Anerkennung zeigen. Entscheidend ist vielmehr, dass das Kind die Wertschätzung deutlich wahrnimmt, sich über die Anerkennung freut und stolz ist. Wenn Eltern sich nur im Stillen über das mutige Verhalten freuen, ist dem Kind nicht gedient. Eltern sollten hier lieber einmal zu viel als zu wenig loben, belohnen oder Mitfreude zeigen.

Eine weitere Empfehlung zur Förderung von mutigem Verhalten ist:

Eltern sollten nicht das Vermeidungsverhalten von schüchternen Kindern durch Aufmerksamkeit, Zuwendung und Belohnungen verstärken. Sie sollten stattdessen jeden noch so kleinen Fortschritt erkennen und anerkennen!

Oft sind sich Eltern gar nicht bewusst, dass sie bei manchen alltäglichen Begebenheiten das Vermeidungsverhalten der Kinder ungewollt fördern. Manchmal braucht das Kind nur ängstliches, trotziges oder stures Verhalten zu zeigen oder unglücklich zu wirken, und die Eltern eilen herbei mit Aufmerksamkeit, Trost und Zuwendung. Manche Eltern belohnen sogar – ungewollt – die Angst. Beispiele hierfür sind:

■ Jan will nicht mit den Freunden draußen spielen. Stattdessen darf er fernsehen.

■ Maria hat Angst vor dem Referat in der Schule. Ihre Mutter tröstet sie mit Kuchen.

■ Kai hat die Einladung eines Freundes abgelehnt. Stattdessen spielt der Vater nun mit ihm.

Das Kind lernt dann recht schnell, dass es mit diesem Verhalten die unerwünschten Situationen einfach und effektiv vermeiden kann und dafür vielleicht noch eine „Belohnung" erhält. Zugleich ergeben sich für das Kind dann immer weniger Möglichkeiten, die Angst zu überwinden und positive, mutige Erfahrungen zu machen.

Eine dritte wichtige Empfehlung für die Förderung mutigen Verhaltens ist:

Eltern sollten das Kind mutiges Verhalten trainieren lassen und dabei zulassen, dass das Kind Angst auslösende Situationen erlebt, die es meistern kann. Kinder üben am effektivsten in kleinen Schritten, die sie herausfordern, aber nicht überfordern.

Die einzige Alternative zur Vermeidung von Angst auslösenden Situationen ist das Durchleben dieser Situationen und das Überwinden der Angst. Für Eltern ist es nicht einfach, wenn ihr Kind diese Angst machenden Erfahrungen durchleben muss. Aber nur so kann es langsam die Ängste abbauen. Wichtig ist dabei, dass die Situationen so gestaltet sind, dass das Kind sie auch meistern kann. Wenn die Herausforderung zu groß ist, endet sie mit Misserfolg und das Selbstvertrauen sinkt weiter. Eltern sollten lieber nach angemessenen, kleineren Herausforderungen schauen und das Kind nicht mit anderen Kindern vergleichen. Was für manche Kinder das reinste Vergnügen ist – etwas ein turbulenter Kindergeburtstag – kann für ein sehr schüchternes Kind ein stark beängstigendes Ereignis sein. Ratschläge von Freunden und Bekannten sind häufig nicht hilfreich, weil Außenstehende das Kind oft nicht richtig einschätzen. Nur die Eltern – und die Erzieherinnen bzw. Lehrer und andere enge Bezugspersonen - kennen in der Regel das Kind umfassend und sind in der Lage zu erkennen, was für das Kind machbar ist. Das folgende Fallbeispiel zeigt, wie Eltern in jeder Situation neu erspüren können, was für das Kind als ausführbar und stärkend erlebt wird und was hingegen als Überforderung erfahren wird.

Fallbeispiel

Die sechsjährige Anna-Marie mag keine lauten Kindergeburtstage. Wenn viele unbekannte Kinder eingeladen sind, möchte sie erst recht nicht hingehen. Die Eltern von Anna-Marie sind zunächst nicht begeistert von ihrem Vermeidungsverhalten. Zugleich bemerken sie aber, dass ihre Tochter es schafft, auf Geburtstage zu gehen, wenn sie die meisten eingeladenen Kinder kennt und regelmäßig Kontakt zu ihnen hat. Sie üben daher keinen Druck auf Anna-Marie aus, dass sie alle Geburtstagseinladungen annehmen soll. Ihre Tochter kann hier selbst entscheiden, was sie sich zutraut und was nicht.

In anderen Situationen entscheiden die Eltern anders: So möchte Anna-Marie nach der Schule nicht zu einem Schulkameraden mitgehen, obwohl ihre Mutter an dem Nachmittag nicht zu Hause sein kann. Die Mutter macht ihrer Tochter klar, dass es keine Wahl gibt und dass die befreundete Mutter sich gut um sie kümmern wird. Anna-Marie erlebt daraufhin entgegen ihrer Erwartung einen schönen Nachmittag bei ihrem Schulkameraden und hat wieder etwas Angst abgelegt.

Fragen zur Vertiefung

Wo zeigt mein Kind mutiges Verhalten? Wie kann ich ihm deutlich meine Anerkennung zeigen?

Wo schone ich mein Kind zu stark, indem ich es bestimmte Situationen gar nicht erleben lasse?

Haben sich bei uns „Belohnungen" für ängstliches Verhalten eingeschlichen?

Welche kleinen Schritte der Angstbewältigung stehen bei meinem Kind jetzt an?

Auf den Punkt gebracht:

Mutiges und nicht ängstliches Verhalten des Kindes sollte von den Eltern anerkannt oder gelobt werden. Jeder kleine mutige Schritt verdient Beachtung! Eltern sollten auch darauf achten, dass sie das Vermeidungsverhalten von schüchternen Kindern nicht ungewollt durch Aufmerksamkeit, Zuwendung und „Belohnungen" verstärken. Sie sollten vielmehr zulassen, dass das Kind Angst auslösende Situationen erlebt, die es meistern kann. Am besten übt das Kind in kleinen Schritten, die es nicht überfordern.

5.6 Freude an der eigenen Gesellschaft gewinnen

Der amerikanische Psychologe Philip Zimbardo hat in seiner langjährigen therapeutischen Arbeit mit Kindern und Erwachsenen die erstaunliche Erfahrung gemacht, dass schüchterne Menschen weniger gerne allein sind als Nicht-Schüchterne. Schüchterne wollen öfters von anderen Menschen unterhalten werden bzw. durch andere Menschen Langeweile vermeiden. Sehr aufschlussreich ist auch eine Studie mit Studierenden in Chicago. Sie hat gezeigt, dass diejenigen Studenten, die ihre Zeit allein mit sich selbst sehr wertschätzen und genießen, sich zugleich wohler in der Gesellschaft mit anderen fühlen als diejenigen, die ihre Zeit mit sich alleine nicht genießen können[2].

Was bedeutet das für die Begleitung schüchterner Kinder? Eltern sollten ihre Kinder ermutigen, auch die Zeit allein gut zu verbringen und das Alleinspielen bzw. Alleinsein zu genießen. Denn es fördert die Unabhängigkeit und das Selbstvertrauen, wenn die Kinder fähig sind, sich bei Bedarf auch mit sich selbst zu beschäftigen, und zwar zufriedenstellend und mit Freude. Dies ist nicht mit Rückzug und Isolation zu verwechseln. Es geht vielmehr darum, dass die Kinder sich selbst und ihre eigene Gesellschaft zu schätzen wissen und mit diesem Selbstvertrauen dann viel besser auf andere zugehen können.

Die Beschäftigung mit sich selbst beinhaltet nach Philip Zimbardo zudem noch einen anderen Aspekt: Kinder werden von anderen Kindern besonders respektiert und gemocht, wenn sie sich selbst mögen. Dazu gehört, die eigene Gesellschaft wertzuschätzen und die allein verbrachte Zeit zu genießen.

Fragen zur Vertiefung

Kann mein Kind sich mit Freude allein beschäftigen, wenn kein Spielkamerad da ist?

Hat mein Kind Gelegenheit, sich auch allein zu beschäftigen, oder wird es von morgens bis abends mit „Unterhaltung" versorgt?

Kenne ich selbst das wohltuende Wechselspiel zwischen erfülltem Alleinsein und freudigem Zusammensein mit anderen?

Wie kann mein Kind lernen, dass es sich selbst ein guter Gesellschafter sein kann?

> **Auf den Punkt gebracht:**
> Es fördert die kindliche Unabhängigkeit und das Selbstvertrauen, wenn ein Kind sich auch allein gut beschäftigen kann und diese Zeit erfüllt und zufrieden verbringt. Wenn Kinder die Erfahrung machen, dass sie sich selbst ein guter Gesellschafter sind, wird sich das zudem auf ihre Ausstrahlung und ihr Auftreten auswirken. Andere Kinder werden ihnen dann besonders respektvoll und wertschätzend begegnen.

5.7 Bewegung tut gut

Bewegung ist für alle Kinder von großer Bedeutung für die Entwicklung auf der körperlichen, der seelischen und der geistigen Ebene. Schüchterne Kinder können durch ein gutes Körpergefühl viel emotionale Stabilität gewinnen. Da sie vermehrt dazu neigen, sehr viel „im Kopf" zu leben, profitieren sie besonders davon, mehr aus dem Körper heraus zu handeln. Durch den zunehmenden Straßenverkehr sind im Vergleich zu früher viele Bewegungsräume für Kinder weggefallen, und die Ausübung körperlicher Aktivitäten muss zunehmend bewusst in den Alltag integriert werden. Eltern stärken das Kind sehr, wenn sie mit ihm viel draußen sind, zu Fuß, mit dem Fahrrad - auf dem Spielplatz, im Wald oder an anderen Orten.

Eltern sollten dem Kind genügend Möglichkeiten verschaffen, sich auszutoben und die Geschicklichkeit zu trainieren. Dabei sollten die Eltern sich darin üben, so wenige Mahnungen wie möglich auszusprechen und so manches ängstigende Klettermanöver auszuhalten. Die meisten schüchternen Kinder sind von sich aus vorsichtig und werden durch elterliche Kommentare wie beispielsweise „Pass auf! Du fällst gleich runter!" zu sehr gehemmt und werden unsicher. Unfallstatistiken zeigen, dass unsichere Kinder häufiger Unfälle haben als sichere Kinder. Eine gute Unfallvorbeugung ist die, dass Eltern ihrem Kind Vertrauen schenken, damit es ausreichend Selbstsicherheit entwickeln kann. Andernfalls können Eltern und Kind in folgende Abwärtsspirale hineingeraten: Die Eltern halten ihr Kind übermäßig zur Vorsicht an. Daraufhin wird das Kind unsicher und entwickelt nur wenig Selbstsicherheit und Geschick. Die Eltern beobachten die Ungeschicklichkeit, mahnen noch mehr zur Zurückhaltung, und das Kind verliert zunehmend das Vertrauen in seine körperlichen Fähigkeiten.

Wenn eine Familie genügend Platz in der Wohnung hat, wird es dem Kind gut tun, auch dort Möglichkeiten zum Austoben zu haben. Ein raumsparendes und viel genutztes Gerät von Kindern aller Altersgruppen ist das Trampolin. Es macht Spaß und fördert das Gleichgewicht, die Motorik und die Muskulatur. Hilfreich für das Kind ist auch eine kindgerechte Umgebung, in der es sich so frei wie möglich bewegen kann und nicht permanent zur Umsicht gemahnt werden muss.

Fragen zur Vertiefung

Ist mein Kind von sich aus vorsichtig? Braucht es Erwachsene, die oft zur Vorsicht mahnen?

Hat mein Kind Freude an Bewegung? Wie kann ich es zu mehr Bewegung motivieren?

Mit welchen Spielkameraden tobt mein Kind ausgiebig und ist viel in Bewegung?

Schränke ich mein Kind durch übergroße Angst vor Verletzungen ein? Habe ich Vertrauen in die Fähigkeiten und die Achtsamkeit meines Kindes?

Auf den Punkt gebracht:
Besonders dem schüchternen Kind tun verschiedene Bewegungsmöglichkeiten drinnen und draußen gut. Eltern sollten ihrem Kind dabei möglichst viel zutrauen und sich darin üben, das Kind so wenig wie möglich zur Zurückhaltung und Vorsicht anzuhalten. Schüchterne Kinder sind meistens von sich aus sehr vorsichtig!

5.8 Laut- und Ausgelassen-Sein

Schüchterne Kinder sind außer Haus in der Regel ruhiger als die nicht schüchternen Kinder. Zu Hause fällt die Schüchternheit meist ab, und die Kinder zeigen sich laut und ausgelassen. Für das Kind ist es dann sehr wichtig, ebenso wie die anderen Kinder hörbar und ausgelassen sein zu dürfen. Sie verbieten sich das Laut-Sein oft genug selbst aus Angst davor anzuecken. Eltern unterstützen ihr Kind sehr, wenn es zu Hause geräuschvoll sein, toben und herumalbern darf. Erlauben Sie dem Kind auch, mit anderen lauten Kindern zu Hause zu toben. Laden Sie nicht nur Kinder ein, die ruhig und brav in der Spielecke sitzen! Eltern sind gefordert, hier eine Balance zwischen ihrem Bedürfnis nach Ruhe und den Bedürfnissen des Kindes zu finden und entsprechende Vereinbarungen mit dem Kind zu treffen.

Wenn Eltern ein sehr ruhiges Kind haben, das sich kaum traut, laut zu sein, können sie zusammen mit ihrem Kind lautstark sein und gemeinsame Spiele machen, wo beide laut sein können. Meistens finden Kinder großen Spaß daran, Lärm zu machen und sich kraftvoll auszudrücken. Wer als Erwachsener die Gelegenheit hat, laut zu sein - sei es beim Sport, beim Singen oder anderswo - weiß, wie gut dies tut und wie dabei Spannungen abgebaut werden.

Fragen zur Vertiefung

Wo traut sich mein Kind, laut und ausgelassen zu sein?

Wie kann ich das Bedürfnis des Kindes nach Laut-Sein und mein eigenes Bedürfnis nach Ruhe miteinander vereinbaren?

Mit welchen Spielkameraden ist mein Kind laut und ausgelassen?

Würde es meinem stillen Kind gut tun, wenn ich mit ihm das Laut-Sein spielerisch übe?

Auf den Punkt gebracht:
Weil schüchterne Kind außer Haus oft sehr ruhig sind, profitieren sie besonders davon, wenn sie zu Hause öfters laut sein, toben und herumalbern dürfen. Sehr ruhigen Kindern tut es besonders gut, wenn sie beim gemeinsamen Zusammensein mit Erwachsenen laut und ausgelassen sein können.

6 Die Dritte Säule: Selbstmanagement lernen

Die ersten zwei Säulen beschäftigen sich mit zwei grundlegenden Aspekten für die kindliche Entwicklung – dem Selbstgefühl und dem Selbstvertrauen. In dieser Säule geht es darum, dass das Kind „Selbstmanagement" lernt. Mit „Selbstmanagement" ist gemeint, dass das Kind schrittweise und altersgerecht lernt, sich selbst, seine Gedanken, seine Gefühle und seine Bedürfnisse zu erkennen und innerhalb seiner Möglichkeiten für sich selbst zu sorgen. Je nach Alter sieht das Selbstmanagement unterschiedlich aus. Wenn ein Kleinkind angespannt ist, wird es sich mit einem Schnuller beruhigen, während ein gestresster Jugendlicher sein zu intensives Freizeitprogramm möglicherweise reduziert oder aber eine Entspannungstechnik erlernt. Gemeinsam ist beiden Beispielen, dass die Kinder auf ihr Bedürfnis nach Entspannung altersgerecht und im Rahmen ihrer Möglichkeiten reagieren und sich um ihr eigenes Wohlergehen kümmern.

Ein erfolgreiches Selbstmanagement hat positive Rückwirkungen auf das Selbstvertrauen und auf das Selbstgefühl. Denn ein Mensch, der seine Stimmungen und seine Gedanken wahrnimmt und für sich sorgt, kann sein Leben viel erfüllter gestalten als jemand, der sich selbst als hilflos erlebt und es nicht für möglich hält, dass er seine Gefühle und Erlebnisse wirkungsvoll steuern könne. Der amerikanische Psychologe Daniel Goleman schreibt zu den Früchten von erfolgreichem Selbstmanagement [15]: „Man geht so mit seinen Gefühlen um, dass sie es einem erleichtern, die zu erledigende Aufgabe zu lösen, statt dabei zu stören. Man setzt sich lang- und kurzfristige Ziele und überwindet die Hindernisse, die sich einem in den Weg stellen."

6.1 Vom Pessimisten zum Optimisten

Schüchterne Kinder neigen eher zu einer negativen Sicht auf die Welt. Sie sehen dann ein halb gefülltes Glas als halb leer und nicht als halb voll an. Sie vermuten, dass die Welt voller Kritiker sei, die sie beobachten und bloßstellen wollen. Negative Gedanken und Sichtweisen sind jedoch keine Frage des Temperaments, sondern sind veränderbar. Denn meist sind diese negativen Sichtweisen gar nicht wahr, sondern beruhen auf einer verzerrten Einschätzung und Wahrnehmung der Realität. Aus diesem Zusammenhang heraus haben Psychologen wie Albert Ellis und Aaron Beck im Laufe der 50er Jahre begonnen, wesentliche Elemente der kognitiven Verhaltenstherapie zu entwickeln. Das Ziel dabei war es, negative Sichtweisen herauszuarbeiten und bewusst zu machen, sie auf Denkfehler zu hinterfragen und durch positive und hilfreiche Sichtweisen zu ersetzen. Neben den therapeutischen Anwendungsgebieten wurden in diesem Zusammenhang auch viele Selbsthilfemethoden für Kinder und Erwachsene entwickelt und erprobt.

Im Folgenden werden beispielhaft einige negative Vorstellungen aufgeführt, die stark schüchterne Kinder oftmals besitzen. Es sind durchweg sogenannte irrationale Überzeugungen, die auf einer verzerrten Realitätswahrnehmung beruhen. Die dahinterliegenden Denkmuster entsprechen nicht der äußeren Wirklichkeit und werden in der folgenden Aufzählung mit benannt [16].

Anzutreffende negative Denkmuster von stark schüchternen Kindern und zugehörige beispielhafte Überzeugungen:

- **Katastrophendenken:** Wenn ich kritisiert oder abgewiesen werde, ist das mein persönlicher schwerwiegender Fehler, für den ich mich schlecht fühlen oder bestraft werden sollte.

- **Alles-oder-Nichts-Denken:** Um eine wertvolle Person zu sein, ist es wichtig, in allem durch und durch kompetent und erfolgreich zu sein. Um glücklich zu sein, muss ich von allen Menschen anerkannt und geliebt werden.

- **Übertreibungen:** Ich werde großen Ärger mit meinem Lehrer bekommen, wenn ich einmal meine Hausaufgaben vergesse.

- **Gedanken-Lesen:** Ich weiß, dass die anderen mich nicht mögen. Wenn ich nicht da bin, lachen sie bestimmt über mich.

- **Die eigenen Fähigkeiten herunterspielen:** Es war nur Glück, dass ich das Spiel gewonnen habe. Eigentlich bin ich gar kein guter Spieler.

- **Erwartungsdruck:** Ich muss unbedingt gut im Sport sein!

- **Die Zukunft vorhersagen:** Ich weiß genau, dass die Kinder nicht mit mir spielen werden, wenn ich darum bitte, mitspielen zu dürfen.

- **Unvermögen:** Ich kann das nicht. Ich kriege das nicht hin.

- **Dinge persönlich nehmen:** Max hat im Bus mit den anderen Jungen gelacht. Bestimmt haben sie über mich Witze gemacht.

Wenn wir uns in ein Kind hineinversetzen, das solche Gedanken hegt, können wir die starke Belastung nachempfinden, die manche Kinder täglich mit sich herumtragen. Mit solchen Gedanken zu leben ist bedrückend und entmutigend. Deshalb sollten Eltern sehr genau hinhören, was ihre Kinder sagen. Wenn sie aus dem Gesagten häufig negative Gedanken heraushören, sollten sie ihr Kind dabei unterstützen, seine negativen Gedanken zu erkennen, zu hinterfragen und zu verändern. Versuchen Sie zu zählen, wie oft das Kind Positives und Negatives über sich selbst sagt. Spätestens, wenn es mehr Negatives als Positives sagt, sollten Sie entweder das Kind selber „coachen" oder aber Unterstützung von jemand Drittem einholen. Wichtige Schritte zur Veränderung der negativen Gedanken werden im Folgenden vorgestellt:

- Ein erster Schritt ist es, mit dem Kind zu schauen, ob der Gedanke hilfreich ist und eine konstruktive Kritik beinhaltet, oder ob er alles andere als hilfreich und sogar destruktiv ist. Wenn er eher negativ ist, sollten Sie beide an dem Gedanken weiterarbeiten, wie es im nächsten Schritt beschrieben ist.

- Ein zweiter Schritt ist es, den negativen Gedanken positiver zu formulieren. Ein Beispiel für einen negativen Gedanken ist: „Ich bin zu doof, um die Prüfung zu bestehen." Eine positiver Gedanke wäre beispielsweise: „Wenn ich mich das nächste Mal besser vorbereite, klappt es besser." Oder: „Die Prüfung war wirklich schwer. Viele Kinder sind durchgefallen, und ich war außerdem vorher noch zwei Wochen krank und habe den Unterricht versäumt." Achten Sie darauf, dass der positive Gedanke für Ihr Kind stimmig ist und suchen Sie so lange gemeinsam nach einer passenden Formulierung, bis Sie einen positiven Gedanken finden, hinter dem das Kind auch stehen kann!

- Üben Sie mit dem Kind, abwertenden Gedanken ganz klar Einhalt zu gebieten. Die Psychologin Barbara Markway schlägt vor, dass das Kind zu sich selbst ein klares „Stopp" sagt oder sich ein Stopp-Signal vorstellt, wenn es von negativen Gedanken vereinnahmt wird [13]. Trainieren Sie mit Ihrem Kind, dass es seine negativen Gedanken unterbricht, sobald es sich dieser bewusst wird. Vielleicht finden Sie auch ein anderes Symbol, das dem Kind eher zusagt. Beispielsweise könnte es in der Vorstellung einen Abfalleimer öffnen und den abwertenden Gedanken hineinversenken.

■ Helfen Sie dem Kind, positiv in die Zukunft zu sehen und darauf zu vertrauen, dass es sich alle nötigen Fähigkeiten im Laufe der Zeit aneignen kann. Der Satz „Das kann ich nicht" sollte ersetzt werden durch „Das werde ich bald können" oder einen ähnlichen Slogan.

■ Diskutieren Sie mit dem Kind in freundlicher Atmosphäre seine Ansichten. Sie können auch beispielhaft Ihre eigenen Ansichten darstellen, die Sie als wenig hilfreich und destruktiv entlarvt haben. Diskutieren Sie, ob die dahinterliegende Weltsicht verzerrt ist und worin ein möglicher Denkfehler liegt. Anschließend können Sie nach hilfreicheren Ansichten und Gedanken suchen. Die nachfolgende Checkliste kann Sie bei der Überprüfung der Gedanken unterstützen:

Checkliste zur Gedankenüberprüfung

→ Bin ich mir sicher, dass meine Befürchtungen wirklich eintreffen werden?

→ Weiß ich ganz genau, dass meine Meinungen und Vermutungen richtig sind?

→ Welche Beweise zeigen, dass das Befürchtete tatsächlich eintreten wird?

→ Gibt es womöglich andere Gründe für das, was vorgefallen ist?

→ Ist mein Problem wirklich so groß und bedeutend? Ist es gerechtfertigt, dass ich mir so viele Sorgen mache?

→ Was ist das Schlimmste für mich? Wäre es wirklich so schrecklich, wenn es eintreffen würde?

→ Entspricht die Meinung von ... auch der Meinung der meisten anderen?

Üben auch Sie als Eltern, Ihre eigenen negativen Gedanken aufzudecken und durch positive Gedanken zu ersetzen. Wenn Eltern beginnen, sich ihre Gedanken bewusst zu machen und sie zu hinterfragen, wird sich das positiv auf ihr Wohlbefinden auswirken. Die Eltern werden zudem noch besser in der Lage zu sein, ihr Kind beim Entkräften der destruktiven Selbstansichten zu coachen. In der Sechsten Säule werden einfache Techniken vorgestellt, die Erwachsene dabei unterstützen, ihre eigenen negativen Gedankenmuster zu ergründen und zu verändern.

Fragen zur Vertiefung

Neigt mein Kind zu einer negativen Sichtweise auf sich selbst und die anderen?

Welche der oben aufgeführten Denkmuster finden Sie in ähnlicher Form bei sich selbst oder bei Ihrem Kind wieder?

Wenn Ihr Kind häufig negative Gedanken hat: Wer kann das Kind am besten dabei unterstützen, diese Gedanken zu hinterfragen? Sie selbst, eine andere Bezugsperson oder vielleicht auch ein Gruppentraining?

Wie können Sie Ihr Kind motivieren, seine negativen Gedanken zu hinterfragen und zu verändern?

Auf den Punkt gebracht:
Schüchterne Kinder neigen manchmal zu einer negativen Sicht auf die Welt. Negative Gedanken und Sichtweisen sind jedoch keine Frage des Temperaments, sondern sind veränderbar. Meist sind die pessimistischen Sichtweisen nicht wahr, sondern beruhen auf einer verzerrten Einschätzung und Wahrnehmung der Realität. Das Kapitel zeigt auf, wie solche typischen negativen Überzeugungen und Denkmuster aussehen und welche Techniken es zur Veränderung dieser negativen Gedanken gibt.

6.2 Schnuller, Daumen und Schmusetuch

Viele Eltern versuchen, ihren Kindern frühzeitig das Nuckeln, Schnullern oder Daumenlutschen abzugewöhnen. Ein wesentlicher Grund dafür ist, dass viele Zahnärzte vor einem deutlichen Überbiss mit der Notwendigkeit einer kieferorthopädischen Behandlung warnen. Die Eltern fühlen sich verpflichtet, ihre Verantwortung wahrzunehmen und das Nuckeln, Schnullern oder Daumenlutschen zu unterbinden.

Hinzu kommt, dass das Kind nach außen hin reif und gut erzogen wirken soll und viele Eltern deshalb anstreben, dass sich Kind das Daumenlutschen bis zum späten Kindergartenalter abgewöhnt. Leider übersehen viele Zahnärzte und Eltern, dass Nuckeln, Schnullern und Daumenlutschen psychisch entlastende Funktionen haben. Sie bauen Gefühlsspannungen ab, die im Zusammenhang mit einer Trennung oder einem Verlust, mit der Angst vor dem Verlassensein und entwicklungsbedingten Übergangsphasen auftreten.

Dies ist auch der Grund, warum die Verbote bei vielen Kindern nicht wirken. Sie brauchen das Daumenlutschen oder Ähnliches weiterhin, weil ihnen noch keine anderen Möglichkeiten des Spannungsabbaus zur Verfügung stehen. Wenn Eltern Verbote und Mahnungen aussprechen, die darauf abzielen, dass das Kind mit dem Nuckeln aufhört, kommt oft noch weiterer Druck hinzu. Die Kinder fühlen sich dann zusätzlich schlecht oder minderwertig, weil sie es nicht schaffen, das Lutschen am Daumen zu unterlassen. Die Eltern wiederum sind angespannt, weil ihr Kind ihnen nicht gehorcht. So wird eine für alle Beteiligten angespannte Familienatmosphäre geschaffen.

Wenn die Kinder noch nicht so weit sind, das Daumenlutschen aufzugeben, durch Druck dazu aber gezwungen werden, können sie Symptome wie Übergewicht, Augenzucken, nervöse Körperbewegungen, Nägelkauen oder Onanieren entwickeln. Der Familienberater Jan-Uwe Rogge empfiehlt deshalb den Eltern, zu warten, bis die Kinder mit dem Nuckeln, Schnullern und Daumenlutschen von allein aufhören [6]. Bei älteren Kindern können alternativ Entspannungsmethoden wie z.B. Phantasiereisen oder die Progressive Muskelentspannung ausprobiert werden. Generell ist sowohl bei jüngeren als auch bei älteren Kindern wichtig, dass der Alltag soweit als möglich von Stress, Hektik und Anspannung befreit wird. Nur dann kann langfristig der Raum für ausreichende Ruhezeiten und Entspannung geschaffen werden, den diese Kinder dringend benötigen.

Zu bedenken ist, dass bei langem und häufigem Daumenlutschen ein Überbiss zwar auftreten kann, aber nicht muss. Ebenso gibt es Kinder, die frühzeitig mit dem Daumenlutschen aufgehört haben und dennoch später ein Zahnspange tragen müssen. Letztlich gibt es für die Frage, wie Eltern mit dem Daumenlutschen und Nuckeln umgehen sollten, kein Patentrezept. Denn sichere Vorhersagen, was die körperlichen bzw. psychischen Folgen wären, wenn das Kind auf Grund elterlicher Sanktionen weiter nuckelt oder aber mit dem Daumenlutschen aufhört, gibt es nicht. Eltern sind deshalb gefragt, ihr Kind aufmerksam zu beobachten und mit ihrer Intuition eine

Entscheidung zu fällen, hinter der sie voll und ganz stehen. Denn die Eltern kennen ihr Kind besser als die Zahnärzte und die vielen Menschen aus dem Umfeld, die mit den unterschiedlichsten Ratschlägen aufwarten. Darum sollten sie vielmehr ermutigt werden, ihrer elterlichen Kompetenz und ihrer Intuition zu vertrauen und sich nicht von den vielen verschiedenen Meinungen anderer beirren zu lassen.

Fragen zur Vertiefung

Was stört mich am meisten, wenn mein Kind schnullert, nuckelt oder Daumen lutscht?

Welche alternativen Möglichkeiten hat mein Kind zum Spannungs- und Stressabbau?

Wie reagiert mein Kind auf Verbote? Nutzen sie überhaupt? Zeigt das Kind negative Ersatzsymptome?

Was kann ich tun, um Stress und Anspannung im Leben meines Kindes zu reduzieren?

Auf den Punkt gebracht:
Eltern sollten ihr Kind nicht unter Druck setzen, mit dem Nuckeln, Schnullern und Daumenlutschen aufzuhören, solange sie nicht sicher sind, dass ihr Kind anderweitig Spannungen und Stress abbauen kann. Wenn sich dabei konkrete und ernsthafte kieferorthopädische Schwierigkeiten abzeichnen, sollten Eltern für jedes Kind individuell zwischen möglichen zahntechnischen Problemen und möglichen psychischen Folgen abwägen. Beide Aspekte sind wichtig und verdienen eine ausreichende Beachtung.

6.3 Misserfolge und Rückschläge

Beim Erlernen von Neuem gehören Misserfolge immer dazu. Egal, ob das Kind eine neue Sportart erlernt oder eine neue Maltechnik übt: es wird immer Fehlschläge erleben, und nach dem Motto „Beim nächsten Mal klappt es besser" aus dem Fehler lernen. Die Fehler sind wichtig, um zu sehen, wo es noch nicht so gut läuft und wo noch geübt werden muss. Das Gleiche gilt bei der Überwindung von Ängstlichkeit oder Schüchternheit. Wichtig ist es, dass das Kind trotz der Misserfolge weiterhin Situationen aufsucht und durchlebt, die in ihm Angst auslösen. Wenn es stattdessen davonläuft, wird sich das Vermeidungsverhalten zunehmend verstärken. Suchen Sie mit Ihrem Kind nach einem passenden Motto für den Umgang mit Rückschlägen, z.B.

→ Beim nächsten Mal klappt es besser!

→ Fehler gehören dazu!

Geben Sie dem Kind Anerkennung für jeden kleinen Schritt, auch wenn es Misserfolge erlebt. Entscheidend ist, dass das Kind immer wieder einen neuen Anlauf wagt und mit Hilfe seines Mottos schließlich auch mit Rückschlägen umzugehen lernt. Das Kind sollte wissen, dass nicht alles gleich beim ersten Mal wie gewünscht klappt. Es sollte zugleich erkennen, dass dies nicht schlimm ist und dass es auf lange Sicht und mit Beharrlichkeit sein Ziel erreichen kann.

Wenn das Kind nach einem Misserfolg dennoch traurig wird und den Mut verliert, gehört auch dies dazu. Eltern sollten diese Haltung akzeptieren und nicht mit Mitleid und übermäßigem Trost verstärken. Denn solch eine elterliche Reaktion würde ihr Kind nur schwächen und sein angeschlagenes Selbstvertrauen weiter beschädigen. Kindern hilft es hingegen sehr, wenn sie spüren, dass die Eltern Vertrauen haben und zuversichtlich sind, dass das Kind seine Ziele erreichen wird.

Fragen zur Vertiefung

Wie hat mein Kind es in der Vergangenheit geschafft, Rückschläge zu meistern?

Gibt es bestimmte Denkmuster und Überzeugungen, die es dem Kind erschweren, mit eigenen Fehlern tolerant umzugehen?

Was lebe ich dem Kind vor? Wie gehe ich mit Rückschlägen um?

Wenn mein Kind mutlos ist: Was kann ich tun, um mein Kind durch mein Mitleid nicht noch mehr zu schwächen?

> **Auf den Punkt gebracht:**
> Eltern unterstützen ihr Kind beim Umgang mit Misserfolgen, wenn sie es darauf vorbereiten, dass es nicht schlimm ist, wenn nicht alles gleich beim ersten Mal gelingt. Entscheidend ist, dass das Kind immer wieder einen neuen Anlauf wagt und mit einer Haltung wie „Beim nächsten Mal klappt es besser" mit Rückschlägen umzugehen lernt. Mitleid und übermäßiger Trost sind hier destruktiv und werfen das Kind weiter zurück.

6.4 Stressabbau

Wir Erwachsene erleben täglich, dass wir mit schwierigen Situationen viel besser zurechtkommen, wenn wir ausgeruht und gelassen sind. Wenn wir uns unter Druck und „gestresst" fühlen, sind wir viel weniger in der Lage, den Alltag freudvoll, erfolgreich und souverän zu gestalten. Das gilt in noch stärkerem Maße für Kinder und Jugendliche. Wenn sie ihre Schüchternheit überwinden wollen, wird ihnen dieses viel leichter gelingen, wenn ihr Alltag so weit wie möglich entspannt ist. Eltern helfen ihrem Kind sehr, wenn sie mit ihm auf die Suche nach möglichen Stressauslösern gehen.

Stellen Sie kein Power-Programm für das Kind auf! Manche Eltern organisieren ein intensives „Freizeitprogramm" mit Aktivitäten wie Musik, Sport, Kultur etc., so dass den Kindern kaum Zeit bleibt zum freien Spielen mit Freunden, zum Träumen und zum Ausruhen.

Bedeutet die Schule großen Stress für das Kind? Ist das Kind überfordert mit den Erwartungen der Eltern an den Schulabschluss oder an die Noten? Wenn das Kind das Gefühl hat, den elterlichen Erwartungen nicht oder nur mit Mühe gerecht zu werden, wird es mit einer permanenten Anspannung leben.

Gibt es zu Hause viel Anspannung? Konflikte zwischen den Eltern oder den Geschwistern können Kinder stark belasten und ihnen viel Kraft rauben. Gleiches gilt für eine hektische Familienatmosphäre. Eltern helfen ihrem Kind sehr, wenn sie versuchen, das Familienleben mit den Augen ihres Kindes zu betrachten und nach Quellen von Stress und Anspannung zu schauen. Denn Kinder profitieren sehr davon, wenn sie in einer möglichst entspannten Familienatmosphäre leben und die Eltern sich bemühen, ihren eigenen Stress nicht auch zum Stress der Kinder werden zu lassen.

Wenn Kinder miterleben, dass Eltern bewusst versuchen, den Alltag möglichst spannungsarm zu gestalten, können sie Schritt für Schritt lernen, ihren eigenen Alltag im Rahmen ihrer Möglichkeiten stressarm zu gestalten. Sie haben dann viel mehr Kräfte, um mit Schwierigkeiten und Herausforderungen gelassen und angemessen umzugehen.

Fragen zur Vertiefung

Ist mein Alltag mit viel Stress verbunden? Wie reagiert mein Kind auf meine Anspannung?

Wie kann ich meinen eigenen Stress reduzieren?

Was sind die wesentlichen Auslöser von Anspannung für mein Kind in den verschiedenen Lebensbereichen (Freizeit, Schule, zu Hause, im Freundeskreis)?

Welche Möglichkeiten haben wir in unserer Familie, um die Anspannung in den verschiedenen Lebensbereichen zu reduzieren?

Auf den Punkt gebracht:
Wenn Kinder und Jugendliche ihre Schüchternheit überwinden wollen, wird ihnen dieses viel leichter gelingen, wenn ihr Alltag weitestgehend entspannt ist. Mögliche Stressauslöser sind ein intensives Freizeitprogramm, zu hohe Anforderungen in der Schule, zu hohe Erwartungen der Eltern, Konflikte zwischen den Eltern oder den Geschwistern und eine hektische Familienatmosphäre

---

6.5 Von Ritualen und einem gleichförmigen Tagesablauf

Babys, Kleinkinder, Kindergartenkinder und in gewissem Umfang auch Grundschulkinder profitieren sehr stark von sich immer wiederholenden Abläufen im Alltag mit vielen Ritualen. Diese vermitteln ihnen Sicherheit und Orientierung. Ein fester Tagesablauf kann das Familienleben daher sehr entspannen. Dies gilt in besonderem Maße für Kinder, die vorhersehbare und geregelte Situationen bevorzugen sowie für hochsensible Kinder, die schnell reizüberflutet sind. Ältere Kinder und Jugendliche, die ein gutes Selbstmanagement gelernt haben, werden ihren Alltag nach ihren Möglichkeiten so organisieren, dass sie ausreichend Struktur darin finden. Da jüngere Kinder dazu noch nicht in der Lage sind, ist es Aufgabe der Eltern, für die notwendige Gleichförmigkeit zu sorgen.

Interessant ist, dass das Bedürfnis nach Ritualen und einem beständigen Tagesablauf bei den Kindern sehr unterschiedlich ist. Zum Problem wird es dann, wenn Eltern nicht erkennen, dass ihr Kind besonders viel Gleichförmigkeit oder mehr Rituale braucht, weil die anderen Kinder in seinem Umfeld deutlich weniger davon benötigen.

Fallbeispiel
Die zweijährige Karina hatte regelmäßig sonntags morgens Trotzanfälle, wenn die Eltern nicht bald nach dem Aufwachen Frühstück machten. Wenn sie dann endlich ihr Frühstück bekam, aß sie nur zwei Bissen und hatte danach keinen Hunger mehr. Die Eltern waren darüber sehr aufgebracht, weil sie am Wochenende im Gegensatz zum Rest der Woche den Tag langsam beginnen wollten. Da der Grund für Karinas Verhalten offensichtlich nicht darin lag, dass sie Hunger hatte, vermuteten die Eltern, dass Karina mit ihren Eltern Machtspiele ausprobierte und testete, inwieweit sie sich durchsetzen kann. Entsprechend reagierten sie mit der Weigerung, gleich nach dem Aufwachen zum Frühstück überzugehen. Erst nach vielen Streitereien haben die Eltern erkannt, dass die Ursache von Karinas Verhalten nichts mit Machtkämpfen zu tun hatte. Karina brauchte einfach ihre Rituale und ihren geregelten Tagesablauf. Dazu gehörte für sie auch das Frühstück nach dem Aufwachen, wie sie es unter der Woche auch erlebt. Für die Eltern war diese Erkenntnis eine große Entlastung. Sie sahen in ihrer Tochter nun keine potenzielle „Tyrannin" mehr, sondern einfach ein kleines Mädchen, das die Sicherheit eines gleichförmigen Tagesablaufs braucht. Karina bekommt ihr Frühstück jetzt gleich nach dem Aufwachen, und so manch anderer Konflikt kann nun schneller gelöst werden, seitdem die Eltern darauf achten, ob hinter Karinas Weinen oder Quengeln vielleicht der Ruf nach einem ritualisierten Tagesablauf steckt.

Wenn ein schüchternes Kind in bestimmten Situationen regelmäßig trotzt, weint oder quengelt, kann die Ursache sein, dass das Kind in dieser Situation eine regelmäßige Struktur oder ein Ritual braucht. Besonders hilfreich sind Rituale beispielsweise beim Zubettgehen, auf dem Weg in den Kindergarten oder in die Schule und beim Abschiednehmen im Kindergarten. Sehr hilfreich für schüchterne jüngere

Kinder ist auch eine gleichförmige Gestaltung des Tagesablaufs mit Mahlzeiten, Aktivitäten drinnen und Aktivitäten draußen.

Die Rituale können je nach Situationen durchaus kurz und einfach sein. Beim Abschiednehmen im Kindergarten sollte beispielsweise keine endlose Zeremonie praktiziert werden. Denn dies würde es dem Kind nur schwerer machen. Es geht vielmehr um eine Regelmäßigkeit in den kleinen Dingen: z.B. werden erst die Schuhe ausgezogen, dann wird der Rucksack aufgehängt, dann umarmt die Mutter das Kind an einem bestimmten Platz, und dann winkt das Kind am Fenster. Kinder sind Meister darin, das Ritual zu finden, das ihnen am besten hilft. Lassen Sie das Kind - wenn möglich - sein eigenes Ritual entwickeln!

Fragen zur Vertiefung

Wie reagiert mein Kind auf Unvorhergesehenes und einen ungleichmäßigen Tagesablauf?

Gibt es Situationen, in denen mein Kind sich ganz entspannt verhält, seit wir ein gemeinsames Ritual oder einen gleichförmigen Ablauf dazu gefunden haben?

Können wir manche Alltagssituationen entspannter gestalten, indem wir sie mit einem Ritual verbinden?

Auf den Punkt gebracht:
Ein regelmäßiger Tagesablauf und Rituale vermitteln jüngeren Kindern Sicherheit und Orientierung. Das Bedürfnis danach ist von Kind zu Kind sehr unterschiedlich. Wenn schüchterne Kinder in bestimmten Situationen immer wieder trotzen, weinen oder quengeln, steckt möglicherweise das Bedürfnis nach Ritualen oder gleichförmigen Abläufen dahinter.

6.6 Vorplanen hilft bei Scheu vor neuen Situationen

Wie in Kapitel 3 dargestellt, gehen Kinder je nach Temperament mit neuen Situationen völlig unterschiedlich um. Schüchterne Kinder neigen dabei zu großer Zurückhaltung und Rückzugsverhalten. Die Psychologin und Temperamentsforscherin Jan Kristal spricht von dem Temperamentsmerkmal „Zurückhaltung in neuen Situationen". Da es sich um eine angeborene Temperamentsausprägung handelt, können die Kinder diese Eigenschaft nicht einfach ablegen. Die Eltern sollten deshalb nach Wegen suchen, wie die Kinder die Konfrontation mit Neuem und Unbekanntem leichter bewältigen können. Eine bewährte Vorgehensweise hierzu ist es, dass Eltern gemeinsam mit dem Kind vorab über das Neue sprechen und es somit anregen, sich im Vorfeld gedanklich und emotional mit der Situation zu beschäftigen. Die Psychologin Elaine Aron gibt weitere Ratschläge, wie zurückhaltende Kinder auf ihnen unbekannte Situationen positiv eingestimmt werden können. Die wesentlichen Empfehlungen sind nachfolgend zusammengefasst:

Wie zurückhaltenden Kindern der Einstieg in unbekannte Situationen erleichtert werden kann [9]:

→ Erklären Sie dem Kind vorab, was voraussichtlich passieren wird und wie das Umfeld sein wird.

→ Sprechen Sie auch darüber, was nicht so wünschenswert sein könnte. Dann kann sich das Kind langsam darauf einstellen.

→ Vereinbaren Sie, wie die Situation beendet werden kann. Geht das Kind einfach, wenn es nicht mehr bleiben will, oder muss es bis zum Schluss bleiben?

→ Machen Sie das Kind vorher schon mit Teilaspekten der neuen Erfahrung vertraut, z.B. indem es vor dem Reitunterricht Pferde anschauen und streicheln kann.

→ Sprechen Sie mit dem Kind über seine Gefühle. Weisen Sie auch darauf hin, dass gemischte Gefühle, z.B. Angst und Neugierde zugleich, in neuen Situationen ganz normal sind und dazugehören.

→ Achten Sie darauf, dass das Kind ausgeruht ist. Dann kann es viel gelassener mit Neuem umgehen.

→ Fachen Sie jeden Funken Begeisterung und Vorfreude an.

→ Seien Sie selbst ein Vorbild, was Lebensfreude und Offenheit angeht.

→ Nach und nach kann das Kind lernen, sich selbstständig auf neue Situationen vorzubereiten, indem es sich beispielsweise entsprechende Informationen besorgt oder sich vorab darüber Gedanken macht, wie es mit möglichen Konflikten konstruktiv umgehen kann.

Fragen zur Vertiefung

Wenn Ihr Kind in neuen Situationen am liebsten den Rückzug antreten würde: Wie hat Ihr Kind in der Vergangenheit diese Situationen dennoch gemeistert?

Wie gehe ich selbst mit neuen Situationen um? Strahle ich Offenheit, Ängstlichkeit oder Schüchternheit aus?

Welche neuen Situationen stehen demnächst an? Wie kann ich sie mit meinem Kind zusammen vorbereiten?

Auf den Punkt gebracht:
Schüchterne Kinder können ihre Zurückhaltung in neuen Situationen nicht einfach ablegen. Sie können jedoch Wege finden, mit der Zurückhaltung umzugehen. Es hat sich als sehr hilfreich erwiesen, wenn Eltern gemeinsam mit dem Kind neue Situationen vorbereiten, indem sie vorab darüber sprechen. Somit hat das Kind Gelegenheit, sich emotional und gedanklich auf das Unbekannte einzustimmen.

6.7 Ziele setzen und kleine Schritte gehen

Wenn Erwachsene zu einem Coach gehen, um sich beraten zu lassen, steht fast immer die Zielfindung am Anfang der Beratung. Im gemeinsamen Gespräch, unterstützt durch zahlreiche Fragen des Beraters, werden vage Ideen und Wünsche immer fassbarer, bis sich schließlich konkrete Ziele abzeichnen. Diese Ziele werden – wenn sie große Ziele sind, die viele Schritte erfordern – in Teilziele unterteilt. Durch dieses Vorgehen wird schnell klar, welche kleinen Schritte gegangen werden müssen, um die Teilziele und letztendlich das große Ziel zu erreichen. Bei diesem Prozess findet der Klient seine eigene Lösung – der Coach bleibt neutral, unterstützt nur durch Fragen und Zuhören und hilft vor allem dabei, die Gedanken und Gefühle zu klären und einzuordnen.

Ältere Schulkinder und Jugendliche können mit Unterstützung von Erwachsenen – Eltern, Verwandte oder andere Bezugspersonen – ebenso lernen, sich ihre Ziele konkret auszumalen und die ersten Schritte auf das Ziel hin zu erkennen. Einen entsprechenden Coaching-Fahrplan für Kinder und Jugendliche zeigt die nachfolgende Textbox:

Coaching-Fahrplan – Ziele und erste Schritte festlegen:

Möchte das Kind sich coachen lassen? Wer ist der geeignete Coach? Ein Elternteil oder eine andere Bezugsperson? Wenn das Kind keine Unterstützung möchte, sollten Eltern keine Zielearbeit mit dem Kind versuchen.

Motivieren Sie Ihr Kind. Das praktizieren auch die Sportcoaches mit den Sportlern. Motivieren Sie Ihr Kind zur Umsetzung dessen, was es sich wünscht, z.B. Ängstlichkeit überwinden, Freunde gewinnen oder vor der Klasse sprechen. Stellen Sie sich zusammen mit dem Kind die angenehmen Gefühle vor, wenn es sein Ziel erreicht hat. Wenn Sie sicher sind, dass es das Kind unterstützt, können Sie es auch mit einer Belohnung motivieren.

Helfen Sie Ihrem Kind, ein ganz konkretes Ziel zu formulieren. Wenn es mehrere Ziele hat, unterstützten Sie es dabei, erst das wichtigste Ziel zu finden und sich darauf zu konzentrieren.

Wenn das Ziel groß ist oder noch in der Ferne liegt, sollten Sie das Kind dabei unterstützen, das große Ziel in kleinere Teilziele zu unterteilen. Welches ist das nächste erreichbare Ziel? Helfen Sie dem Kind, realistische Nahziele zu finden, die es auch erreichen kann!

Unterstützen Sie das Kind dabei herauszufinden, welches der erste kleine Schritt ist. Auch hier gilt wieder: Der erste Schritt muss so klein sein, dass das Kind ihn auch schaffen kann.

Fragen zur Vertiefung

Wer kann mein Kind am besten als eine Art Coach unterstützen?

Neigt mein Kind dazu, sich mit vagen oder zu großen Zielen zu überfordern? Wie kann ich mein Kind dabei unterstützen, kleinere Teilziele zu finden?

Wie kann ich mein Kind motivieren, seine Wünsche umzusetzen und trotz der Vorbehalte und Ängste seine Ziele zu verfolgen?

Wie kann ich es schaffen, mein Kind „neutral" zu coachen und seinen eigenen Weg finden zu lassen?

Auf den Punkt gebracht:

Ein wesentliches Element von Coaching-Sitzungen für Erwachsene ist das Auffinden von Zielen und die Festlegung erster Schritte zur Umsetzung. Ältere Schulkinder und Jugendliche können mit Unterstützung von erwachsenen Bezugspersonen ebenso wie Erwachsene gecoacht werden. Sie malen sich dabei ihre Ziele immer konkreter und realistischer aus, leiten aus den großen Zielen kleinere Teilziele ab und finden heraus, welches die ersten Schritte zur Umsetzung sind.

6.8 Mit der Angst umgehen lernen

Einige Hintergrundinformationen zu kindlichen Ängsten wurden bereits in Kapitel 2.4 dargestellt. Es wurde aufgezeigt, dass ein Leben ohne Ängste unmöglich ist und dass Kinder in jeder Entwicklungsstufe bestimmte Ängste durchleben müssen, um daran zu wachsen. In diesem Abschnitt geht es darum, wie Eltern ihr Kind bei der Bewältigung dieser Ängste unterstützen können:

■ Haben Sie keine Angst vor der Angst! Ängste sind überwindbar, auch starke Ängste. Vermitteln Sie Ihrem Kind, dass Sie fest daran glauben, dass Ihr Kind es schaffen wird, die Angst zu überwinden.

■ Helfen Sie dem Kind von klein auf, seine Angst auszudrücken. Damit vermitteln Sie dem Kind, dass es Angst haben darf und dass Angst nichts Schlimmes ist. Schon sehr kleine Kinder können sagen „Ich habe Angst" und sprechen dies ganz frei und offen aus – sofern die Eltern keine Angst vor der Angst ihres Kindes haben und nicht versuchen, ihm die Angst gleich wieder auszureden.

■ Übertragen Sie nicht Ihre eigenen Ängste auf das Kind. Wenn Sie selbst Angst haben, wird das Kind dies spüren und ebenfalls Angst entwickeln.

■ Helfen Sie Ihrem Kind, zu ergründen, ob negative Überzeugungen seine Angst hervorrufen. Wenn das Kind eine verzerrte Wahrnehmung von sich und anderen besitzt, wird es vielleicht Ängste haben, die objektiv nicht begründbar und durchaus veränderbar sind. Die Veränderung negativer Überzeugungen ist näher in Kapitel 6.1 beschrieben.

■ Üben Sie mit dem Kind, zu sich selbst ein klares „Stopp" zu sagen, wenn es spürt, dass eine nicht angemessene Angst hochsteigt. In Kapitel 6.1 wird diese Vorgehensweise für das Überwinden abwertender Gedanken vorgestellt. Sie eignet sich ebenso für den Umgang mit Ängsten, da Ängste häufig eine Folge negativer Gedanken sind.

■ Im Kapitel 6.1 wird vorgestellt, wie negative Gedanken positiv umformuliert werden können. Das Formulieren positiver Sätze ist auch bei der Angstbewältigung sehr hilfreich. Wenn Angst auslösende Gedanken durch Mut machende ersetzt werden, kann das Kind die Welt aus einer ganz anderen Perspektive wahrnehmen. Ein Angst auslösender Gedanke kann beispielsweise sein: „Im Schulbus lachen sie mich bestimmt aus". Ein Mut machender Gedanke, der die Situation viel entspannter sieht, wäre beispielsweise: „Die Clique albert immer im Bus herum. Wahrscheinlich reden sie dabei gar nicht über mich." Helfen Sie dem Kind, für eine konkrete Situation einen positiven Satz zu formulieren, der für Ihr Kind stimmig ist. Das Kind muss hinter dem positiven Gedanken auch stehen können!

■ Lassen Sie das Kind nach eigenen Lösungen zur Überwindung von Ängsten suchen. Kinder können wunderbare Lösungen finden, auf die Erwachsene gar nicht kommen würden.

■ Viele schüchterne und ängstliche Kinder sind sehr mit ihren Ängsten und Schwächen beschäftigt und machen sich Gedanken, wie sie auf andere wirken. Damit vergrößern sie ihre Probleme jedoch meistens, weil sie dann noch weniger offen für ihre Umgebung und für positive Erfahrungen sind. Ältere Kinder können diesen Zusammenhang verstehen und aktiv versuchen, ihre Aufmerksamkeit vermehrt nach außen zu richten. Der Psychologe Philip Zimbardo, der viel mit schüchternen Kindern gearbeitet hat, empfiehlt Folgendes [2]: „Bringen Sie dem Kind bei, sich um andere zu kümmern. So lenkt es den Fokus von sich weg. Da viele schüchterne Kinder einfühlsam und hilfsbereit sind, entspricht dies häufig auch ihrem Temperament."

■ Wenn das Kind Ängste hat, die Sie als besonders groß einschätzen, und wenn Sie Sorge haben, dass die Ängste Ihr Kind stark einschränken, sollten Sie eine Beratung einholen. Es gibt zahlreiche Möglichkeiten, wie ein Kind erfolgreich darin unterstützt werden kann, seine Ängste zu überwinden. Lassen Sie sich beraten, was für Ihr Kind hilfreich sein kann. Weitere Hinweise hierzu finden Sie in der Sechsten Säule.

■ Eltern von stark ängstlichen Kindern machen sich meist große Sorgen um ihre Kinder. Leider rauben diese Sorgen auch viel elterliche Energie und erhöhen möglicherweise die Ängste des Kindes. Holen Sie sich deshalb die Unterstützung, die Sie selbst benötigen, um den Alltag trotz aller belastenden Umstände kraftvoll und mit Freude zu leben. Damit helfen Sie nicht nur sich, sondern auch Ihrem Kind!

■ Eine häufige Form der Angst, die auch nicht-schüchterne Kinder betrifft, ist die Schulangst. Es gibt inzwischen zahlreiche Ratgeber, die dieses Thema von verschiedenen Seiten beleuchten und Anregungen zur Überwindung der Schulangst geben. Im Anhang befindet sich eine Literaturempfehlung zu diesem Thema. Eine Grundaussage zieht sich durch die meisten Ratgeber: Ein gesundes Selbstvertrauen, soziale Kompetenzen und ein gutes Selbstmanagement beugen übermäßig großen Ängsten vor.

■ Vermeidet ein Kind bestimmte Situationen immer wieder, wird die Angst langfristig nur schlimmer. Das Weglaufen schafft zwar kurzfristig Erleichterung, auf lange Sicht werden die Ängste jedoch meist größer. Zusätzlich kann sich sogar noch die Angst vor der Angst einstellen. Eltern sollten daher das Vermeidungsverhalten ihres Kindes nicht fördern oder belohnen (siehe hierzu auch Kapitel 5.5 zur Förderung von mutigem Verhalten)!

■ Imaginationsübungen, Phantasiegeschichten, Spiele, Theater und Mentaltraining können bei der Überwindung von Ängsten sehr helfen. Sie aktivieren die kindliche Suche nach Lösungen und den Zugang zu den eigenen Stärken. Weiteres hierzu finden Sie in Kapitel 6.10 und 6.11.

■ Hilfreich sind auch Atem- und Entspannungsübungen. Versuchen Sie einmal, mit entspanntem Körper Angst zu empfinden. Es ist kaum möglich! Im Kapitel 6.12 können Sie mehr dazu lesen.

■ Die Psychologen Maur-Lambert, Landgraf und Oehler haben für ein Gruppentraining zur Überwindung sozialer Ängste Leitsätze entwickelt, die sich Kinder in Angst auslösenden Situationen immer wieder ins Gedächtnis rufen können. Sie werden in der folgenden Textbox gezeigt:

Leitsätze für Kinder – Wie kann ich die Angst besiegen?
zitiert aus [18]

→ Angst hält nicht ewig an, sondern geht schnell wieder vorbei – schneller, als man vorher denkt.

→ Angst wird nur dann weniger, wenn ich mich traue, etwas gegen sie zu tun – los geht's!

→ Wenn ich vor etwas Angst habe, denke ich daran, wie gut man sich fühlt, wenn man die Angst überstanden hat – wie ein Superheld!

→ Ich kämpfe nicht allein gegen meine Angst, sondern Mama und Papa helfen mir dabei – wir sind ein gutes Team!

→ Wenn man Angst hat, ist man angespannt – wenn ich mich entspanne, kann ich keine Angst haben!

→ Ich denke mir gute Gedanken aus, um mir selbst Mut zu machen – Sonne vertreibt die Wolken!

→ Ich laufe nicht vor der Angst weg, sondern sage mir: Stop! Stop! Bleib steh'n, du wirst seh'n: Die Ängste vergeh'n!

Fragen zur Vertiefung

Habe ich selbst Angst vor der Angst? Kann mein Kind zu Hause offen über Ängste reden, ohne dass ich versuche, die Angst ganz schnell „wegzumachen"?

Wie kann ich mein Kind dabei unterstützen, eigene Lösungen zur Angstbewältigung zu finden?

Wo sollte ich aufpassen, dass ich das Vermeidungsverhalten meines Kindes in Angst auslösenden Situationen nicht indirekt verstärke oder unterstütze durch übermäßigen Trost und Aufmerksamkeit?

Welche Ängste meines Kindes sind möglicherweise elterliche Ängste, die das Kind übernommen hat?

Auf den Punkt gebracht:
Es gibt viele Möglichkeiten der kindlichen Angstbewältigung, bei denen Eltern ihr Kind wirkungsvoll unterstützen können: offenes Sprechen über die Ängste, die Veränderung der Angst auslösenden Gedanken oder die Suche des Kindes nach eigenen Lösungen zur Angstbewältigung. Weitere Hilfen zur Überwindung der Angst sind das Stoppen des Gedankenkarussells, das sich fortwährend um eigene Schwächen und Ängste dreht, Imaginationsübungen und Entspannungsmethoden. Auch einprägsame Leitsätze, die Kinder sich in Angst auslösenden Situationen zur eigenen Stärkung selber sagen können, können eine große Hilfe sein. Wichtig ist bei all diesen Wegen, dass die Kinder zunehmend mehr Mut zeigen anstatt wegzulaufen.

6.9 Angst auslösende Filme und Nachrichten

Sensible Kinder nehmen Bilder, Nachrichten und Worte aus Fernsehen und Radio tief in sich auf. Bilder, die einmal festsitzen, werden sie so schnell nicht wieder los. Eltern sollten deshalb sehr gut überlegen, welche Bilder und Nachrichten das Kind entsprechend seinem Alter, seiner Entwicklung und seinem Temperament verkraften kann und welche Ängste das Gesehene und Gehörte auslösen kann. Kinder sind diesbezüglich sehr unterschiedlich. Sensible Kinder werden durch „Abhärten" mit ängstigenden Bildern nicht robuster, sondern tendenziell ängstlicher. Wenn ein Kind viele Ängste zu bearbeiten hat und erst dabei ist, den Umgang mit der Angst zu lernen, kann es sehr kontraproduktiv sein, wenn das Kind mit zusätzlichen Ängsten zu kämpfen hat, die durch die Medien ausgelöst werden.

Fallbeispiel

Der fünfjährige Tom hat im Kindergarten von Gleichaltrigen gehört, dass in der Stadt ein Kinderdieb Kinder entführen würde. Ein paar Tage lang diskutierten die Kindergartenkinder dieses Thema intensiv und fügten dieser Geschichte, die einen wahren, jedoch deutlich harmloseren Kern hatte, in ihrer Phantasie weitere Elemente hinzu. Tom war zu dieser Zeit sehr stolz, dass er bereits allein zum Bäcker ging, der wenige Häuser vom Elternhaus entfernt lag. Seit er die Geschichte vom Kinderdieb kannte, traute er sich jedoch keinen Schritt mehr allein aus dem Haus. Die anderen Kinder im Kindergarten hatten die Geschichte bald wieder vergessen. Der sensible und eher vorsichtige Tom vergaß diese Geschichte jedoch keineswegs. Über Monate war es zu Hause immer wieder ein Gesprächsthema, ob ihm allein etwas passieren könne. Die Eltern merkten schnell, dass es kein Sinn hat, ihrem Sohn vorzugaukeln, dass die Welt immer friedlich und sicher sei. Stattdessen erklärten sie ihm, dass es Kinderdiebe nur selten gibt und dass er dann einiges tun könne: Weglaufen, um Hilfe rufen, jemand Dritten ansprechen, ein riesiges Geschrei machen, beißen und so weiter. Es dauerte Monate, bis Tom es wieder wagte, allein zum Bäcker zu gehen. Die Eltern haben daraus gelernt, dass ihr Sohn durchaus seine Angst bewältigen kann – dass er aber viel Zeit braucht und sie als Eltern ihn immer wieder unterstützen müssen. Damit er nicht mit zu vielen Angst auslösenden Nachrichten überschwemmt wird, läuft zu Hause auch kein Radio mehr unbeachtet im Hintergrund.

Besonders Eltern, die selbst gerne Thriller oder Ähnliches lesen bzw. sehen und anschließend die Bilder leicht wieder loslassen und vergessen, können sich schwer vorstellen, wie tief sich intensive Bilder bei sensibleren Kindern, Jugendlichen und auch Erwachsenen in das Gedächtnis eingraben können. Wenn Ihr Kind zu Besuch bei Verwandten oder Freunden ist, ist es deshalb hilfreich, zu erklären, welche Medien das Kind verkraftet und welche nicht.

Die Psychotherapeutin Sabine Ahrens-Eipper, die das Trainingsprogramm „Mutig werden mit Til Tiger" für sozial unsichere Kinder entwickelt hat, rät zum Umgang mit den Medien Folgendes [5]: „Als Eltern können Sie die Themen und Bedrohungen unserer Zeit nicht vollkommen aus dem Leben Ihres Kindes fernhalten, aber Sie können dafür sorgen, dass Ihr Kind altersgemäße Informationen erhält. Sie können es dabei unterstützen, die Informationen zu verstehen und zu verarbeiten, ohne in ständiger Angst leben zu müssen.... Aus psychologischer Sicht empfehlen wir, dass Kinder im Alter von 0 – 9 Jahren Nachrichten mit Toten, Attentaten, Überschwemmungen und Explosionen im Fernsehen nicht ansehen sollten. Dies überfordert die Kinder, sie können es nicht verarbeiten, mit hoher Wahrscheinlichkeit werden Ängste und Alpträume ausgelöst."

Der Familienberater Jan-Uwe Rogge weist darauf hin, dass Kinder Angst auslösende und überfordernde Nachrichten häufig zufällig und nebenbei aufnehmen [6]. Sehr hilfreich ist dann die gemeinsame Nachbereitung. Eltern können ihr Kind bei der Angstbewältigung unterstützen, z.B. mit einem Gespräch, Aktivem Zuhören und dem Beantworten der Fragen des Kindes. Eltern sollten hierzu auch ein unterstützendes Vertrauen in die kindliche Fähigkeit zur Angstbewältigung haben.

Fragen zur Vertiefung

Wo wird mein Kind eventuell mit Nachrichten oder Bildern überfordert, die es alleine nur schwer bewältigen kann?

Wie sensibel ist mein Kind bezüglich beunruhigender Bilder und Nachrichten?

Wird auf die Sensibilität des Kindes Rücksicht genommen oder gibt es Freunde oder Bezugspersonen, die meinen, dass das Kind „abgehärtet" werden sollte?

Auf den Punkt gebracht:
Bilder und Nachrichten aus den Medien können bei Kindern tiefe Ängste auslösen und lange im Gedächtnis haften bleiben. Die Sensibilität ist hierbei von Kind zu Kind sehr unterschiedlich. Sensible Kinder werden durch häufigeres Anschauen von ängstigenden Bildern nicht robuster, sondern tendenziell ängstlicher. Kinder bis zu neun Jahren sollten Nachrichten mit Toten, Attentaten, Überschwemmungen und Explosionen im Fernsehen nicht ansehen, weil sie damit überfordert sind, und mit hoher Wahrscheinlichkeit Ängste und Alpträume ausgelöst werden.

6.10 Spiele, Übungen, Tanz und Theater

Wenn ein Kind fast immer leise und ruhig ist und sich kaum traut, laut und lebhaft zu sein, sollten Eltern mit ihm gemeinsam das Laut- und Ausgelassen-Sein üben. Das Kind wird am gemeinsamen lauten Spiel gewiss Freude haben. Besonderen Spaß erleben Kinder, wenn sie mit den Eltern vor dem Spiegel toben, hüpfen, schreien oder tanzen. Das Kind sieht sich dann im Spiegel stark und laut und kann diese Erfahrung später in den Alltag mitnehmen. Ebenso können Eltern mit dem Kind täglich herumtoben, sich Kissenschlachten liefern oder sich gegenseitig durchkitzeln. All dies fördert ein gutes Körpergefühl und löst nebenbei Spannungen und Ängste. Ebenso macht es Kindern großen Spaß, um die Wette zu schimpfen. Eine Variante hierbei ist, in einer Phantasiesprache Schimpfworte auszusprechen.

Wenn Eltern Spaß am gemeinsamen Rollenspiel oder Puppenspiel haben, können sie mit ihrem Kind auch reale oder ausgedachte Situationen nachspielen. Dabei schlüpfen die Eltern und das Kind selbst in konkrete Rollen oder spielen mit Puppen, Stofftieren, Kasperlefiguren oder kleinen Figuren. Neben lustigen Phantasiegeschichten bietet sich auch das Spielen konkreter Situationen, die für das Kind schwierig sind, an - wie das Zugehen auf andere Kinder oder Ängstlichkeit gegenüber dem Lehrer. Dabei können Eltern und Kind abwechselnd die Rollen des schüchternen Kindes und des Gegenübers annehmen. An diesem Spiel sollten alle Freude haben – und es sollte sich spontan entwickeln, ohne den erhobenen pädagogischen Zeigefinger und ohne ein konkretes Lernziel. Wenn das Kind den Spaß verliert, sollten die Eltern nicht auf einer Weiterführung bestehen.

Wenn das Kind gerne tanzt oder Theater spielt, ist die Teilnahme an einer Tanz- oder Schauspielgruppe vielleicht das Richtige. Das Kind kann dabei viel Freude erleben, nebenbei vieles lernen und sich weiter entwickeln. Kinder wollen hierbei jedoch nicht gedrängt werden. Eltern sollten das Kind deshalb nur dann verbindlich bei einer Gruppe anmelden, wenn es großes Interesse zeigt. Ein Probebesuch kann Aufschluss darüber geben, ob die gewählte Gruppe für das Kind geeignet ist.

Über das Rollen- und Theaterspiel hinaus gibt es viele schöne Spiele, die Kinder stärken. Im Anhang dieses Buches gibt es eine Buchempfehlung dazu. Wenn Eltern Freude am Spielen haben, können sie einfach ein paar Spiele ausprobieren. Wenn sie jedoch nicht gerne spielen, sollten die Eltern sich und das Kind nicht dazu zwingen. Sinnvoller ist es, mit dem Kind nur solche gemeinsamen Aktivitäten zu unternehmen, die beiden Seiten wirklich Spaß machen. Es geht schließlich nicht darum, dass Eltern und Kinder verbissen ein Mut-Mach-Programm abarbeiten. Viel wichtiger ist es, dass die Eltern oft mit ihrem Kind lachen. Das Lachen steigert die Lebensfreude aller und vertreibt Anspannung und Ängstlichkeit.

Fragen zur Vertiefung

Wie oft lachen wir gemeinsam?

Hat mein Kind genügend Gelegenheit zum Toben und Laut-Sein?

Wenn mein Kind sehr ruhig und leise ist: Wie kann ich mein Kind unterstützen, seine geräuschvollen und ausgelassenen Seiten zu entdecken und Freude daran zu entwickeln?

Hat mein Kind Vergnügen an Rollenspielen, Puppenspiel oder Theater? Könnten diese Aktivitäten das Kind dabei unterstützen, Schüchternheit oder Ängstlichkeit abzubauen?

Auf den Punkt gebracht:
Eltern können schüchterne und sehr leise Kinder durch gemeinsames Laut-Sein und Toben, durch Rollenspiele, Puppen- und Schauspiel oder Tanz unterstützen. Das Kind kann so ein gutes Körpergefühl entwickeln oder in unbekannte Rollen hineinschlüpfen. Wichtig ist, dass diese Aktivitäten allen Beteiligten Spaß machen. Es geht nicht darum, ein Mut-Mach-Programm abzuarbeiten. Viel wichtiger ist es, gemeinsam Spaß zu haben und viel zu lachen.

6.11 Phantasiereisen und Geschichten

Es gibt zahlreiche Bücher und Hörbücher mit Phantasiereisen, Märchen und Geschichten, die Kinder bei der Überwindung von Ängsten und Schüchternheit stützen und zur Suche nach eigenen Lösungen anregen. Kinder mögen insbesondere Geschichten, in denen sie sich wiedererkennen, und die ihre Erlebnisse und Probleme thematisieren. Eltern können ebenso Begebenheiten aus dem Alltag der Kinder aufgreifen und selbst Geschichten erfinden, in denen sich ängstliche Figuren zu mutigen Helden entwickeln.

Phantasiereisen haben im Vergleich zu Erzählungen den Vorteil, dass sie zu einer tiefen Entspannung führen. Das Kind kann sich hinlegen und die Augen schließen, während die Eltern ihm in ruhigem Ton eine Phantasiereise erzählen oder vorlesen oder eine entsprechende CD vorspielen. Das Kind kommt zur Ruhe, entspannt sich und entwickelt eigene Bilder zu dem Gehörten. Die Phantasiereisen sind so angelegt, dass viel Raum für die kindliche Phantasie gegeben wird: Die Erzählung regt das Unterbewusstsein zur Lösungssuche und zur Entdeckung der eigenen Stärken an. Eltern können einfach ausprobieren, was ihrem Kind gefällt. Wenn einem Kind die Phantasiereisen nicht gefallen, sollten Eltern sie ihm nicht aufdrängen.

Sowohl für Erwachsene, als auch für Kinder ab rund acht Jahren sind Selbsthypnose und Mentaltraining hervorragende und relativ leicht zu erlernende Techniken, um gleichzeitig zu entspannen und neue, kreative Lösungen zu finden. Den Ausgangspunkt der Selbsthypnose und des Mentaltrainings bildet - ähnlich wie bei Phantasiereisen, autogenem Training oder Meditation - ein tiefer und angenehmer Entspannungszustand. In diesem entspannten Zustand lenkt die ruhende Person ihre Aufmerksamkeit auf bestimmte Ziele, Erinnerungen oder Körpergefühle. Bei Kindern empfiehlt sich eine Anleitung durch einen Erwachsenen, der das Kind durch seine Worte zum Loslassen ermuntert und die Gedanken des Kindes vom äußeren Umfeld auf seine innere Welt und die Wahrnehmung des ruhig daliegenden Körpers lenkt.

Meistens steigen der ruhenden Person dann innere Bilder zu dem ausgewählten Thema auf. Es ist ähnlich wie im Kino, nur mit dem Unterschied, dass nicht ein von jemand anderem gedrehter, sondern ein eigener „innerer" Film abgespielt wird. Die Themen können sehr unterschiedlich sein und sich beispielsweise mit dem Erreichen von Zielen, der Stärkung von Selbstvertrauen, der Schmerzkontrolle, der Gesundheit, der Stressbewältigung, dem Abbau von Ängsten, Schlafproblemen oder dem Umgang mit belastenden Gefühlen und Grübeleien beschäftigen. Durch die mit der Selbsthypnose verbundene Tiefenentspannung wird sie auch als sehr wohltuend und erfrischend erfahren. Am besten ist es, wenn zunächst die Erwachsenen die Selbsthypnose bzw. das Mentaltraining in einem Kurs oder mit Hilfe eines Buches erlernen und es dann ihren Kindern weitergeben. Eine andere Möglichkeit ist, dass die Kinder diese Techniken in einem Kurs erlernen.

Auf den Punkt gebracht:
Erzählungen, Märchen und Phantasiereisen aus Büchern oder Tonträgern können Kinder bei der Überwindung von Ängsten unterstützen und zu eigenen Lösungen anregen. Alternativ können Eltern, zum Beispiel in Form einer Phantasiereise, auch selbst Geschichten erfinden, in denen kindliche Probleme aufgegriffen werden und in denen die Hauptfiguren ihre Ängste erfolgreich überwinden. Für Kinder ab rund acht Jahren sind Selbsthypnose und Mentaltraining geeignete Techniken. Hier erleben die Kinder zusätzlich eine tiefe Entspannung und können verschiedenste Themen bearbeiten und einen eigenen „inneren Film" ablaufen lassen.

6.12 Entspannungsübungen

Eine gute körperliche Entspannung wirkt sich auf den gesamten Menschen außerordentlich positiv aus. Der Mensch fühlt sich in entspanntem Zustand viel wohler und ist ausgeglichener und zentrierter. Die negativen und Angst auslösenden Gedanken und Grübeleien nehmen ab, Ängste zeigen sich seltener oder in schwächerer Form. Edmund Jacobson, der Begründer der progressiven Muskelentspannung, formuliert es folgendermaßen: „In einem entspannten Körper kann kein ängstlicher Geist existieren". Die Psychologin Barbara Markway schreibt [17]: „Ein entspannter Körper neigt weniger zu beunruhigenden Gedanken. Es ist, als ob jene „Angstpfade" im Gehirn nicht so tief verankert wären, wenn der Körper entspannt ist." Entspannung allein kann soziale Angst zwar nicht vollständig verschwinden lassen, aber sie kann viel Erleichterung bringen und damit eine ganz neue Ausgangsbasis und einen erweiterten Handlungsspielraum schaffen.

Es gibt zahlreiche Entspannungstechniken für Kinder und Erwachsene. Auf unterschiedlichen Wegen führen sie alle zu dem gleichen Ziel: zu einer tiefen und langsamen Atmung und zu einem tiefen Entspannungszustand. Für Kinder gibt es vor allem Anleitungen und CDs zur progressiven Muskelentspannung. Daneben eignen sich auch das Autogene Training, Yoga oder Achtsamkeitsübungen. Im Anhang sind hierzu einige Literaturempfehlungen zusammengestellt.

In der folgenden Textbox wird eine Übung für ältere Kinder mit Elementen der Progressiven Muskelentspannung vorgestellt:

Entspannungsübung mit Elementen der Progressiven Muskelentspannung

Mach' es dir im Liegen auf dem Rücken bequem ... atme tief durch ... und wenn du magst, schließt du langsam die Augen ...

Spür den eigenen Rhythmus deines Körpers ...

Den Wechsel zwischen Ein- und Ausatmen, zwischen Luft holen und Loslassen ...

Auch deine Muskeln kennen das Wechselspiel ...

Ein angespannter Muskel wird beim Loslassen ganz leicht und locker ...

Beginne damit, deine Bauchmuskeln immer mehr anzuspannen. Halte die Anspannung, und lass' sie dann ganz los ...

Genieße die Entspannung, die sich nun wohlig im Bauch ausbreitet ...

Nun kommt das linke Bein: Zieh die Muskeln zusammen – halte die Spannung – lass los – und fühle, wie sich die Entspannung ausbreitet ...

Und nun mit dem rechten Bein: anspannen ... halten ... locker lassen ... hineinspüren.

Jetzt ball' deine beiden Hände zu Fäusten, ... spann' deine Muskeln in den Armen und in den Schultern an, ... halt' die Spannung ... und lass' sie los. Spür', wie sich alles entspannt.

Und nun form beide Hände zu Fäusten ... lass die Anspannung den Arm hoch wandern bis in den Oberarm ... bis zu den Schulten ... halte die Anspannung noch ein bisschen länger ... und lass dann wieder locker ... spüre die Entspannung ...

Und nun verzieh' dein Gesicht zu Grimassen, Augen, Nase, Ohren, Mund ...

Lass alle Muskeln mitmachen, im Gesicht, am Hals, im Nacken. Halte die Spannung ein Weilchen... und dann lass' wieder los. Spüre in deinen Körper nach ... vielleicht wird er ganz leicht, oder ganz locker, oder prickelt ganz angenehm ...

Spür', wie die prickelnde Entspannung den ganzen Körper durchströmt ... ganz sanft ...

Stell' dir vor, wie dieses angenehme Körpergefühl immer weiteren Raum ausfüllt ...

Genieße den entspannten Körper, und die Ruhe, die immer tiefer sinkt ...

Und erlaube dir, noch ein Weilchen bei diesem schönen Körpergefühl zu bleiben ...

Du bist ganz entspannt ...

Ähnliche Entspannungsübungen gibt es auch für jüngere Kinder. Diese sind dann in eine altersgerechte Geschichte eingeflochten oder beziehen sich auf Vorstellungsbilder, die dem kindlichen Erleben entsprechen. Das Grundprinzip aller Übungen auf Basis der progressiven Muskelentspannung ist, dass nacheinander die Muskeln in allen Bereichen des Körpers angespannt und bewusst wieder losgelassen werden. Es stellt sich dann eine angenehme, tiefe Entspannung ein. Im Autogenen Training hingegen bleibt der Körper ruhig, und der Übende stellt sich vor, dass die einzelnen Körperregionen warm oder schwer werden. Auch das führt zu einer tiefen Entspannung. Es ist sehr zu empfehlen, verschiedene Entspannungstechniken auszuprobieren. Jeder hat andere Vorlieben und erreicht mit den verschiedenen Methoden unterschiedlich schnell einen tiefen Entspannungszustand.

Bei der körperlichen und geistigen Entspannung kommt der Atmung eine besondere Bedeutung zu. Bereits wenige tiefe Atemzüge in den Bauchraum - auch Zwerchfellatmung genannt - führen zu einer deutlichen Entspannung. Die Psychologin Barbara Markway schlägt vor, dass die Eltern mit dem Kind die Zwerchfellatmung in kurzen, rund 5-minütigen Übungseinheiten wie nachfolgend beschrieben üben.

Übung zur tiefen Bauchatmung [17]

■ Zu Beginn liegen die Kinder auf dem Boden und stellen sich vor, dass der Bauch ein Ballon ist, der beim Einatmen immer größer und beim Ausatmen dann wieder kleiner wird.

■ Auf den Bauch können sie dabei auch eine Pappschachtel oder ein Kuscheltier legen und beobachten, wie sich die Gegenstände dann im Atemrhythmus hoch und herunter bewegen.

■ Danach kommen Variationen: Atmen mit den Fingern auf dem Bauch, Atmen beim Liegen auf der Seite, Atmen im Sitzen und Atmen im Stehen.

■ Für den Einsatz im Alltag ist dann der nächste Schritt sehr wichtig: das bewusste „Umschalten" auf die Zwerchfellatmung.

■ Sie können erst zu Hause üben, dass das Kind bei bestimmten Zeichen tief atmet, später kann es dann die Schulglocke sein, der Beginn jeder neuen Stunde oder was auch immer.

■ Sehr hilfreich wird es, wenn das Kind lernt, das Unwohlsein oder die Angst zu spüren oder wahrzunehmen und dann gleich die Zwerchfellatmung einzusetzen.

■ Dies wird zu einer Minderung der Angst führen, denn eine sofortige Entspannung beginnt, die Aufmerksamkeit wird von der Angst weg auf den beruhigenden Atem hin gelenkt, und das Kind bekommt ein Gefühl der Kontrolle der Situation.

> **Auf den Punkt gebracht:**
> Der Mensch erlebt sich in entspanntem Zustand viel gelöster und ausgeglichener. Die negativen und Angst auslösenden Gedanken und Grübeleien nehmen ab, und die Angst selbst wird kleiner. Auf unterschiedlichen Wegen führen alle Entspannungstechniken zu dem gleichen Ziel: zu einer tiefen und langsamen Atmung und zu einem tiefen, wohltuenden Entspannungszustand. Grundsätzlich eigenen sich für Kinder die progressive Muskelentspannung, das Autogene Training, Atemübungen oder Achtsamkeitsübungen.

6.13 Herausforderung Pubertät

Die Pubertät ist für alle Jugendlichen eine schwierige Zeit mit vielen Umbrüchen. Jugendliche durchlaufen dabei Veränderungen, die alle Sechs Säulen dieses Buchs betreffen: Das Selbstgefühl wird erschüttert und muss sich in neuer Form ausbilden – nicht mehr als das Selbstgefühl eines Kindes, sondern als das Selbstgefühl einer jungen erwachsenen Person mit einer stark veränderten Identität. Ebenso durchwandern die meisten Jugendlichen etliche Krisen hinsichtlich ihres Selbstvertrauens. Die Unterstützung durch die Eltern ist im Alltag immer weniger gefragt. Stattdessen liegt das Selbstmanagement zunehmend allein in den Händen der Jugendlichen. Was die sozialen Fähigkeiten angeht, betreten die Jugendlichen auch hier viel Neuland, wobei der gleichaltrige Freundeskreis und die ersten Beziehungen zum anderen Geschlecht eine große Bedeutung haben. Soziale Ängste können durch die starke Unsicherheit in dieser Umbruchphase ausgelöst oder verstärkt werden. Auch die Eltern müssen sich neu orientieren und lernen, die Kinder zunehmend loszulassen. Das Thema Pubertät ist damit in allen sechs Säulen aktuell. Aus Gründen der Übersichtlichkeit wird es jedoch an dieser Stelle einmal zentral angesprochen.

Die Pubertät ist die Zeit der Loslösung der Jugendlichen von den Eltern. Dieser notwendige Entwicklungsschritt führt unter anderem dazu, dass viele Eltern ihre

Kinder in der Pubertät nicht mehr erreichen. Die Eltern sind zwar nach wie vor aufgefordert, auch in dieser Phase Halt zu geben, dennoch steht das Loslassen im Vordergrund. Die Begleitung von schüchternen Jugendlichen durch ihre Eltern sollte darüber hinaus auch die temperamentsbedingten Besonderheiten berücksichtigen.

Der Psychologe Philip Zimbardo weist auf einige Hürden hin, die stark schüchterne Jugendliche in der Pubertät zu überwinden haben [2]: Zunächst steht ihrer sensiblen und sehr leicht verletzbaren Persönlichkeit häufig der raue Umgang der Jugendlichen untereinander gegenüber. Schüchterne Teenager, die darüber hinaus über ein geringes Selbstgefühl bzw. Selbstvertrauen verfügen, sehnen sich deshalb besonders stark nach Anerkennung und Zugehörigkeit. Sie neigen dann noch mehr als andere Jugendliche dazu, sich an die Peergruppe anzupassen, um wie die anderen zu sein und von ihnen anerkannt zu werden. Mit Peergruppe ist hierbei die Gruppe der Gleichaltrigen gemeint, an der sich die Jugendlichen orientieren und zu der sie dazugehören möchten. Durch ihre Zurückhaltung und ihre sozialen Ängste entsprechen schüchterne Kinder jedoch häufig nicht dem Idealbild ihrer Peergruppe und gehören nicht in dem Maße zu der Gruppe dazu, wie sie es sich herbeisehnen. Zimbardo weist darauf hin, dass deshalb für diese Jugendlichen die Verlockung besonders groß ist, Alkohol oder Drogen zu nehmen, um Erleichterung zu finden und lockerer und entspannter zu sein. Hinzu kommt, dass viele stark schüchterne Kinder durch ihr geringeres Selbstbewusstsein weniger Standvermögen beim Nein-Sagen haben. Wenn schüchterne Jugendliche zu Alkohol und Drogen greifen, handelt es sich meist also keineswegs um eine Rebellion gegen die Eltern, sondern vielmehr um eine innere Not.

Für Eltern von schüchternen Teenagern gibt Zimbardo einige Empfehlungen. Sie werden mit Ergänzungen der Autorin im Folgenden kurz dargestellt [2]:

Empfehlungen für Eltern von stark schüchternen Jugendlichen

■ Wenn Ihr Teenager dafür offen ist, können Sie ihm Arbeitsmaterialien zur Überwindung von Schüchternheit zur Verfügung stellen. Die Jugendlichen haben dann die Möglichkeit, diese selbst (ohne elterliche Ratschläge und Kommentare) durchzuarbeiten. Am Ende des Buches sind Literaturempfehlungen unter der Rubrik „Schüchterne Jugendliche und Erwachsene" aufgeführt.

■ Geben Sie Jugendlichen nicht den Rat, weniger schüchtern zu sein. Das vergrößert in der Regel die Schwierigkeiten, weil die Jugendlichen damit das entmutigende Etikett „schüchtern" erhalten.

■ Unterstützen Sie Ihr Kind hinsichtlich einer ansprechenden äußerlichen Erscheinung, auch wenn der vom Jugendlichen gewählte Stil nicht Ihrer eigenen Auffassung von „ansprechend" entspricht.

■ Schicken Sie Ihr Kind zum Dermatologen, wenn es Hautprobleme gibt. Teenager können enorm unter Pickeln leiden, und viele Hautprobleme können gut behoben werden.

■ Wenn Ihr Kind Gewichtsprobleme hat, sollten Sie es nicht necken oder abwerten. Halten Sie kalorienarme Nahrung bereit, machen aber keinen „Diät-Stress". Seien Sie stattdessen ein gutes Vorbild für eine gesunde und ausgewogene Ernährung, die ohne permanente Diäten und Verbote auskommt.

■ Sagen Sie dem Kind, wenn es körperlich riecht, und bestehen Sie auf der täglichen Körperreinigung.

■ Jugendliche sollen die Kleider anziehen, die sie tragen wollen. Die Kleidung hat eine große Bedeutung für ihr Selbstbewusstsein.

■ Gleiches gilt für den Haarschnitt: Jugendliche sollen sich ihren Haarschnitt selbst aussuchen!

■ Respektieren Sie unbedingt die Privatsphäre der Jugendlichen (Zimmer, Schreibtisch, Tagebuch, Mails), bis auf Ausnahmen, wie beispielsweise eine übermäßige Internetnutzung oder der Verdacht auf Drogen.

■ Akzeptieren Sie, dass Jugendliche um jeden Preis bei Gleichaltrigen beliebt sein wollen, und dass sie aus diesem Grund unbedingt so sein wollen wie die anderen. Der starke Drang zur Konformität ist Bestandteil der Pubertät und wird auch wieder vorübergehen. Das bedeutet nicht, dass Sie keine Grenzen setzen oder Ihre Meinung nicht äußern sollten. Es geht vielmehr darum, dem Jugendlichen nicht mit einer Verurteilung zu begegnen.

■ Faire und vernünftige Grenzen zeigen dem Jugendlichen, dass die Eltern sich um ihn kümmern. Ein Laisser-faire-Erziehungsstil wird von vielen Jugendlichen als Gleichgültigkeit und Desinteresse der Eltern interpretiert.

■ Stärken Sie die Jugendlichen mit guten Argumenten zum Thema Rauchen, Alkohol und Drogen, damit sie sich besser gegen den Druck von Gleichaltrigen zur Wehr setzen können und klarer ihre eigene Position vertreten können.

■ Weisen Sie die Jugendlichen nicht in Gegenwart Gleichaltriger zurecht.

■ Praktizieren Sie Aktives Zuhören. Dringen Sie in die Jugendlichen nicht mit Fragen ein. Respektieren Sie, wenn sie nicht über ihre Gefühle und Gedanken sprechen wollen.

■ Zeigen Sie den Jugendlichen Ihre Anerkennung und Wertschätzung.

■ Bestehen Sie darauf, dass der Jugendliche seine altersgerechte Eigenverantwortung wahrnimmt. Dazu gehören in diesem Alter das eigenständige Bearbeiten der Hausaufgaben, das selbstständige Reinigen und Aufräumen des Zimmers, das Wäschewaschen und die Mithilfe im Haushalt.

Diese Empfehlungen zur Phase der Pubertät zeigen die große Bedeutung von zentralen Elementen wie Akzeptanz, Wertschätzung, Respekt, Loslassen, Fördern der Eigenständigkeit und Übernahme von Eigenverantwortung durch den Jugendlichen. All diese Aspekte sind auch für die Begleitung von jüngeren Kindern wesentlich. Die Erziehung und Begleitung von Jugendlichen muss in der Pubertät also nicht neu erfunden werden. Es geht vielmehr darum, die bewährten Grundhaltungen, die auf Akzeptanz und Wertschätzung beruhen, weiter zu leben und auf die Prozesse der Ablösung zu übertragen.

Fragen zur Vertiefung

Wie sieht das „Loslassen" des Jugendlichen durch mich als Elternteil aus? Welche neuen Freiräume erhält mein Kind?

Wie gehe ich mit dem Loslassen um? Welche neuen Freiräume erschließen sich mir als Elternteil?

Wie kann ich meinem Kind parallel zum Ablösungsprozess zugleich Halt geben?

Wie schaffe ich es immer wieder aufs Neue, mein Kind in dieser Zeit des Umbruchs zu akzeptieren und wertzuschätzen und Aggression oder Zurückweisung nicht auf mich als Person zu beziehen?

Auf den Punkt gebracht:
Die Pubertät mit den damit verbundenen tiefgreifenden Umwälzungen kann für stark schüchterne Jugendliche eine sehr schwierige Zeit sein. Für diese Jugendlichen ist die Akzeptanz durch Gleichaltrige von enormer Bedeutung. Besonders schüchterne Jugendliche, die ohnehin anders sind als die meisten Gleichaltrigen, sehnen sich stark danach, wie die anderen zu sein. Akzeptieren Sie diese hohe Anpassungsbereitschaft und legen Sie Ihrem Kind hier keine Steine in den Weg. Darüber hinaus findet der Leser in diesem Unterkapitel zahlreiche weitere Empfehlungen zur Begleitung von schüchternen Teenagern.

7 Die Vierte Säule: Soziale Fertigkeiten trainieren

Wenn Kinder Schwierigkeiten haben, mit anderen Kindern zu spielen oder Freundschaften zu schließen, kann dies darauf beruhen, dass sie bestimmte soziale Fertigkeiten einfach noch lernen müssen. Die folgenden Ausführungen benennen einige dieser wichtigen Fertigkeiten und geben zahlreiche Anregungen, wie soziale Kompetenzen erlernt werden können.

7.1 Augenkontakt aufnehmen

Es gibt schüchterne Kinder, die beim Gespräch keinen Augenkontakt zu ihrem Gegenüber haben. Auf den Gesprächspartner wirkt das sehr irritierend und abweisend und wird schnell als Desinteresse interpretiert. Betroffene Eltern können mit ihrem Kind zu Hause üben, ihnen beim Sprechen in die Augen zu schauen. Das gemeinsame Training wird besonders effektiv, wenn es Eltern gelingt, dabei geduldig zu sein und keinen Zwang auf das Kind auszuüben. Wichtig ist auch, dass die Eltern immer wieder ihre Wertschätzung zeigen, wenn dem Kind beim Üben oder im Alltag der Augenkontakt gelingt. Wenn Eltern ihrem Kind zudem den Sinn des Übens erklären und das Kind versteht, dass der Augenkontakt für andere Menschen von großer Bedeutung ist, wird sich die Motivation des Kindes deutlich erhöhen.

Wenn das Kind den Augenkontakt zuerst zu Hause üben kann, wird es diese Fähigkeit nach und nach ausbauen können: zuerst im vertrauten Familienumfeld und mit Freunden, später dann in Kindergarten und Schule. Begleiten Sie Ihr Kind mit Anerkennung für die vielen kleinen Erfolge und bestehen Sie nicht darauf, dass es immer klappt. Erwarten Sie von dem Kind nicht, dass es in Situationen erfolgreich ist, in denen es unter Anspannung steht oder vielen Eindrücken ausgesetzt ist.

Wenn das Kind beharrlich den Augenkontakt verweigert, sollten die Eltern davon ausgehen, dass das Kind seine Gründe hat, warum es sich derzeit vor dieser Art der Kontaktaufnahme zu anderen verschließt. Dies gilt auch, wenn das Kind nicht ausdrücken kann, was in ihm vorgeht, und Eltern und andere Bezugspersonen das Kind zunächst nicht verstehen. Am besten holen Eltern sich in diesem Fall kompetenten Rat ein, um ihr Kind zu verstehen und es entsprechend zu unterstützen.

Fragen zur Vertiefung

In welchen Situationen schafft mein Kind es, Augenkontakt aufzunehmen?

In welchen Situationen spricht mein Kind, ohne Augenkontakt aufzunehmen?

Wie reagieren andere Menschen auf mein Kind, wenn es ihnen in die Augen schaut? Wie kann ich mein Kind auf die positiven Reaktionen hinweisen, so dass es den Zusammenhang versteht?

Welche Umgebung und welche konkreten Situationen sind am besten für die ersten Übungsschritte geeignet?

Auf den Punkt gebracht:
Wenn Kinder beim Gespräch keinen Augenkontakt aufnehmen, wirkt das auf andere Menschen sehr irritierend und abweisend und wird schnell als Desinteresse interpretiert. Eltern können ihr Kind unterstützen, indem sie mit dem Kind trainieren, dem Gesprächspartner beim Sprechen in die Augen zu schauen. Eltern sollten hierbei viel Geduld aufbringen, keinen Druck aufbauen und kleinste Fortschritte wertschätzen. Wenn das Kind gelernt hat, im häuslichen Umfeld Augenkontakt aufzunehmen, kann das Training allmählich auf vertraute Bereiche außer Haus ausgeweitet werden.

7.2 Laut und deutlich sprechen

Einige schüchterne Kinder neigen dazu, sehr leise und undeutlich zu sprechen. Damit strahlen sie eine hohe Unsicherheit aus, die oft dazu führt, dass sie von anderen weniger ernst genommen werden. Zudem werden sie schnell überhört. Häufig sind die anderen Menschen auch zu ungeduldig zum Zuhören und Nachfragen, wenn sie das Kind wegen der leisen und undeutlichen Sprache wiederholt nicht verstehen.

Eltern können dem Kind helfen, wenn sie gemeinsam zu Hause üben, laut und deutlich zu sprechen. Versuchen Sie, mit dem Kind die Sache leicht und spielerisch anzugehen und keinen Ernst und keine Schwere aufkommen zu lassen. Wenn Eltern mit dem Kind unterwegs sind, sollten sie es viel sprechen lassen, wenn es dazu bereit ist. Es gibt viele Übungsfelder: bei der Annahme von Telefongesprächen zu Hause, beim Einkaufen, beim Fragen nach dem Weg, im Restaurant usw. Zeigen Sie für alle kleinen Erfolge Ihre Anerkennung und lassen Sie dem Kind die Zeit, die es für die vielen kleinen Lernschritte benötigt. Wenn Kinder auch durch Üben keine Fortschritte erzielen, kann sie eine logopädische Förderung möglicherweise sinnvoll unterstützen.

Wenn Kinder gelernt haben, sich laut und deutlich zu äußern, kommt noch ein weiterer Aspekt hinzu: Oft reicht es in Situationen mit Spielkameraden und in Kindergarten und Schule nicht aus, wenn sie sich einmal zu Wort melden. Forsche Kinder sagen immer wieder aufs Neue, was sie möchten. Sie drängen so lange darauf, bis sie das erreichen, was sie wollen. Für schüchterne Kinder ist das viel schwieriger. Sie brauchen Ermutigung dahingehend, dass sie nicht vorschnell aufgeben, sondern ihre Wünsche beharrlich ausdrücken.

Fragen zur Vertiefung

In welchen Situationen schafft mein Kind es, laut und deutlich zu sprechen?

In welchen Situationen spricht mein Kind leise und undeutlich?

Wie kann ich mein Kind motivieren, laut und deutlich sprechen zu üben und Ausdauer zu zeigen, wenn es darum geht, sich in einer Gruppe immer wieder aufs Neue zu Wort zu melden?

Wie kann ich spielerisch mit dem Kind üben und Ernst und Schwere vermeiden?

> **Auf den Punkt gebracht:**
> Einige schüchterne Kinder neigen dazu, leise und undeutlich zu sprechen. Die Eltern können mit ihnen zu Hause das laute und deutliche Sprechen trainieren. Wenn sie mit dem Kind unterwegs sind und das Kind zu Hause bereits einige Erfolge erzielt hat, sollten sie ihm möglichst viele Gelegenheiten geben, mit Außenstehenden zu sprechen. Außerdem brauchen schüchterne Kinder oftmals Ermutigung dahingehend, dass sie im Beisein von lauteren Kindern beharrlich am Ball bleiben und ihre Wünsche wiederholt äußern, auch wenn sie zunächst überhört werden.

7.3 Wertschätzung zeigen

Eine freundschaftliche Beziehung gelingt, wenn beide Seiten ihre Wertschätzung für den anderen ausdrücken, indem sie ihre Anerkennung, ihre Sympathie, ihr Interesse am anderen und ihre Anteilnahme offen zeigen. Dieser Ausdruck von Wertschätzung geschieht in der Regel „automatisch", ohne dass darüber nachgedacht wird. Konkret äußert sich dies durch einfache, spontane Äußerungen und Komplimente wie:

„Du kannst ja toll Seil springen."

„Es ist nett von dir, dass du mich mit deiner Eisenbahn spielen lässt."

„Du siehst heute echt klasse aus."

„Dein Referat heute ist super gelaufen."

Meistens erlernen Kinder die Fähigkeit, Komplimente zu machen und Anerkennung zu zeigen, indem sie ihre Eltern oder ältere Kinder nachahmen. Wenn ein Kind, diese Fähigkeit noch nicht verinnerlicht hat, wird es ihm deutlich schwerer fallen, Freundschaften zu schließen, denn es fehlt ein wichtiges Element der gegenseitigen Kommunikation. Potenzielle Freunde werden das Verhalten möglicherweise als Desinteresse oder Überheblichkeit interpretieren.

An diesem Punkt können die Eltern eine wichtige unterstützende Rolle übernehmen und zu Hause den Ausdruck von Wertschätzung im Umgang mit Familienmitgliedern, Freunden und Bekannten vorleben. Eltern sollten darüber hinaus deutlich zeigen, dass auch sie sich über Komplimente von anderen freuen und ihre Freude nicht verstecken. Es tut allen Menschen gut, Komplimente zu erhalten! Besonders bereichernd für alle Familienmitglieder ist ein gegenseitiger Austausch: Das Kind wird sehr davon profitieren, wenn es nicht nur einseitig elterliche Wertschätzung erfährt, und es wird freudig entdecken, dass es anderen eine Freude bereiten kann, wenn es selbst Komplimente austeilt.

Wirkungsvolle Unterstützung erfährt das Kind, indem Eltern ihm bewusst machen, welche Bedeutung und welche Auswirkungen der Ausdruck von Wertschätzung hat. Wenn das Kind versteht, dass es für andere Menschen sehr wichtig ist, dass es seine Anerkennung, sein Interesse und seine Anteilnahme deutlich ausdrückt, kann es dies auch bewusst einüben und seine Aufmerksamkeit darauf lenken. Eltern sollten ihr Kind am Beispiel von konkreten Situationen darauf aufmerksam machen, wenn ein anderer sich über ihr wertschätzendes Verhalten gefreut und entsprechend positiv reagiert hat. Das Kind wird auf diese Weise motiviert, mehr Komplimente zu machen bzw. damit zu experimentieren.

Gegenseitige Wertschätzung ist darüber hinaus ein wichtiger Schlüssel zur Beilegung von Streitereien. Viele Konflikte im Alltag können schnell entschärft werden, wenn wir mit Wertschätzung aufeinander zugehen anstatt uns von Abneigung, Vorbehalten oder Angst leiten zu lassen. Das alte Sprichwort „So wie es in den Wald hineinschallt, so schallt es wieder heraus", fasst dies kurz und prägnant zusammen. Eltern können ihrem Kind bewusst machen, dass es viele Situationen entscheidend mitgestalten und verändern kann, wenn es positiv auf die Umwelt zugeht, den anderen respektiert und dies auch zeigt. Dies gilt nicht nur für den Umgang mit Freunden, sondern ebenso für die Begegnung mit Mitschülern, Lehrern und allen anderen Menschen.

Fragen zur Vertiefung

Beobachten Sie Ihr Kind ein paar Tage lang bewusst: Wo zeigt es seine Wertschätzung? Wie schafft es das?

Wie drücken wir innerhalb der Familie die gegenseitige Wertschätzung aus? Wie zeigen wir unsere Freude über Komplimente?

Wie kann ich mein Kind motivieren, die Fähigkeit, Wertschätzung auszudrücken, zu üben?

Wie kann ich meinem Kind vermitteln, dass das Verhalten anderer Menschen maßgeblich davon abhängt, wie es selbst auf die Menschen zugeht?

Auf den Punkt gebracht:
Wenn ein Kind die wichtige Fähigkeit, anderen Kindern Komplimente zu machen und seine Wertschätzung zu zeigen, noch nicht erlernt hat, können die Eltern es auf verschiedene Weise unterstützen. Sehr hilfreich ist, wenn Eltern zu Hause diese Fähigkeit vorleben und Sympathie, Interesse oder Anerkennung anderen Menschen gegenüber offen ausdrücken. Weiterhin können Eltern ihrem Kind erklären, welche Bedeutung es für die Beziehung zu anderen Menschen hat, dass es seine Wertschätzung deutlich zeigt und von Herzen kommende Komplimente auch ausspricht.

7.4 Andere Perspektiven einnehmen

Einfühlungsvermögen und die Wahrnehmung von Stimmungen und Gefühlslagen anderer spielen in der Kommunikation zwischen Menschen eine tragende Rolle. Deshalb ist es von großer Bedeutung, dass ein Kind lernt, sich in andere Menschen hineinzuversetzen. Nur so kann es Verständnis für die Verhaltensweisen anderer entwickeln und die Reaktionen anderer richtig einordnen. Dies illustriert folgendes Fallbeispiel:

Fallbeispiel
Ein Kind wird von einem schlecht gelaunten Erwachsenen beschimpft, obwohl es keinen Fehler begangen hat. Das Kind kann darauf auf verschiedene Art und Weise reagieren. Wenn das Kind gelernt hat, sich in andere hineinzuversetzen, wird es die Übellaunigkeit des Erwachsenen spüren und die Kritik nicht persönlich nehmen. Es erkennt, dass die Missstimmung des Erwachsenen die Ursache für sein Schimpfen war. Vermutlich wird es die Situation recht schnell wieder vergessen und sich nicht lange damit auseinandersetzen. Ein Kind, das sich nicht in die Situation des Erwachsenen hineinversetzen kann, wird die Gegebenheit ganz anders interpretieren: Es wird die Schuld möglicherweise bei sich suchen und denken, dass es etwas falsch gemacht hat. Oder aber es zieht die Schlussfolgerung, dass der Erwachsene es nicht mag und absichtlich ungerecht behandelt hat. Beide Interpretationen entsprechen nicht der Realität und beruhen auf einer verzerrten Wahrnehmung. Die Ursache für diese Fehleinschätzung ist die fehlende Fähigkeit, sich in die Lage des anderen hineinzuversetzen.

Die Fähigkeit, sich in die Perspektive anderer Menschen hineinzuversetzen, entwickelt sich meist erst im Laufe der ersten Schuljahre. Wenn ein Kind diese Fähigkeit nur schwer erlernt, können Eltern es durch viele kurze Hinweise oder Gespräche unterstützen, beispielsweise indem sie wahrgenommene Empfindungen von sich selbst, von ihrem Kind oder von anderen benennen. Sie sollten dem Kind unvoreingenommen und ohne zu werten die Zusammenhänge erklären, warum jemand wütend, ängstlich oder traurig ist, oder warum jemand sich aggressiv oder abweisend verhält. So lernt das Kind ganz nebenbei vieles über sich und andere.

Gleichzeitig helfen die Eltern dem Kind dabei, seine Aufmerksamkeit auch auf die anderen Menschen zu richten - denn einige schüchterne Kinder sind so mit sich und ihren möglichen Defiziten beschäftigt, dass sie darüber ganz vergessen, sich den anderen beobachtend zuzuwenden und das Verhalten der anderen zu verstehen und einzuordnen.

Fragen zur Vertiefung

Neige ich bei Konflikten oder Auseinandersetzungen dazu, nur meinen Standpunkt zu sehen? Oder gelingt es mir häufig, die Perspektive des anderen zu verstehen?

Wie kann ich im Alltag meinem Kind zeigen, dass andere Menschen ihre Gründe für ihr Verhalten haben, und es hilfreich ist, diese zu verstehen?

Wie kann ich mein Kind dabei unterstützen, sowohl die eigenen Empfindungen als auch die von anderen bewusst wahrzunehmen?

Ist mein Kind so sehr mit sich und der Angst vor eigenen Fehlern beschäftigt, dass es gar nicht wahrnimmt, was andere Menschen empfinden bzw. ausdrücken?

Auf den Punkt gebracht:
Es ist von großer Bedeutung, dass ein Kind lernt, sich in andere Menschen hineinzuversetzen. Nur so kann es Verständnis für die Verhaltensweisen anderer entwickeln und die Reaktionen anderer richtig einordnen. Eltern können dies dem Kind zunächst durch eigenes Vorleben vermitteln. Darüber hinaus sollten sie ihrem Kind immer wieder in kurzen Gesprächen erklären, warum andere Menschen so gehandelt und gefühlt haben, wie das Kind es erlebt hat. Das Kind lernt auf diese Weise, aus einer wohlwollenden Grundhaltung heraus Verständnis für andere zu entwickeln.

7.5 Verschiedene Bezugspersonen erleben

Der Psychologe Philipe Zimbardo weist darauf hin, dass es für die Entwicklung von Kindern - insbesondere von zurückhaltenden Kindern - hilfreich ist, wenn sie bereits früh viele Außenkontakte haben [2]. Dazu gehört auch die Betreuung durch andere Erwachsene. Wenn Kleinkinder nie in die Obhut anderer Menschen gegeben werden, können sie nicht lernen, dass es neben den Eltern auch andere Bezugspersonen geben kann, die gut für sie sorgen können. Das bedeutet nicht, dass Kleinkinder täglich zu einer Tagesmutter oder in eine Krippe gehen sollten. Es geht vielmehr darum, dass ein Kind lernt, sich an neue Bezugspersonen zu gewöhnen, und dass es Freude mit ihnen erleben kann. Viele Menschen können Bezugspersonen für das Kind darstellen: die Großeltern, Verwandte, Freunde, ein Babysitter, eine Tagesmutter oder die Erzieherinnen in der Krippe.

Wie die Gewöhnung an die neue Bezugsperson gestaltet wird, hängt wesentlich vom Temperament des Kindes ab. Zurückhaltende Kinder brauchen längere Zeiten der Gewöhnung. Sie wollen die „neuen" Menschen öfters in der sicheren Gegenwart der Eltern kennen lernen, bevor sie Vertrauen fassen. Eltern sollten den Gewöhnungsprozess langsam aufbauen, so dass ihr Kind sich darauf einstellen kann. Wenn sie sich vom Kind verabschieden, sollten sie tröstende und bemitleidende Worte vermeiden und ein klares Signal senden, beispielsweise: „Du bist bei .... wunderbar aufgehoben und kannst hier prima spielen. Ich werde dich nach dem Essen wieder abholen." Das Kind sollte spüren, dass die Eltern der neuen Bezugsperson ihr volles Vertrauen schenken. Dann wird es sich deutlich leichter tun, ebenfalls Vertrauen zu fassen. Wenn die Eltern zurückkehren, sollten sie kein überzogenes

Begrüßungsritual durchführen, das dem Kind möglicherweise vermittelt, dass die Trennung etwas ganz Schweres und Bedeutungsvolles war. Stattdessen können Eltern ihr Kind kurz freudig begrüßen und sich dann erzählen oder zeigen lassen, was es in ihrer Abwesenheit Schönes erlebt hat.

Fragen zur Vertiefung

Habe ich Vertrauen in andere Bezugspersonen, dass sie mein Kind gut betreuen? Wenn ich wenig Vertrauen habe: Was kann ich tun, um mehr Vertrauen zu gewinnen?

Habe ich Vertrauen in mein Kind, dass es in der Obhut von anderen Menschen zurechtkommt? Was kann ich tun, um mehr Vertrauen zu gewinnen?

Wie kann ich das Verabschieden und Wiederkommen so gestalten, dass es das Kind dabei unterstützt, Vertrauen in die Bezugsperson aufzubauen?

Wie komme ich ohne mein Kind zurecht? Wenn es mir schwerfällt, ohne mein Kind zu sein: Wie kann ich so für mich sorgen, dass mein Kind nicht zu meinem alleinigen Lebensinhalt wird?

Auf den Punkt gebracht:
Für die Entwicklung von zurückhaltenden Kindern ist es hilfreich, wenn das Kind bereits früh andere Bezugspersonen neben den Eltern hat. Wenn Kleinkinder nie in die Obhut von anderen Menschen gegeben werden, können sie nicht lernen, dass es neben den Eltern auch andere Bezugspersonen gibt, die gut für sie sorgen können. Zu beachten ist, dass zurückhaltende Kinder meist längere Zeiten der Gewöhnung brauchen. Die Eltern sollten zudem ihrem Kind vermitteln, dass sie volles Vertrauen in die Bezugspersonen haben und sicher sind, dass es mit diesen eine gute Zeit verbringen wird.

7.6 Vom Umgang mit Hänseleien

Grundsätzlich kann jedes Kind ein Opfer von wiederholten Hänseleien bis hin zum Mobbing werden. Davon sind keineswegs nur zurückhaltende Kinder betroffen. Weil Kinder oftmals ihre spontanen Gefühle und Ansichten ohne Rücksichtnahme auf andere ausdrücken, müssen die meisten Heranwachsenden ein gewisses Maß an Demütigungen, Hänseleien und Spott durch ihre Altersgenossen ertragen. Diese Erfahrungen sind ein unvermeidlicher Bestandteil der Kindheit. Problematisch wird es für ein Kind jedoch, wenn es häufig und wiederholt zum Opfer von Hänseleien wird. Für diesen Fall geben die nachfolgenden Ausführungen einige Gedankenanstöße.

Kinder, die wiederholt gehänselt werden, denken häufig, dass sie selbst schuld daran seien. Sie werfen sich beispielsweise vor, dass sie nicht selbstbewusst genug oder nicht „cool" genug seien, dass ihr Aussehen nicht attraktiv genug sei oder dass sie zu unsportlich seien. Ein erster und zugleich großer Schritt aus der Opferrolle heraus ist deshalb, dass das Kind diese negativen Gedanken reduziert und schließlich überwindet. Die Eltern können ihrem Kind bei diesem Prozess helfen, sofern das Kind sich traut, zu Hause von dem Vorgefallenen zu erzählen. Das Kind muss hierzu seine Scham überwinden und eine tiefes Vertrauen zu den Eltern haben. Eine gute Grundlage für ein Familienklima, in dem Kinder sich den Eltern offen anvertrauen können, ist die Kommunikation mit Aktivem Zuhören und Ich-Botschaften, wie sie in Kap. 4.9 und 4.10 beschrieben sind. Diese Kommunikationsformen erleichtern es dem Kind sehr, seine erlebte Demütigung mitzuteilen und über seine Gefühle zu sprechen. Zur Überwindung von negativen Gedanken werden in Kap. 6.1 viele Anregungen gegeben.

Im nächsten Schritt kann es dem Kind spürbar helfen, wenn die Eltern ihrem Kind erklären, dass die Kinder, die andere hänseln und mobben, selbst auch keine glücklichen und zufriedenen Menschen sind. Sie wenden sich stattdessen mit ihren Frustrationen an andere und lenken ihre Aggressionen auf Mitmenschen. Schüchterne Kinder, die viel beobachten und nachdenken, können diesen Zusammenhang meistens gut verstehen. Dies gilt umso mehr, als systematisches Hänseln und Mobben in erster Linie ein Problem von Gruppen älterer Kinder bzw. Jugendlicher ist. Die Erkenntnis, dass der Angreifer nicht aus persönlicher Stärke sondern aus eigener Frustration und aus eigenem Unglück heraus hänselt, kann beim betroffenen Kind vieles verändern. Es bekommt den Anstoß, sich nicht mehr als hilfloses und unterlegenes Opfer zu sehen. Stattdessen bekommt es eine Idee davon, dass der andere in Wirklichkeit nicht stärker ist als es selbst, sondern lediglich aggressiver. Vielleicht macht diese Erkenntnis es dem Kind leichter, sich selbst anders wahrzunehmen und seine eigenen Stärken mehr zu schätzen. Vielleicht verändert diese Einsicht somit allmählich das Selbstvertrauen des Kindes, so dass es eine kraftvollere Ausstrahlung gewinnt. In einigen Fällen wird diese veränderte Einstellung bereits ausreichen, um die Hänseleien zu beenden.

Vielen schüchternen Kinder fällt es schwer, aus dem Erleben von wiederholtem Mobbing wieder herauszukommen, weil es ihnen an Schlagfertigkeit und forschem Auftreten fehlt. Für ältere Kinder und Jugendliche kann deshalb das Schlagfertigkeitstraining von Matthias Pöhm eine große Hilfe sein [20]. Es ist zum Training mit einer Freundin oder einem Freund gedacht. Das Training beinhaltet als wesentliche Elemente das Einüben von geeigneten Antworten auf verbale Angriffe und das Trainieren einer Selbstsicherheit ausstrahlenden Körpersprache.

Die Kernaussagen sind folgende:

→ Schlagfertigkeit ist trainierbar!

→ Die Körpersprache spielt eine große Rolle. Auch sie lässt sich trainieren!

→ Mit Training kann man aus der Opferrolle herauskommen und die Ausstrahlung so verändern, dass man nicht mehr drangsaliert wird.

Ein anderer wichtiger Baustein zum Herauskommen aus dem wiederholten Erleben von Hänseleien ist die Unterstützung von Freunden und dem sozialen Umfeld. Wenn das Kind diese Situationen als Einzelgänger erlebt, ist es viel schwieriger, hier auszubrechen als in der Gesellschaft von Gleichgesinnten. Denn die meisten Kinder werden schikaniert, wenn sie alleine sind, weil sie so viel angreifbarer sind als im Beisein von Freunden.

Lehrer und andere Bezugspersonen können das Kind ebenfalls wirkungsvoll unterstützen. Deshalb ist es sehr wichtig, dass das Kind bzw. die Eltern dem Lehrer mitteilen, wenn ein Kind wiederholt gedemütigt und schikaniert wird. Wenn Hänseleien und Mobbing versteckt und nicht offen stattfinden, ist es möglich, dass Lehrer wenig oder gar nichts von dem Vorgefallenen bemerken. Dieses Muster kann durchbrochen werden, wenn Kinder oder Eltern offen aufdecken, welche Schikanen im Verborgenen ausgeübt werden.

Wenn die Hänseleien länger anhalten, keine Besserung in Aussicht ist und das Kind entsprechend verängstigt und überfordert ist, benötigt das Kind weitere Unterstützung. Die Eltern sollten sich beraten lassen und die Kompetenz von Pädagogen, Psychologen oder Familienberatern hinzuziehen. Bei allen diesen Schritten sollten Eltern dem Kind immer wieder klarmachen, dass es mit dieser Situation nicht alleine ist. Es gibt viele Kinder und Jugendliche, die ebenfalls unter Hänseleien oder Mobbing litten und dann erfolgreiche Lösungen gefunden haben, um die Schikanen zu überwinden.

Fragen zur Vertiefung

Hat mein Kind so viel Vertrauen in uns als Eltern, dass es uns (trotz möglicher Schamgefühle) erzählen würde, wenn es gehänselt wird?

Hat mein Kind gelernt, sich zu wehren? Kann es auf meine Unterstützung zählen, wenn es nicht „lieb und brav" ist, sondern für seine Rechte kämpft?

Sind wir – die Eltern und unserer Kind – offen dafür, uns in schwierigen Situationen Unterstützung zu holen? Oder neigen wir dazu, schwierige Themen nach außen hin zu verbergen und allein zu lösen?

Auf den Punkt gebracht:
Ein gutes Selbstgefühl und ein ausgeprägtes Selbstvertrauen stellen eine wichtige Prävention gegen Drangsalierer und Mobbing dar. Aber auch wenn ein Kind Opfer von Hänseleien geworden ist, können Eltern und ihr Kind vieles tun, um die Situation zu verändern. Das Kind kann durch Training von Sprache, Auftreten und Körperhaltung einiges bewirken. Die Eltern können ihr Kind sehr unterstützen, indem sie es ermutigen und ihm helfen, mögliche Minderwertigkeitsgefühle zu überwinden. In sehr schwierigen Situationen ist es die Aufgabe der Eltern, umgehend weitere Unterstützung und Hilfe herbeizuholen.

7.7 Eine geeignete Umgebung

Für jeden Menschen kann das Zusammensein mit anderen Menschen je nach Intensität entweder viel Freude bedeuten und neue Impulse geben oder aber anstrengen und eine Überforderung darstellen. Jeder Mensch fühlt sich mit einer anderen Balance von Stimulation und Ruhe am Wohlsten. Dies gilt sowohl für Erwachsene als auch für Kinder. Es gibt schüchterne Kinder, die sehr sensibel und schnell überreizt sind. Sie reagieren dann mit Rückzug und körperlichen Stressanzeichen.

Wenn ein Kind häufig einer höheren Stimulation (Lautstärke, Anzahl der Menschen, viel Unbekanntes etc.) ausgesetzt ist, als es seiner derzeitigen Entwicklung und seinem Temperament entspricht, kann sich der kindliche Rückzug verfestigen - es wird ihm immer schwerer fallen, sich nach außen zu öffnen. Das Kind erfährt dann immer wieder aufs Neue, dass Kontakte mit anderen Menschen anstrengend und unangenehm sind. Stattdessen sollten die Eltern die Kontakte fördern, bei denen das

Kind viel Freude an gemeinsamen Aktivitäten hat, soziale Fertigkeiten nebenbei lernt und erfährt, dass Gemeinsamkeit sehr beglücken kann. Darauf aufbauend können sich der Radius des Kindes und die Freude an Gemeinschaft zunehmend ausweiten.

Fallbeispiel

Die zweijährige Alena geht öfters mit ihrer Mutter zu einer guten Freundin und ihrem ebenfalls zweijährigen Sohn. Alena ist sehr zurückhaltend und reagiert bei zu vielen Reizen meistens mit Rückzug. Der befreundete Junge hat ein ganz anderes Temperament: Er ist sehr lebendig, laut und kontaktfreudig, so dass er vor lauter Freude Alena immer wieder umarmt. Alena reagiert darauf oft sehr verschüchtert und weint viel, so dass ihre Mutter die Besuche zu ihrem Bedauern vorübergehend einstellt. Auch andere Unternehmungen, die Alena regelmäßig überfordern, stellt sie vorübergehend zurück. Stattdessen lädt sie ruhigere Kinder ein, mit denen Alena zufrieden spielt und Freundschaften schließt.

Nach zwei bis drei Jahren hat Alena viel Selbstvertrauen gewonnen und gelernt, anderen Kindern ganz deutlich zu sagen, was sie möchte und was sie nicht möchte. Die Mutter und Alena können ihre Besuche bei der guten Freundin und ihrem Sohn sowie andere turbulentere Aktivitäten problemlos wieder aufnehmen. Alena spielt inzwischen sogar gerne mit dem Sohn der Freundin. Die Mutter ist froh, dass sie Alena in jüngeren Jahren nicht mit diesen Besuchen überfordert hat. Stattdessen hat ihr das ruhigere Umfeld sehr dabei geholfen, nach und nach grundlegende soziale Fähigkeiten zu lernen und den Umgang mit vielen Außenreizen zunehmend zu meistern.

Ähnliches gilt für den Aufenthalt in einem aggressiven oder spannungsgeladenen Umfeld. Viele schüchterne Kinder sind ausgesprochen sensibel und reagieren sehr feinfühlig auf eine angespannte oder negative Stimmung in ihrer Umgebung. Die Folge ist, dass sie sich zurückziehen. Wenn das Kind älter wird und ein gutes Selbstvertrauen aufgebaut hat, wird es nach und nach lernen, wie es mit solchen Situationen umgehen kann und wie es sich - falls nötig - auch wehren kann. Wenn das Kind jedoch noch zu jung ist, ist es nicht hilfreich, das Kind an solche Situationen gewöhnen oder trainieren zu wollen. Stattdessen sollte das Kind viele positive Erfahrungen machen und Glücksmomente sammeln. Das wird das Kind langfristig so stärken, dass es bei entsprechender Reife auch mit Aggressionen umzugehen lernt.

Zusammenfassend gilt sowohl für den Umgang mit Reizüberflutung als auch für die Begegnung mit Spannungen und Konflikten: Fordern Sie Ihr Kind, indem Sie es neuen Herausforderungen aussetzen, überfordern Sie das Kind jedoch nicht. Herausforderungen, die das Kind bewältigen kann, stellen positive Entwicklungsanreize dar. Überforderungen, an denen das Kind scheitern muss, stellen – wenn Sie häufig auftreten – negative Impulse dar. Die meisten Eltern können die Grenze zwischen positiven Herausforderungen und negativen Überforderungen mittels ihrer eigenen Intuition gut erkennen. Sie können ihr Kind gut einschätzen und sollten ihrer elterlichen Kompetenz und Wahrnehmung Vertrauen schenken und sich nicht von den zahlreichen, unterschiedlichsten Ratschlägen aus ihrem Umfeld verunsichern lassen. Kaum jemand kennt ein Kind so gut wie die eigenen Eltern!

Fragen zur Vertiefung

Wie reagiert mein Kind in spannungsgeladenen Situationen?

Ist mein Kind schon in der Lage, mit Spannungen umzugehen und sich – falls nötig – zu wehren? Oder ist mein Kind mit Streit und Aggressionen noch überfordert und braucht erst ein harmonischeres Umfeld, um Selbstvertrauen aufzubauen?

Wo beginnen bei meinem Kind die Reizüberflutung und die Überforderung hinsichtlich der Lautstärke, der Fremdheit von neuen Situationen und der Anzahl der Menschen?

Wie kann ich den Alltag so gestalten, dass das Kind zwar gefordert, jedoch nicht permanent überfordert wird?

Auf den Punkt gebracht:

Wenn ein Kind häufig einer höheren Stimulation (Lautstärke, Anzahl der Menschen, viel Unbekanntes, aggressives Umfeld etc.) ausgesetzt ist, als es mit seiner derzeitigen Entwicklung und seinem Temperament bewältigen kann, wird sich der kindliche Rückzug verfestigen. Stattdessen sollten die Eltern Kontakte in einem ruhigen und harmonischen Umfeld fördern, bei denen das Kind viel Freude an gemeinsamen Aktivitäten hat. Das wird das Kind langfristig so stark machen, dass es bei entsprechender Reife auch mit stärkeren Reizen und Aggressionen umzugehen lernt. Kinder sollten gefordert, jedoch nicht permanent überfordert werden.

7.8 Training sozialer Fähigkeiten im Spiel zu Hause

Viele schüchterne Kinder verhalten sich außer Haus zurückhaltend und still. Zu Hause sind sie hingegen ganz ausgelassen und gelöst. Für diese Kinder kann es eine große Hilfe sein, wenn sie Besuch von Spielkameraden bekommen. Dann können sie mit einem oder zwei Kindern in vertrauter Umgebung viel entspannter dem Spiel nachgehen als in einer großen Gruppe außer Haus. Sie können beim Spiel zu Hause viele soziale Fertigkeiten lernen und Freude am Spiel mit anderen erfahren. Davon ausgehend kann sich ihr Radius zunehmend ausweiten auf weitere Kontakte und Besuche bei guten Freunden.

Wenn Familien nicht gerade in einer Gegend ohne Autoverkehr wohnen, wo die Kinder aus der Nachbarschaft spontan vorbei kommen, werden die Eltern von jüngeren Kindern die Initiative übernehmen und Einladungen aussprechen müssen. Ab dem Kindergartenalter sollten Eltern allerdings nur Kinder einladen, mit denen sich ihr Kind gerne treffen möchte. Sie sollten nicht versuchen, das Kind zu überreden oder zu bevormunden, denn es würde sich dabei nur bedrängt fühlen.

Der Psychologe Philip Zimbardo weist außerdem darauf hin, dass insbesondere Kontakte mit jüngeren Kindern für schüchterne Kinder sehr wertvoll sind. Für die schüchternen Kinder ist dieser Kontakt einfacher, weil sie dabei die Älteren und Geschickteren sind und es genießen, als die „Großen" bewundert zu werden.

Fragen zur Vertiefung

Hat mein Kind die Gelegenheit, zu Hause mit anderen Kindern dem freien Spiel nachzugehen?

Wie können wir mehr Anlässe für Besuche von anderen Kindern schaffen? Sind wir Eltern offene Gastgeber?

Wenn mein Kind sehr zurückhaltend ist: Wie kann ich es motivieren, einen Spielkameraden nach Hause einzuladen?

> **Auf den Punkt gebracht:**
> Für schüchterne Kinder kann es eine große Hilfe sein, wenn sie mit einem oder zwei Kindern zu Hause spielen und nicht in einer größeren Gruppe außer Haus zurechtkommen müssen. Sie können dabei viele soziale Fertigkeiten lernen und die Freude am Spiel mit anderen erfahren. Insbesondere Kontakte mit jüngeren Kindern sind für schüchterne Kinder wertvoll, weil sie es als die Älteren leichter haben und zudem genießen, als die „Großen" bewundert zu werden.

7.9 Das Trainingsprogramm „Ich schaff´s"

Der finnische Therapeut Ben Furman hat mit seinen Kollegen das Trainingskonzept „Ich schaff´s" entwickelt, mit dem sowohl schüchternen und zurückgezogenen, als auch eher expansiven und lauten Kindern ein Rahmen zum Lernen benötigter Fähigkeiten angeboten wird. Das Konzept kann gleichermaßen von Familien und Eltern ohne therapeutische Begleitung, von Kindertagesstätten und Schulen sowie von Therapeuten übernommen werden. Das Trainingsprogramm wird hier kurz vorgestellt, weil es stark lösungs- und nicht problemorientiert ist, auf Kooperation basiert, den Beteiligten Spaß macht, die Kinder motiviert und die Sicht aller auf das vermeintliche Problem deutlich verändert.

Das Programm „Ich schaff´s" basiert auf dem Gedanken, dass Kinder eigentlich keine Probleme haben. Stattdessen werden die Schwierigkeiten, mit denen Kinder zu tun haben, als noch nicht ausgebildete Fähigkeiten angesehen. Kinder können diese Schwierigkeiten überwinden, indem sie die benötigten Fertigkeiten erlernen, z.B. das Aufnehmen von Augenkontakt, das Nein-Sagen, das Äußern eigener Wünsche in einer Gruppe, das Zeigen von Wertschätzung usw. Wenn die Beteiligen gemeinsam die Fähigkeiten herausgefunden haben, die das Kind erlernen sollte, können alle anfangen, über diese Fähigkeiten zu sprechen anstatt über Probleme. Das ist für Kinder viel attraktiver und motivierender als die Vorstellung, Schwierigkeiten überwinden zu müssen.

Wenn die Schlüsselfähigkeit, die es noch zu lernen gilt, identifiziert ist, folgt die Motivation des Kindes. Daran schließt sich eine praktische Übungsphase an, in der die neue Verhaltensform eingeübt wird. Das Programm gibt darüber hinaus zahlreiche Anregungen zum Umgang mit Rückschlägen und zum Einbeziehen von unterstützenden Helfern. Wenn das Kind seine Fähigkeit erlernt hat, kann zu Ehren des Kindes ein Fest gegeben werden. Insgesamt wird das Trainingsprogramm in 15 übersichtliche Schritte unterteilt. In der nächsten Textbox werden diese im Überblick kurz dargestellt. Wer näheres Interesse an dem Konzept „Ich schaff´s" hat, findet in dem zugehörigen Buch [21] alle benötigen Informationen und kann auch Begleitmaterialen für das Kind (ein Kinder-Arbeitsbuch und Poster) erwerben.

Die 15 Schritte des „Ich schaff´s"-Programms
zitiert aus [21]

Schritt 1: Probleme in Fähigkeiten verwandeln
Finden Sie zunächst selbst heraus, welche Fähigkeit das Kind erlernen muss, um das Problem zu überwinden.

Schritt 2: Sich auf eine zu erlernende Fähigkeit einigen
Besprechen Sie sich mit dem Kind und einigen Sie sich mit ihm darüber, welche Fähigkeit es zuerst erlernen möchte.

Schritt 3: Den Nutzen der Fähigkeit herausfinden
Helfen Sie dem Kind dabei, zu erkennen, welche Vorteile es hat, diese Fähigkeit zu erlernen.

Schritt 4: Der Fähigkeit einen Namen geben
Fordern Sie das Kind auf, der Fähigkeit einen Namen zu geben.

Schritt 5: Eine Kraftfigur aussuchen
Lassen Sie das Kind ein Tier oder eine andere Figur auswählen, die ihm dabei helfen wird, die Fähigkeit zu erlernen.

Schritt 6: Helfer einladen
Veranlassen Sie das Kind, eine Reihe von Menschen dazu einzuladen, seine Helfer zu werden.

Schritt 7: Vertrauen aufbauen
Helfen Sie dem Kind dabei, Selbstvertrauen und Zuversicht aufzubauen, dass es die Fähigkeit erlernen wird.

Schritt 8: Die Feier planen
Planen Sie mit dem Kind schon frühzeitig, wie gefeiert werden soll, wenn es die Fähigkeit erlernt hat.

Schritt 9: Die Fähigkeit beschreiben
Bitten Sie das Kind, Ihnen zu beschreiben und zu zeigen, wie es sich verhalten wird, wenn es die Fähigkeit erlernt hat.

Schritt 10: Öffentlich machen
Informieren Sie die Menschen in seinem Umfeld darüber, welche Fähigkeit das Kind gerade erlernt.

Schritt 11: Die Fähigkeit üben
Einigen Sie sich mit dem Kind darüber, wie es die Fähigkeit üben wird.

Schritt 12: Erinnerungshilfen erfinden
Bitten Sie das Kind, Ihnen zu sagen, wie es möchte, dass die anderen reagieren, wenn es einmal seine Fähigkeit vergisst.

Schritt 13: Den Erfolg feiern
Wenn das Kind die Fähigkeit erlernt hat, ist es Zeit, zu feiern und ihm eine Gelegenheit zu geben, allen Menschen zu danken, die es dabei unterstützt haben.

Schritt 14: Die Fähigkeit an andere weitergeben
Ermutigen Sie das Kind dazu, die neue Fähigkeit einem anderen Kind beizubringen.

Schritt 15: Zur nächsten Fähigkeit übergehen
Einigen Sie sich mit dem Kind darüber, welche nächste Fähigkeit es erlernen möchte.

Fragen zur Vertiefung

Welche Schwierigkeiten hat mein Kind, und welche Fähigkeiten muss es noch erlernen, um diese Schwierigkeiten zu überwinden?

Welches ist die Fähigkeit, die mein Kind zuerst lernen sollte?

Welche Vorteile hätte mein Kind, wenn es diese Fähigkeiten erlernt?

Wer könnte das Kind beim Erlernen dieser Fähigkeit unterstützen?

Auf den Punkt gebracht:

Das Trainingsprogramm „Ich schaff´s" basiert auf dem Gedanken, dass Kinder eigentlich keine Probleme haben. Stattdessen werden die Schwierigkeiten, mit denen Kinder zu tun haben, als noch nicht ausgebildete Fähigkeiten angesehen. Wenn die Beteiligen gemeinsam die Fähigkeiten herausgefunden haben, die das Kind erlernen sollte, können alle anfangen, über Fähigkeiten zu sprechen anstatt über Probleme. Das ist für Kinder viel attraktiver und motivierender als die Vorstellung, Schwierigkeiten überwinden zu müssen.

8 Die Fünfte Säule: Starke soziale Ängste überwinden

Die Fünfte Säule gibt Informationen, Empfehlungen und Gedankenanstöße für Eltern von Kindern, die unter einer starken Schüchternheit und einer ausgeprägten sozialen Angst leiden. Wenn Ihr Kind nicht unter seiner Schüchternheit leidet und keine starken sozialen Ängste hat, können Sie dieses Kapitel überspringen und bei der Sechsten Säule weiterlesen.

8.1 Wie äußern sich starke soziale Ängste?

In Kapitel 2.4 wurde bereits dargestellt, was soziale Ängste sind, und dass es ein weites Spektrum von leichten bis zu schweren Sozialängsten gibt. In diesem Kapitel geht es um Kinder, die unter einer ausgeprägten sozialen Angst leiden und deren Lebensqualität dadurch deutlich beeinträchtigt ist. Die folgenden Ausführungen geben einen kurzen Überblick über häufige Kennzeichen von starken sozialen Ängsten. Die dargestellten Aspekte sind hierbei nicht als Diagnoseinstrument gedacht, sondern sollen einen ersten Überblick über die verschiedenen Facetten von sozialer Angst geben [3,4,17].

Selbstzweifel und negative Gedanken

Viele Kinder mit sozialer Angst haben ein negatives Bild von sich und grübeln über Gedanken wie beispielsweise *„Ich bin unattraktiv"*, *„Ich bin langweilig und blöd"*, *„Keiner mag mich"* oder *„Ich krieg' nichts auf die Reihe"*. Kinder mit sozialer Angst haben häufig das Gefühl, dass sie von außen bestimmt werden und selbst keinen Handlungsspielraum haben. Darum resignieren sie bei Konflikten oder Problemen schnell und haben keine Ideen, wie es weitergehen kann. Erschwerend kommt hinzu, dass sie oftmals davon ausgehen, dass andere es nicht gut mit ihnen meinen oder ihnen gegenüber sogar feindlich eingestellt sind.

Körperliche Symptome

Bei häufig erlebten bzw. starken Ängsten befindet sich der Körper sehr oft in Alarmbereitschaft. Dies kann zu Trägheit, Lustlosigkeit, Verspannungen, Reizbarkeit und Schlafstörungen führen. Darüber hinaus klagen Kinder mit ausgeprägter sozialer Angst, vor allem kleinere Kinder, oft über Bauch- oder Kopfschmerzen.

Kinder mit großen sozialen Ängsten, insbesondere ältere Kinder, können auch unter Panikattacken (Erleben von Intervallen intensivster Angst) leiden. Diese dauern meist mehrere Minuten und können mit verschiedenen Symptomen wie Kurzatmigkeit, Engegefühl oder Schmerzen im Brustkorb einhergehen.

Daneben gibt es zahlreiche Einzelsymptome wie Übelkeit, Erbrechen, Schwächegefühle, Würgegefühle, Schweißausbrüche und Zittern, die durch soziale Angst verursacht werden können.

Vermeidungsverhalten

Kinder mit starken sozialen Ängsten trauen sich häufig nicht, „nein" zu sagen, oder sie lassen sich von anderen dominieren. Im Zweifelsfall treten sie den Rückzug an und geben nach. Oftmals unterlassen sie aus Angst vor anderen Menschen Dinge, die ihnen eigentlich Spaß machen würden. Auch meiden sie häufig soziale Situationen wie beispielsweise Partys oder Sportveranstaltungen. Dementsprechend kann die soziale Angst dazu führen, dass die betroffenen Kinder keine Freunde oder nur einen Freund bzw. eine Freundin haben.

Wenn Kinder mit ausgeprägter sozialer Angst die Angst auslösenden Situationen nicht meiden können, z.B. beim Schulbesuch, zeigen sie heftige Reaktionen wie Weinen, Zornesausbrüche, Anklammern an die Bezugsperson oder ein Erstarren. Diese Reaktionen entstehen aus der starken Angst heraus und sind auf keinen Fall mit trotzigem Verhalten zu verwechseln. Das Kind reagiert so, weil es sich in tiefer seelischer Not befindet!

Ängstliches Verhalten in Schule und Kindergarten

Kinder mit starken sozialen Ängsten gehen ungern in die Schule oder in den Kindergarten. Ihnen fällt es schwer, vor der Gruppe etwas zu sagen, zu schreiben oder zu malen. In der Schule sind die mündlichen Leistungen durch die Ängste oft stark beeinträchtigt. Auch schriftliche Prüfungen sind oftmals Angst auslösend, so dass die Leistungen dort ebenfalls beeinträchtigt sind. Sie zeigen häufig auch nach einer mehrwöchigen Eingewöhnungszeit ein starkes Vermeidungsverhalten wie es oben beschrieben wird. Für diese Kinder ist es wichtig, dass die Eltern das Verhalten richtig interpretieren und verstehen, dass es sich um einen Ausdruck von tiefer Angst handelt. Im Extremverfall verweigern Kinder mit sehr starker sozialer Angst den Schulbesuch.

8.2 Geht starke soziale Angst „von alleine" wieder weg?

Die Psychologin Barbara Markway hat viel mit Kindern mit starker sozialer Angst gearbeitet und dabei die Erfahrung gemacht, dass sich ausgeprägte soziale Ängste in der Regel nicht von selbst „auswachsen". Spontane Besserungen sind eher selten. Für Eltern ist es hilfreich, zu verstehen, warum die sozialen Ängste meist bestehen bleiben und nicht im Zuge der weiteren Entwicklung „automatisch" wieder abklingen. Sie haben dann die Möglichkeit, ihr Kind zielgerichteter zu unterstützen, damit es möglichst bald wieder aus dieser Angstspirale herausfindet. Im Folgenden werden einige wesentliche Gründe kurz dargestellt [5,17].

Vermeidung erhält die soziale Angst aufrecht:

Bei Kindern mit starker sozialer Angst haben sich Flucht und Vermeidung als „erfolgreiche" Strategie bewährt, die stets aufs Neue wiederholt wird. Die Kinder lernen somit nicht, dass sie Situationen auch anders lösen können. Durch das ständige Vermeiden erfährt das Kind dann nur noch selten Erfolgserlebnisse. Das Selbstvertrauen sinkt weiter, und die Kinder fühlen sich noch stärker als Versager.

Ein weiterer Aspekt ist, dass das Kind wichtige soziale Kompetenzen nicht hinzulernen kann, wenn es über längere Zeit soziale Situationen vermeidet. Damit lernt es auch nicht, wie es anderen Menschen angstfrei begegnen und alternative Lösungen finden kann.

Wenn das Kind darüber hinaus für sein Vermeidungsverhalten belohnt wird, indem es z.B. getröstet wird oder ein Buch vorgelesen bekommt, hat das Kind gelernt, dass sich sein ausweichendes Verhalten lohnt. Das Vermeiden wird dann noch attraktiver, und die Angstspirale verfestigt sich.

Befürchtungen erhalten die soziale Angst aufrecht:

Kinder mit starker sozialer Angst machen sich schon lange vor Beginn der Angst auslösenden Situation Sorgen über mögliche Misserfolge. Sie haben sozusagen Angst vor der Angst und werden noch mehr gehemmt. Die Angst, die sie schon vorab entwickeln, kann zu starker körperlicher Anspannung und Alarmbereitschaft führen. Im Extremfall kann diese die Kinder vollständig blockieren.

Kinder mit starker sozialer Angst entwickeln aufgrund ihrer Befürchtungen oft kontraproduktive Abwehrstrategien. Diese sollen einen befürchteten Misserfolg abwenden. Meistens wird jedoch das Gegenteil erreicht. Sie sprechen beispielsweise leise und undeutlich vor der Klasse, um nicht aufzufallen. Der Lehrer versteht sie jedoch nicht und muss nachfragen, und von den Mitschülern werden sie wegen dieses Verhaltens auch noch ausgelacht.

Falsche Denkmuster verstärken die soziale Angst:

Die negativen und selbstabwertenden Gedanken, die meist mit sozialer Angst einhergehen, werden durch die erlebten Misserfolge verstärkt. Wenn Kinder mit Sozialangst einen Fehlschlag erleiden, fühlen sie sich in ihrer negativen Weltsicht bestätigt. Sozial ängstliche Kinder gehen darüber hinaus davon aus, dass andere sie negativ beurteilen. Wenn sie dann auf Grund ihres gehemmten Verhaltens Ablehnung erfahren, sehen sie diese Grundannahme aufs Neue bestätigt.

Sozial ängstliche Kinder richten ihre Aufmerksamkeit auch übermäßig auf Anzeichen für negative Reaktionen anderer und überinterpretieren das Wahrgenommene. Somit sehen sie negative Bewertungen und Reaktionen auch dort, wo in Wirklichkeit gar keine bestehen.

Reaktionen von außen können die soziale Angst aufrecht erhalten:

Sozial ängstliche Kinder verhalten sich anderen gegenüber oft sehr zurückhaltend und distanziert. Auf andere kann dieses Verhalten schroff und abweisend wirken und deshalb zu entsprechend negativen Gegenreaktionen führen.

Im Laufe der Zeit kann es auch passieren, dass das sehr stark zurückgezogene Kind in der Schule oder in anderen Gruppen als Außenseiter eingestuft wird. Andere Kinder gehen beispielsweise davon aus, dass das Kind sowieso wieder absagen und nicht zur Geburtsfeier kommen wird, und dass es sich deswegen gar nicht mehr lohnt, es einzuladen. Das Kind hat dann den Ruf erworben, sehr zurückhaltend, schweigsam und einzelgängerisch zu sein. Für das Kind ist es nicht einfach, sich anders – mutiger und offener – zu verhalten, wenn andere sich bereits ein festes Bild von ihm gemacht haben.

Eltern von stark sozial ängstlichen Kindern verstärken manchmal unbewusst, und ohne es zu wollen, diese Entwicklung. Sie erwarten meist im Voraus, dass ihr Kind sich in Schule, Kindergarten oder an anderen Orten unwohl fühlen wird. Wenn sie deshalb dem Kind allzu viel gut zureden oder überzogene Abschiedsrituale machen, wird das Kind in seiner Befürchtung bestätigt, dass alles schlimm und unangenehm werden wird, und es wird noch ängstlicher reagieren.

Viele Gedankenanstöße in den anderen fünf Säulen beschäftigen sich mit den vorgenannten, Angst erhaltenden Faktoren und zeigen Ideen zur Unterstützung durch die Eltern auf. Zugleich ist es von großer Bedeutung, dass sich die Eltern bei ausgeprägter sozialer Angst des Kindes zusätzlich externen professionellen Rat holen. Gerade weil eine starke soziale Angst sich meistens nicht von allein auswächst, ist es sowohl für das Kind, als auch für die Eltern sehr hilfreich, wenn das Kind möglichst frühzeitig eine fachkundige Unterstützung erhält. Die Psychologin Markway weist in diesem Zusammenhang darauf hin, dass das „Verlernen" der Angst umso schwieriger wird, je länger die Ängste schon bestehen. Eltern sollten deswegen nicht zu lange warten, bis sie Hilfsangebote wahrnehmen. Es gibt viele professionelle Unterstützungsangebote und viele äußerst erfolgreiche Methoden, mit denen Kinder lernen, ihre Angst wieder abzulegen. Eine wichtige Aufgabe der Eltern ist es, die Kinder hier nicht alleine zu lassen und ihnen den Zugang zu fachlich kompetenter Unterstützung zu ermöglichen.

8.3 Besondere Ursprünge von sozialen Ängsten

Es gibt Kinder mit ausgeprägten sozialen Ängsten, deren Angst nicht primär als eine Folge von starker Schüchternheit angesehen werden kann. Die betroffenen Kinder benötigen eine besondere Unterstützung, die ihren Bedürfnissen gerecht wird. Im Rahmen dieses Buches kann nicht auf das gesamte weite Spektrum von sozialen Angststörungen und deren Ursachen detailliert eingegangen werden. Es wird darum nur ein kurzer Überblick gegeben, in welchen anderen Bereichen soziale Ängste noch entstehen können. Damit sollen betroffene Eltern angeregt werden, in verschiedene Richtungen zu schauen, damit ihr Kind die Hilfe erhält, die es braucht.

Hör- und Sehschwächen

Wenn ein Kind nicht gut sieht oder hört, bemerken Eltern dies oft erst sehr spät. Kleinkinder zeigen durch ihr Verhalten häufig nicht, ob sie eine Seh- oder Hörschwäche haben und kompensieren diese so gut sie können. Dennoch schränkt es die Kinder ein, wenn sie Gesagtes nicht oder nur teilweise verstehen, oder wenn sie ihre Umwelt nur eingeschränkt oder verschwommen sehen. Die damit verbundene Unsicherheit kann Schüchternheit auslösen oder vorhandene Schüchternheit vergrößern. Eltern sollten bei ängstlichen Kindern darum frühzeitig ärztlich abklären, ob ihr Kind ein ausreichendes Hör- oder Sehvermögen besitzt. Wenn das Kind gute Augen und gute Ohren hat und sich dennoch beeinträchtigt zeigt, kann auch eine Wahrnehmungsstörung vorliegen. Hierbei werden die akustischen oder optischen Signale vom Gehirn trotz guter Augen oder Ohren nicht richtig verarbeitet.

ADS

Es gibt Kinder, die sehr ruhig, verträumt und „brav" wirken. Zugleich fällt es ihnen sehr schwer, sich auf etwas zu konzentrieren, was sie im Augenblick nicht interessiert. In der Schulmedizin wird dieses Verhalten als ADS (Aufmerksamkeitsdefizitstörung) bezeichnet. ADS-Kinder, die nicht zugleich hyperaktiv sind, werden auch hypoaktiv genannt. Der Begriff „hypo" steht hierbei für niedrig bzw. gering. Bei Verunsicherung und niedrigem Selbstwertgefühl neigen diese Kinder dazu, sich zurückzuziehen, ängstliches Verhalten zu entwickeln und nur schwer Freundschaften zu schließen.

Es gibt kontroverse Diskussionen darüber, ob dieses Verhalten überhaupt als Störung angesehen werden kann, oder ob das Problem vielmehr darin liegt, dass kindliches Verhalten, das nicht „normgerecht" ist, vorschnell als Krankheit oder Entwicklungsstörung abgestempelt wird. Diese Diskussion soll an dieser Stelle nicht geführt werden, weil sie den Rahmen dieses Buches bei weitem überschreiten würde.

Unabhängig von der Interpretation der Ursachen des verträumten Verhaltens gilt jedoch, dass diese Kinder oft weniger Unterstützung erhalten als die Gruppe der Kinder mit Aufmerksamkeitsschwierigkeiten, die gleichzeitig durch hyperaktives Verhalten auffallen. Die hypoaktiven Kinder benötigen so früh wie möglich intensive Unterstützung, weil viele dieser Kinder stark leiden, und das Leiden von außen oft nicht gesehen wird. In einigen Aspekten brauchen diese Kinder eine ganz andere Förderung als schüchterne Menschen, die keine Schwierigkeiten mit der Fokussierung der Aufmerksamkeit besitzen. Für diese spezielle Problematik gibt es für interessierte Leser Literaturempfehlungen am Ende des Buches.

Andere Ängste und traumatische Erfahrungen

Manchmal ist die soziale Angst auch eine Folge von anderen vorangegangenen Ängsten oder traumatischen Erlebnissen. Es gibt beispielsweise Kinder mit einer sehr ausgeprägten Trennungsangst (Angst vor der Trennung von den Eltern) oder Kinder, die vor vielen unterschiedlichen Dingen und Situationen Angst haben (generalisierte Angst) und öfters Panikattacken erleiden. Kinder, die traumatische Erfahrungen gemacht haben (z.B. ein Unfall, der Tod von Nahestehenden, Erfahrungen des Verlassen-Werdens, Gewalt und Missbrauch), können in der Folge ebenfalls verschiedene Ängste entwickeln. Das weite Spektrum der Angststörungen erfordert deshalb fachkundigen Rat und professionelle Hilfe für das Kind. Es gibt dankenswerterweise viele gute Therapieansätze zur Bewältigung von Ängsten. Eltern sollten sich nicht scheuen, ihr Kind davon profitieren zu lassen!

Asperger Syndrom

Kinder mit dem sogenannten Asperger Syndrom wirken meistens emotional distanziert und haben kaum altersgemäße Freundschaften zu anderen Kindern. Häufig besitzen sie eine monotone Sprechweise oder eine außergewöhnliche Wortwahl und sind motorisch ungeschickt. Die betroffenen Kinder haben auf Grund einer neurologisch bedingten andersartigen Wahrnehmung Schwierigkeiten, die Mimik anderer Menschen zu interpretieren und die Gefühle anderer zu verstehen. Ihr Verhalten kann sehr schüchtern wirken, und Menschen mit Asperger Syndrom berichten auch von großen sozialen Ängsten. Am Ende des Buches befinden sich hierzu zwei Literaturempfehlungen.

8.4 Kompetente Beratung

Es ist für Eltern meistens schwierig einzuschätzen, wie gravierend die sozialen Ängste ihre Kindes sind und ob das Kind eine professionelle Unterstützung braucht. Hier kommt erschwerend hinzu, dass es ein fester und unvermeidlicher Teil der kindlichen Entwicklung ist, bestimmte Ängste zu durchleben und schließlich zu überwinden. Die Übergänge von angemessenen und unangemessenen Ängsten sind jedoch fließend, so dass Eltern nicht von vornherein unterscheiden können, welche Angst zur jeweiligen Entwicklungsphase dazugehört und welche Angst eine krankhafte Angst darstellt. Im Gegensatz zu Fachleuten, die bereits mit vielen verschiedenen Kindern gearbeitet haben, fehlt Eltern der Überblick über das weite Spektrum möglicher kindlicher Entwicklungswege. Darum sollten sie bei Zweifeln nicht zögern, fachlichen Rat einzuholen. Der Familienberater Jan-Uwe Rogge [6] hält das Hinzuziehen einer fachkundigen Meinung für unabdingbar, wenn

→ die Ängste so intensiv sind, dass ein Kind sie mit den ihm zur Verfügung stehenden Mitteln nicht bewältigen kann,

→ der Angstzustand die kindliche Reifung und Entwicklung nicht zulässt, weil das Kind sich in seiner Angst verliert oder

→ ein Kind zwanghaft seine Angst bewältigt, ohne sie wirklich abzuarbeiten.

Ein weiteres Alarmsignal für unangemessen starke Ängste sind häufige körperliche Symptome. Jan-Uwe Rogge macht darauf aufmerksam, dass sich Ängste auch durch ständig auftretende Krankheiten äußern können, z.B. Kopf- und Bauchschmerzen, Durchfall, Allergien, verstopfte Nase und Ohren sowie Hals- und Bronchialerkrankungen. Medikamente schaffen in diesem Fall nur kurz Erleichterung, weil die Ursachen der Angst weiterhin bestehen und die Symptome nach dem Absetzen der Medikamente oftmals schnell wieder auftreten.

Zusammenfassend kann gesagt werden, dass Eltern fachkundigen Rat einholen sollten, wenn sie den Eindruck haben, dass ihr Kind unter der sozialen Angst leidet, dass die Ängste weite Teile des Alltags überschatten, dass ihr Kind mit den Ängsten überfordert ist oder dass ihr Kind sehr häufig körperliche Krankheitssymptome zeigt, die von starker Angst herrühren können. Bedenken sollten die Eltern dabei auch: Einen Rat einzuholen ist erst der allererste Schritt – und dieser erste Schritt ist noch weit von einer Therapie entfernt!

Für einen ersten Rat kommen verschiedene Ansprechpartner in Frage:

→ Eltern können den Kinderarzt aufsuchen, wenn sie das Gefühl haben, dass ihr Kinderarzt ein gutes Einfühlungsvermögen in das kindliche Seelenleben hat.

→ Eine weitere geeignete Anlaufstelle für ein Gespräch sind Familienberatungsstellen.

→ Wenn es am Wohnort Pädagogen oder Psychologen gibt, die Gruppentrainings für sozial ängstliche Kinder anbieten, wäre hier ein Erstgespräch sehr hilfreich.

→ Systemische Familienberater betrachten gemeinsam mit den Familien nicht ein einzelnes Familienmitglied isoliert, sondern betrachten jeden Menschen in Beziehung zu den anderen Familienmitgliedern. Da ihr Blick zudem stark nach vorn auf mögliche Lösungen ausgerichtet ist, sind die Beratungen häufig sehr effektiv und auf wenige Treffen beschränkt. Ein Erstgespräch kann bereits erste Impulse und eine wertvolle Orientierung geben.

→ Eine gute Anlaufstelle ist sicherlich auch eine Selbsthilfegruppe für Eltern von sozial ängstlichen Kindern, sofern es eine solche vor Ort gibt.

Die gute Nachricht zur Bewältigung von sozialen Ängsten ist, dass krankhafte Ängste kein unabänderliches Schicksal darstellen, sondern mit fachlicher Unterstützung überwindbar sind. Es gibt inzwischen eine Vielzahl von Methoden, die Psychologen entwickelt haben, um sowohl Erwachsenen, als auch Kindern wirksam dabei zu helfen, ihre unangemessenen und krankmachenden Ängste zu bewältigen. Deren Überwindung kann den Kindern sogar Kraft geben und ihr Selbstwertgefühl und Selbstvertrauen stärken, genauso wie es bei der Überwindung von entwicklungsbedingten Ängsten regelmäßig geschieht. Wenn Eltern sich über die Ausprägungen von kindlichen sozialen Angststörungen und ihre Behandlungsmöglichkeiten näher informieren möchten, finden sie einen guten Überblick in dem Buch der Psychologin Barbara Markway [17]. Sie zeigt anhand von Beispielen, wie Kinder mit großen sozialen Ängsten mit fachlicher Unterstützung diese Ängste wieder ablegen konnten. Soziale Ängste sind erlernt und können wieder „verlernt" werden!

Wenn Eltern sich dazu entschließen, eine Beratung aufzusuchen, sollten sie dabei immer im Blick behalten, dass sie selbst weitaus mehr von ihrer Familie wissen als die sogenannten Experten. Wenn die Familie nicht offen von sich erzählt, kann der Ansprechpartner sie auch nicht wirksam unterstützen. Wenn die Eltern sich dem Berater gegenüber aber öffnen und ihm durch ihre Schilderungen viele Einblicke in das tägliche Familienleben verschaffen, kann sich ein sehr fruchtbarer Austausch entwickeln. Die Lösung entwickelt die Familie dann letztlich selbst. Der Beitrag eines guten Beraters besteht in erster Linie darin, die Familienmitglieder durch seine Fragen und das Einbringen neuer Sichtweisen zu einem Perspektivwechsel anzuregen. Wie sich die konkrete Umsetzung – aus einer neuen Perspektive gesehen - dann realisieren lässt, weiß die Familie dann – fast immer – selbst am besten.

8.5 Gruppentraining und Einzeltherapie

Wenn sich als Ergebnis einer Erstberatung herausstellen sollte, dass für ein Kind eine therapeutische Begleitung eine große Hilfe sein kann, steht die Entscheidung im Raum, ob ein Gruppentraining oder eine Einzeltherapie gewählt werden soll. Bei den meisten Gruppentrainings treffen sich mehrere Kinder in regelmäßigen Abständen, lernen Strategien zur Angstbewältigung und zum Umgang mit negativen Gedanken, üben soziale Fähigkeiten ein, trainieren das Erlernte im Alltag und erhalten viel Lob und Anerkennung für jeden kleinen Erfolg. Meist umfasst ein Gruppentraining rund zehn Treffen und ist damit sehr überschaubar. Einen Überblick über mögliche Inhalte gibt die nachfolgende Zusammenstellung von Übungseinheiten verschiedener Trainingsprogramme für sozial ängstliche und sozial unsichere Kinder.

Was wird in Gruppentrainings für sozial unsichere Kinder geübt?

→ laut und deutlich sprechen

→ den anderen beim Sprechen anschauen

→ ein anderes Kind zum Spielen einladen

→ ein anderes Kind ansprechen / ein Gespräch anfangen

→ „nein" sagen

→ Wünsche äußern

→ eine berechtigte Forderung durchsetzen

→ sich nach dem Weg erkundigen

→ sich ohne Gewalt gegen Hänseleien wehren

→ alleine einkaufen

→ vor der Gruppe eine kleine Rede halten

→ Entspannungstechniken lernen

→ eigene Gefühle und Gefühle anderer verstehen

→ andere loben oder ihnen ein Kompliment machen

→ Situationen aus dem Alltag bewältigen

Die Psychologin Siebke Stieler-Melfsen hat die Wirksamkeit von Einzel- und Gruppentrainings bei sozialer Ängstlichkeit untersucht [1]. Sie kommt dabei zu dem Schluss, dass beide Formen wirksam sind. Hierbei ergänzt sie, dass bei stark ängstlichen Kindern ein Einzeltraining sinnvoller sein kann, da es individueller auf das Kind zugeschnitten wird. Die möglicherweise Angst auslösende Gruppensituation wird im Einzeltraining vorerst ausgeblendet, was sehr ängstlichen Kindern den Einstieg erleichtern kann. Im Gruppentraining wiederum kann die Gruppe den Einzelnen unterstützen bzw. Teil des Trainings sein. Weiterhin haben die Untersuchungen gezeigt, dass besonders 7-10-jährige Kinder davon profitieren, wenn ihre Familien miteinbezogen werden. Es werden dann begleitend zum Kindertraining Elternabende und Elterngespräche durchgeführt. Deren Ziel ist, dass die Eltern mit den Inhalten des Trainingsprogramms vertraut werden und Gedankenanstöße erhalten, wie sie ihr Kind begleitend zum Trainingsprogramm unterstützen können. Letztlich geht es darum, dass alle Beteiligen – die Kinder, die Eltern und die Therapeuten - an einem Strang ziehen.

Für das Einzeltraining bzw. die Einzeltherapie gibt es verschiedene Therapieformen, in denen mit dem Kind bzw. mit dem Kind und der Familie gearbeitet wird. Im Folgenden werden die wichtigsten Therapieansätze kurz vorgestellt:

Systemische Familienberatung und -therapie

In der systemischen Familientherapie wird nicht ein Familienmitglied isoliert betrachtet, sondern es wird immer das gesamte Beziehungsgeflecht gesehen. Wenn die Familienbalance gestört ist, sind es meist die Kinder, die Verhaltensauffälligkeiten zeigen und somit auf Störungen im System verweisen. Bei Schwierigkeiten eines Kindes werden daher im gemeinsamen Gespräch auch die Geschwisterkonstellation, die Beziehungen der Kinder zu den Eltern, die Beziehung der Eltern zueinander und die Gestaltung des Familienlebens betrachtet. Die Therapeuten helfen der Familie herauszuarbeiten, was aus Sicht aller Familienmitglieder aktuell nicht wünschenswert ist und wie eine Lösung aussehen könnte. Das Ziel ist die Wiederherstellung einer guten Balance der Bedürfnisse und Wünsche aller Familienmitglieder. Meist sind nur wenige Sitzungen (zwischen 3 und 10) erforderlich, bis die Familie für sich gute Lösungsansätze gefunden hat.

Verhaltenstherapie

In der Verhaltenstherapie wird daran gearbeitet, problematisches Verhalten bewusst zu machen und Verhaltensänderungen über Lernprozesse zu erreichen. Diese Lernprozesse werden in der Therapie angestoßen. Ein Element der Verhaltenstherapie ist das Bearbeiten von negativen Gedanken. Die grundlegende Vorgehensweise wird als Selbsthilfemethode auch in Kapitel 6.1 (Vom Pessimisten zum Optimisten) und in Kapitel 9.6. (Das Verändern von negativen Gedanken und Gefühlen) vorgestellt. Viele Angst auslösende, automatisch ablaufende Gedanken können durch das Hinterfragen ihres Wahrheitsgehaltes durch angemessene und weniger ängstigende Gedanken ersetzt werden. Darüber hinaus gibt es in der Verhaltenstherapie Methoden der „Desensibilisierung", in denen das Kind schrittweise lernt, mit Angst auslösenden Situationen umzugehen. Ein weiteres Element der Verhaltenstherapie können Rollenspiele sein, in denen reale Situationen nachgespielt werden und in denen neue Verhaltensweisen eingeübt werden. Viele Bausteine der Verhaltenstherapie finden sich auch in den oben vorgestellten Gruppentrainings wieder.

Tiefenpsychologische und psychoanalytische Therapieformen

Bei diesen Therapieformen wird davon ausgegangen, dass die Schwierigkeiten des Kindes ihre Ursache in vergangenen und nicht bewältigten Erlebnissen, Konflikten oder Spannungen haben, an die das betroffene Kind sich nicht bewusst erinnern kann. Diese „Spurensuche" und die Bewusstmachung dieser Konflikte können je nach Umfang und Tiefe zahlreiche Sitzungen beanspruchen, jedoch gibt es inzwischen auch tiefenpsychologische Therapieformen mit kürzerer Dauer.

Spieltherapie

Im Mittelpunkt steht das therapeutische Spielen und Gestalten. Kinder können hier in Begleitung von Therapeuten ihre Ängste aufarbeiten und neue Sichtweisen entwickeln. Zu beachten ist, dass auch die anderen Therapieformen bei Bedarf das Spiel einsetzen. Ebenso greift der Spieltherapeut auf Grundannahmen und Methoden aus den anderen Therapieformen zurück.

Hypnosetherapie

In der Kinderhypnosetherapie wird mit Geschichten, Phantasiereisen, Rollenspielen und Imaginationsreisen gearbeitet. Das Kind entspannt sich dabei und lenkt seine Aufmerksamkeit auf innere Bilder oder innere „Filme". Dabei werden in großem Maße die Selbstheilungskräfte, die überwiegend im Unbewussten wirken, angeregt und aktiviert.

In der Praxis weisen die verschiedenen Therapieformen trotz ihrer unterschiedlichen Entstehungsgeschichten und Grundannahmen einige Ähnlichkeiten auf. Die verschiedenen Therapieschulen haben in den vergangenen Jahrzehnten einiges voneinander gelernt, so dass viele Therapeuten in der täglichen Anwendung mit Elementen unterschiedlicher Therapieformen arbeiten.

Grundsätzlich gilt für alle Therapieformen: Eine positive Beziehung zwischen Therapeut und Kind ist außerordentlich wichtig und mitentscheidend für den Therapieerfolg. Bereits im Erstgespräch bzw. in den nachfolgenden Sitzungen wird sich zeigen, ob Kind und Therapeut zueinander passen. Wenn das Kind dem Therapeuten auch nach ein paar Sitzungen gar keine Sympathie entgegenbringt und nicht zur Kooperation bereit ist, sollten die Eltern einen Therapeutenwechsel erwägen.

Auf einen letzten, wichtigen Punkt sei noch einmal hingewiesen: Das Kind braucht für Veränderungen Zeit! Es ist die Aufgabe der Eltern, den Therapieprozess mit Geduld und Zuversicht zu begleiten und allen Druck herauszunehmen. Denn die soziale Angst hat sich vermutlich über Jahre hinweg langsam aufgebaut. Gleichermaßen entwickelt ein Kind nicht von heute auf morgen ein besseres Selbstgefühl, ein gesteigertes Selbstvertrauen oder eine höhere soziale Kompetenz. Stattdessen findet die Entwicklung meist in langsamen und kleinen Schritten statt. Die Eltern sollten ihren Blick nicht auf das Tempo richten, sondern vielmehr darauf, dass bereits viele andere Kinder es geschafft haben, ihre soziale Angst abzubauen. Mit der Unterstützung der Eltern und gegebenenfalls therapeutischer Begleitung wird auch Ihr Kind diesen Weg gehen können.

9 Die Sechste Säule: Wie Eltern mit ihren Kindern wachsen

Die Erziehung von Kindern ist eine große Aufgabe. Sie fordert die Eltern in hohem Maße heraus und bringt sie immer wieder an ihre Grenzen hinsichtlich ihrer Kraft, Geduld und Toleranz. Dies gilt auch für Eltern von schüchternen Kindern. Sie werden im Gegensatz zu anderen Eltern zwar weniger mit Konflikten konfrontiert, bei denen es um die Themen Aggression und Grenzüberschreitung geht. Dafür benötigen Eltern von stark schüchternen Kindern aber viel Ausdauer, Geduld und Einfühlungsvermögen im Umgang mit der Anhänglichkeit, Ängstlichkeit oder Empfindsamkeit ihrer Kinder.

Die vielen Empfehlungen in den ersten Fünf Säulen haben vielleicht bei manchem Leser ein Gefühl der Überforderung ausgelöst. Es sind so viele Aspekte, die bei der Begleitung der Kinder eine Rolle spielen. Und schließlich: Welche Eltern haben denn die hoch entwickelte Persönlichkeit und notwendige Präsenz, um 24 Stunden am Tag die Grundhaltungen der Annahme, der Akzeptanz, des Respekts, der Wertschätzung, der Geduld und der Toleranz umsetzen und leben zu können? Die Antwort liegt auf der Hand: Die perfekten Eltern, die die beschriebenen Grundhaltungen vollständig in ihr Denken, Fühlen und Handeln integriert haben, gibt es nicht. Es gibt nur Eltern, die Tag für Tag immer wieder aufs Neue Fehler machen. Das ist jedoch kein Grund, sich entmutigen zu lassen. Denn wir alle – Eltern und Kinder – befinden uns in Entwicklungs- und Wachstumsprozessen und sind keine „fertigen" oder perfekten Menschen.

Das Zusammenleben mit Kindern und unsere Fehler bei deren Begleitung geben uns viele Möglichkeiten zur eigenen Entwicklung und zum eigenen seelischen Wachstum. Wenn Eltern diese Chance wahrnehmen und bereit sind, gemeinsam mit den Kindern zu wachsen, wirkt sich dies sehr positiv auf die gesamte Familie aus. Es sind dann nicht mehr nur die Kinder, die lernen und sich in einer von den Eltern gewünschten Art und Weise entwickeln sollen. Stattdessen befindet sich die ganze Familie auf einer Reise in neue und unbekannte Gefilde. Dieses Kapitel soll Anregungen und Impulse für diese Reise geben. Es will ermutigen und Neugierde wecken, um immer wieder neue Sichtweisen zu entdecken und einen konstruktiven Umgang mit den eigenen Fehlern und Unzulänglichkeiten zu finden.

9.1 Probier's mal anders!

Menschen haben die Angewohnheit, sich in ihrer gewohnten Umgebung mit wiederkehrenden täglichen Abläufen dauerhaft einzurichten. Vieles gehört zu diesem Alltag dazu, ohne dass es bewusst wahrgenommen wird, weil es „schon immer" so war. Viele Menschen denken stets auf die gleiche Art und Weise, suchen immer wieder in derselben Richtung nach Lösungen und handeln in ähnlichen Mustern, auch wenn die alten Verhaltensweisen nicht erfolgreich waren.

Auch im Familienalltag gibt es immer wieder kleine und größere Konflikte, die sich täglich wiederholen, zur Gewohnheit werden und den Alltag freudlos und anstrengend machen können. Ich möchte Sie einladen, in Gedanken einmal Ihren Alltag zu durchwandern. Gibt es vielleicht jeden Morgen Ärger, weil die Kinder trödeln? Oder gibt es regelmäßig beim Essen Streit, weil die Kinder nicht so essen, wie die Eltern es wünschen? Reagieren Sie als Eltern meistens ähnlich, z.B. mit Mahnungen oder Schimpfen? Vor lauter Alltag und Gewohnheit kommen wir meist gar nicht auf die Idee, dass es auch anders laufen könnte und dass wir die Dinge ganz anders angehen könnten. Der Schlüssel zu Veränderungen liegt darin, dass die Eltern „aufwachen" und sich bewusst werden, dass die Familie sich aufs Neue in einer Wiederholungsschleife befindet, die sie wieder und wieder durchläuft. Das klingt sehr einfach, und dennoch fehlt im Alltag oft aus Gewohnheit, durch Stress oder aus anderen Gründen der freie Blick, um solche immer wiederkehrenden unbefriedigenden Handlungsabläufe zu erkennen.

Wenn die Eltern sich einmal darüber klar geworden sind, dass die Familie kurz davor steht, die gleiche Konfliktsituation gewohnheitsmäßig zum wiederholten Mal zu durchleben und erneut auf die gleiche Art und Weise anzugehen, ist der nächste Schritt vergleichsweise leicht und kann auch Spaß machen: die Suche nach kreativen Alternativen. In vielen Fällen kann die Lösung ganz einfach sein. Lassen Sie z.B. ein trödelndes Kind mal im Schlafanzug in den Kindergarten oder in die Schule gehen, wenn es sich nicht rechtzeitig anzieht. Oder schenken Sie den Kindern einen

Wecker, so dass sie selbst Verantwortung übernehmen können. Manchmal helfen auch kleine Umstellungen des Tagesablaufs, wie das folgende Fallbeispiel zeigt.

Fallbeispiel
Die Kinder der Familie Rohrbach fangen regelmäßig beim Abendessen an zu streiten oder zu quengeln. Nachdem dies über Wochen so stattgefunden hat, beschließt die Mutter, im Sommer das Abendessen ganz anders zu gestalten. Fortan schmiert sie am späten Nachmittag Butterbrote, die die Kinder im Hof essen. Dafür fällt das Abendessen am Esstisch im Haus aus. Die Kinder sind begeistert und die Eltern erleichtert, dass die Kämpfe am Abendbrottisch nun entfallen.

Lassen Sie Ihrer Phantasie und Kreativität freien Raum bei der Suche nach alternativen Verhaltensweisen. Oft können auch ganz „verrückte" unerwartete Handlungsweisen und Reaktionen der Eltern Bewegung in die Familie bringen.

Auch bei „großen" Schwierigkeiten kann der Schlüssel darin liegen, etwas einfach ganz anders zu tun. Der Familientherapeut Bill O'Hanlon formuliert es folgendermaßen [22]: „Das wichtigste Prinzip ist sehr pragmatisch: Wenn das, was Sie tun, nicht funktioniert, tun Sie etwas anderes!" Ihn selbst hat dieses Prinzip gerettet, als er selbstmordgefährdet und depressiv war. Er hat seine gewohnten Problemmuster verändert und trotz traumatischen Kindheitserfahrungen selbst aus ihnen herausgefunden, ohne jahrelange Therapie. In seinem interessanten Buch „Probier's mal anders" schildert er zahlreiche Beispiele von Klienten, die durch Veränderungen ihre Probleme überwunden haben.

Fragen zur Vertiefung

Welche unbefriedigenden, immer wiederkehrenden Abläufe sind Teil meines Familienalltags?

In welchen wiederkehrenden Situationen ermahne ich mein Kind immer wieder, und doch ändert sich nichts?

Welche Ideen fallen mir ein, wie ich die unbefriedigenden Situationen zukünftig anders angehen kann? Gibt es vielleicht originelle Alternativen zu dem ständigen Mahnen und Schimpfen?

Gibt es persönliche Schwierigkeiten von mir selbst, die ich mal ganz anders angehen möchte?

> **Auf den Punkt gebracht:**
> Probier's mal anders! Mit diesem Motto können Konflikte ganz anders als gewohnt angegangen werden. Meistens versuchen wir es stattdessen immer mit dem gleichen Mittel: Die Kinder werden immer wieder aufs Neue ermahnt, die Eltern drängen jeden Morgen immer wieder zur Eile – und am nächsten Tag wird es wieder genauso sein. Häufig merken wir gar nicht, dass sich die gleichen unbefriedigenden Abläufe immer und immer wieder aufs Neue abspielen. Darum ist der erste Schritt, sich dieser endlosen Wiederholungsschleifen bewusst zu werden. Wenn dies geschehen ist, fällt die Suche nach einer Alternative oft vergleichsweise leicht. Auch große Probleme oder Lebenskrisen können mit dem Ansatz „Probier's mal anders!" eine kraftvolle Wendung erhalten.

9.2 Ohne Fehler geht es nicht

Wer sich für ein Kind entscheidet, gerät damit unausweichlich in die Situation, täglich viele Fehler zu machen. Denn Eltern zu sein und Kinder zu erziehen, ist eine gewaltige Aufgabe. Niemand kann diese Aufgabe ohne Fehler bewältigen. Ein erster Schritt zum konstruktiven Umgang mit diesen Fehlern ist es, zu akzeptieren, nicht perfekt zu sein.

Fehler dürfen sein. Es ist sinnlos, sich ihretwegen mit Schuldgefühlen zu quälen. Denn Schuldgefühle lähmen, drücken stark auf die Stimmung und erzeugen damit noch mehr Leid. Das bedeutet nicht, dass uns Fehler egal sein sollen. Das Gegenteil ist der Fall: Es geht darum, für die Fehler Verantwortung zu übernehmen, sie zu bedauern, sich zu entschuldigen, daraus zu lernen und beim nächsten Mal anders zu handeln. Wenn möglich, sollten Eltern einen Fehler auch wieder gutmachen. Dabei kann das Kind einiges von ihnen lernen. Wenn sie verantwortungsvoll, jedoch ohne lähmende Schuldgefühle mit ihren Fehlern umgehen, lernt das Kind u.a:

→ Fehler dürfen sein und gehören zum Leben dazu.

→ Es ist nicht peinlich, sich zu entschuldigen. Im Gegenteil: Wer sich entschuldigt, verdient Respekt!

→ Entschuldigungen verändern die Familienatmosphäre und stellen wirkungsvoll den respektvollen und harmonischen Umgang miteinander wieder her.

→ Jeder macht Fehler, und es gehört dazu, die Verantwortung dafür zu übernehmen und zu den eigenen Fehlern zu stehen.

→ Aus Fehlern können wir lernen und es beim nächsten Mal anders versuchen.

Zu bedenken ist auch, dass Kinder gar keine perfekten Eltern wollen. Kinder wollen menschliche Eltern und keine „Heiligen", in deren Gegenwart sie sich ständig unterlegen fühlen. Kinder wollen auch einmal erleben, dass ihre Eltern etwas falsch machen, dann haben sie als Kinder auch nicht den Druck, immer alles richtig machen zu müssen. Wenn die Grundpfeiler der Eltern-Kind-Beziehung auf Liebe und gegenseitigem Respekt beruhen, sind Kinder gut in der Lage, mit elterlichen Fehlern umzugehen und daran zu wachsen. Denn Kinder sind nicht einfach ein „Produkt" der elterlichen Erziehung. Stattdessen sind sie eigenständige Menschen, die die nötigen Fähigkeiten haben, um mit Schwierigkeiten und Hindernissen umzugehen und dabei in ihrer Entwicklung einen Schritt weiter zu gehen. Wer an die Elternschaft mit sehr viel Perfektionismus herangeht, kann mit vielen kleinen Schritten versuchen, den überhöhten Anspruch gegen mehr Vertrauen in die Fähigkeiten des Kindes einzutauschen. Dies gilt auch für Eltern von Kindern mit starken sozialen Ängsten. Auch diese Kinder tragen große Ressourcen und Stärken in sich, die sie teilweise erst noch entdecken müssen. Die Unterstützung dieser Kinder besteht in erster Linie nicht darin, ihnen etwas beizubringen. Stattdessen geht es darum, sie so zu unterstützen, dass sie ihre eigenen Stärken und Fähigkeiten entdecken und umsetzen.

Eine große Hilfe im Umgang mit Fehlern ist auch das Lachen. Der Familienberater Jan-Uwe Rogge formuliert es folgendermaßen [23]: „Im Lachen akzeptiert man seine Fehler, seine kleinen und großen Schwächen, im Lachen bekennt man sich zu seiner Unvollkommenheit, im Lachen wird man geerdet."

Nicht allen Eltern gelingt es, sich nicht in den Sog der Schuldfragen hineinziehen zu lassen und ab und zu einmal herzlich über sich selbst zu lachen. Manche Eltern haben stattdessen ein nahezu chronisches schlechtes Gewissen. Das nächste Kapitel widmet sich diesem Thema und macht Mut, hinter die Kulisse des schlechten Gewissens zu schauen und sich die dahinterliegenden Mechanismen bewusst zu machen.

Fragen zur Vertiefung

Fragen Sie mal Ihr Kind, was es von Fehlern hält und ob Sie welche machen dürfen!

Fragen Sie mal Ihr Kind: Welchen Umgang mit Fehlern wünscht es sich von Ihnen?

Wie viele perfekte Mütter und Väter kennen Sie?

Wann habe ich das letzte Mal aus vollem Herzen über einen meiner Fehler gelacht?

Auf den Punkt gebracht:
Es gibt keine Erziehung ohne Fehler. Alle Eltern machen täglich Fehler. Es ist wenig hilfreich, sich deswegen Vorwürfe zu machen und Schuldgefühle zu entwickeln. Hilfreich für die ganze Familie ist es hingegen, wenn Eltern akzeptieren, dass sie genauso wie alle anderen Eltern Fehler machen. Dann ist der Weg frei für einen konstruktiven Umgang mit den Fehlern: Für eine Entschuldigung, für ein Lernen aus dem Fehler und der Suche nach Lösungen für das zukünftige Handeln. Kinder können dieses Verhalten als Vorbild nehmen und mit ihren eigenen Fehlern und Schwächen ebenso entspannt und dennoch verantwortungsvoll umgehen. Eine große Hilfe auf diesem Weg sind der Humor und das Lachen über die eigenen Fehler!

9.3 Wenn Eltern ein übermäßig schlechtes Gewissen plagt

Viele Eltern haben häufig ein „schlechtes" Gewissen und machen sich Vorwürfe verschiedenster Art: dass sie etwas in der Erziehung falsch machen, dass sie sich nicht genug um die Kinder kümmern, dass sie im Alltag zu oft gereizt sind, dass sie neben der Kindererziehung noch viel mehr Aktivitäten in Beruf oder Ehrenamt entfalten sollten oder dass der Haushalt nicht gut genug geführt ist. Diese Aufzählung ließe sich beliebig erweitern, und oft entsteht der Eindruck, dass Eltern alles tun können, was in ihrer Macht steht – und dennoch wird sich das schlechte Gewissen erneut melden und sie anklagen, dass es immer noch nicht genug sei. Dieses Kapitel geht deshalb der Frage nach, woher solch ein übersteigertes schlechtes Gewissen kommt, und zeigt erste Schritte auf, wie es überwunden werden kann.

Zunächst hat das Gewissen seit jeher eine wichtige, positive Funktion für das menschliche Zusammenleben. Wer notwendige Regeln für ein friedliches Miteinander nicht einhält – indem er beispielsweise stiehlt, betrügt oder jemanden schlägt – bekommt ein schlechtes Gewissen. Dann meldet sich die innere Stimme, die die im familiären und gesellschaftlichen Umfeld geltenden Regeln verinnerlicht hat, und feststellt, dass diese Regeln übertreten wurden. Im Idealfall führt das Gewissen dazu, dass die Menschen die gesellschaftlichen Regeln achten, einhalten und fair miteinander umgehen.

Wenn Eltern ein schlechtes Gewissen plagt, sollten sie darum als Erstes prüfen, ob das schlechte Gewissen berechtigt ist und sie etwas versäumt haben oder einen Fehler begangen haben. Wenn dies nicht der Fall ist, handelt es sich vermutlich um ein übersteigertes „schlechtes" Gewissen. Dieses „schlechte" Gewissen, das viele Eltern plagt, ist nicht mehr positiv und konstruktiv, es ist vielmehr übermächtig und führt zu Zwang und Lähmung. Hinter diesem übermäßig schlechten Gewissen steht eine große Anzahl von Regeln, von denen die Betroffenen glauben, dass sie sie unbedingt einhalten müssen. Wenn sie das „schlechte" Gewissen überwinden wollen, müssen sie zunächst einmal ergründen, welche unausgesprochenen und möglicherweise gar nicht bewussten Regeln und Vorschriften es sind, deren Nichtbefolgung das „schlechte" Gewissen seine Stimme erheben lässt. Die meisten dieser Vorschriften lassen sich formulieren als *„Ich muss..."* oder *„Ich darf nicht..."*. Konkrete Beispiele hierfür sind:

→ Ich muss dafür sorgen, dass mein Kind immer sauber und ordentlich gekleidet zur Schule geht.

→ Ich muss Sport machen, damit mein Körper fit bleibt.

→ Ich muss attraktiv aussehen, auch wenn ich erschöpft bin.

→ Mein Haushalt muss immer aufgeräumt sein, wenn Besuch kommt.

→ Ich muss mein Kind mehrmals in der Woche zu Freizeitaktivitäten fahren.

→ Ich darf mir keine tägliche Auszeit für mich alleine gönnen, weil die Familie Vorrang hat und ich nicht egoistisch sein darf.

Es kann sehr aufschlussreiche Erkenntnisse bringen, ein paar Wochen lang immer einen kleinen Notizblock zur Hand zu haben und jede verinnerlichte Vorschrift, die einem bewusst wird, zu notieren. Wer dies aufmerksam einmal für eine Zeit von zwei bis vier Wochen macht, wird erstaunt sein, wie viele Vorschriften hier zusammenkommen. Da ist es kein Wunder, dass manch´ einer ein chronisch schlechtes Gewissen hat.

Der nächste Schritt zur Überwindung des übermäßig „schlechten" Gewissens besteht darin, diese inneren Vorschriften zu hinterfragen und womöglich unnötige Vorschriften aufzugeben. Dieser Schritt bedeutet viel „Arbeit", denn die Regeln und Normen haben sich oft tief und fest verankert und lassen sich nicht einfach aushebeln. Das liegt daran, dass sich das Gewissen in der Kindheit ausbildet, wenn ein Kind lernt, dass es für eine „falsche" Handlung eine unangenehme Erfahrung macht. Es wird ermahnt, beschimpft, geschlagen, oder die Eltern zeigen sich traurig oder enttäuscht. Wie auch immer diese Erfahrung genau aussieht, so ist sie doch jedes Mal mit einem negativen Gefühl verbunden: Beispiele sind die Angst vor Ablehnung, die Angst davor, nicht mehr geliebt zu werden oder das Gefühl, wertlos oder böse zu sein. Diese Gefühle sind nicht nur in der Kindheit vorhanden, diese Gefühle bestehen auch im Erwachsenenalter weiter und melden sich jedes Mal, wenn eine Regel überschritten wird. Wir spüren sie dann als „schlechtes" Gewissen. Wegen dieser engen Verbindung von rationalen Vorschriften mit negativen Gefühlen lässt sich eine unnötige und überflüssige Regel nur dann wirksam aus dem „inneren Gesetzbuch" wieder streichen, wenn sie sowohl verstandesmäßig, als auch gefühlsmäßig losgelassen wird, wie folgendes Fallbeispiel zeigt:

Fallbeispiel
Peters Mutter hat sich vorgenommen, nach dem Hinbringen von Peter in den Kindergarten regelmäßig im Café zu verschnaufen, bevor sie an ihre weitere Tagesarbeit geht. Peter weint beim Abschied jedes Mal heftig. In der ersten Zeit kann die Mutter deshalb die freie Zeit im Café gar nicht so sehr genießen, weil ihr Gedanken durch den Kopf gehen wie „*Ich sollte mir keine Pause nehmen, sondern stattdessen Peter erst später in den ungeliebten Kindergarten bringen*" oder „*Andere Mütter gehen sofort nach dem Kindergarten ins Büro und gönnen sich keine Pause*". Ihre noch ungewohnten, neuen Sichtweisen wie „*Ich brauche eine regelmäßige Auszeit für mich. Es ist wichtig, dass es mir gut geht*" und „*Es ist meine Aufgabe, darauf zu achten, dass ich mich nicht permanent überlaste und Pausen einlege*" sind ihr noch fremd und gefühlsmäßig noch nicht ausreichend verankert. Die Mutter lässt sich jedoch nicht beirren und bleibt bei ihren Café-Besuchen. Im Laufe der Zeit entspannt sie sich zunehmend und hat tiefer verinnerlicht, dass sie sich nicht nur um die Kinder und die Alltagspflichten kümmern sollte, sondern ebenso um sich selbst.

Einen wichtigen Beitrag dazu, das innere Gesetzbuch zu hinterfragen und sowohl auf der Verstandesebene, als auch auf der Gefühlsebene zu bearbeiten, können Methoden wie das ABCZ-Schema und „The Work" leisten. Beide werden in Kapitel 9.6 vorgestellt.

Sehr aufschlussreich ist es darüber hinaus, sich näher anzuschauen, wie wir mit uns umgehen, wenn wir von einem übermäßig starken Gewissen beherrscht werden. Meistens führt die große Anzahl an Regeln zu einer starken Belastung oder zu einem Verzicht auf schöne Erlebnisse. Eltern beladen sich dann zu stark mit sogenannten „Pflichten", gönnen sich wenig Angenehmes und nehmen ihre Eigenverantwortung – die Verantwortung für das eigene Wohlergehen – nicht ausreichend wahr. In der Folge kümmern sie sich zu wenig um sich selbst und ihre Bedürfnisse (vgl. auch Kapitel 9.4. zum Umgang mit den eigenen elterlichen Bedürfnissen). Manchmal ist dieses Verhalten einfacher, als Eigenverantwortung wahrzunehmen und für die eigenen Bedürfnisse einzustehen. Denn so wird vermieden, sich unbeliebt zu machen, Konflikte entstehen zu lassen oder eigene Entscheidungen zu treffen. Da kann es durchaus bequemer sein, dem „schlechten" Gewissen zu folgen, sich den Regeln unterzuordnen und das Ganze dann als „Pflichterfüllung" zu bezeichnen.

Fallbeispiel
Frau Schäfer hat für die Kinder auf ihre Lieblingstätigkeit, das Reiten, verzichtet. Nach vielen Jahren der Kinderbetreuung sehnt sie sich jedoch sehr stark danach, wieder zu reiten und ein eigenes Pferd zu halten. Ihre Familie macht ihr Vorwürfe, weil sie dann nicht mehr ständig zu Hause und für alle ansprechbar wäre. Außerdem würde ein Teil des Familieneinkommens für das Pferd ausgegeben werden und nicht für andere Familienausgaben zur Verfügung stehen. Frau Schäfer müsste außerdem viele Dinge organisieren, um ihren Traum zu erfüllen. Vorerst entscheidet sie sich dafür, ihren Wunsch nicht weiter zu verfolgen. Sie vermeidet damit zum einen ein „schlechtes" Gewissen, das sich sofort melden würde, wenn sie der Familien weniger zur Verfügung stünde. Gleichzeitig umgeht sie aber auch Konflikte mit ihrer Familie und die Mühen der Organisation.

Wer in der Kindheit schon dazu angehalten wurde, dass die Pflichterfüllung immer oberste Priorität hat, wird diesen Weg auch für ganz „normal" und selbstverständlich halten und sich besonders schwer damit tun, stattdessen eigenverantwortlich zu handeln. Es scheint bequemer, sich weiterhin dem „schlechten" Gewissen unterzuordnen, um sich nicht mit sich selbst und den eigenen, tieferen Gefühlen und Beweggründen zu beschäftigen. Der Nachteil ist jedoch, dass ein Leben mit chronisch „schlechtem" Gewissen mit Minderwertigkeitsgefühlen einhergeht und nicht selten auch körperliche Begleiterscheinungen wie Kopfschmerzen, Schlafstörungen, Verspannungen und andere Erkrankungen hervorruft.

Ein weiterer Aspekt, der die Macht des „schlechten" Gewissens zeigt, ist die Hoffnung, dass die anderen, beispielsweise der Ehepartner oder die Kinder, für die Pflichterfüllung Anerkennung zeigen und sich anderweitig dafür revanchieren. Oft geschieht das aber nicht und führt zu Verbitterung, Enttäuschung oder Wut. Dann wäre es an der Zeit, diese Gefühle wahrzunehmen und anzuerkennen, dann sie haben eine wichtige Funktion: Sie zeigen an, dass etwas nicht in Ordnung ist und die eigenen Bedürfnisse nicht zu ihrem Recht kommen.

Je nachdem, wie übermächtig das Gewissen im Laufe der Jahre geworden ist, ist es keine einfache Entscheidung, dieser Übermacht zu begegnen und sich stattdessen mehr um sich selbst zu kümmern. Aber jeder Mensch hat jeden Tag aufs Neue die Wahl, ob es so weiter gehen soll wie bisher oder ob das Leben sich ändern soll. Letztendlich ist es ein lohnenswerter Weg, der zu mehr Lebensfreude, mehr Lebendigkeit und einem höheren Selbstwertgefühl führt. Wenn Eltern sich hier auf den Weg machen, profitieren davon auch die Kinder. Die Kinder werden dann vielleicht weniger von ihren Eltern bedient und weniger verwöhnt als vorher. Dafür haben sie dann aber zufriedenere und authentischere Eltern mit einem gestärkten Selbstwertgefühl. Zugleich werden die Eltern Vorbild für die Kinder. Besonders schüchterne Kinder können von solchen Eltern lernen, für sich selbst einzustehen und sich nicht hinter Gehorsam, Pflichterfüllung und Anpassung zu verstecken.

Fragen zur Vertiefung

Wenn Ihr „schlechtes" Gewissen weniger zu sagen hätte: Welche Dinge, die Sie sich bisher nicht oder nur wenig gegönnt haben, würden Sie dann mit Freude tun?

Wenn Ihr „schlechtes" Gewissen weniger zu sagen hätte: Welche Dinge würden Sie dann gar nicht mehr machen?

Wenn Ihr „schlechtes" Gewissen weniger zu sagen hätte: Wie würden Ihre Kinder und Ihr Partner reagieren?

Vielleicht möchten Sie mal das Experiment machen, zwei Wochen lang jeden Tag bewusst eine oder mehrere Dinge zu unterlassen, zu denen Ihr Gewissen Sie auffordert, die Sie aber nicht von Herzen oder aus voller Überzeugung tun wollen.

Auf den Punkt gebracht:
Viele Eltern werden von einem „schlechten" Gewissen geplagt. Die Ursache liegt in einer Vielzahl verinnerlichter Vorschriften, die nur perfekte Eltern einhalten könnten. Aber Eltern sind, wie alle Menschen, niemals perfekt. Wenn sie das „schlechte" Gewissen überwinden möchten, müssen sie sich die Vorschriften bewusst machen, die sie teilweise unbewusst in sich tragen. Bei näherem Hinsehen sind viele dieser verinnerlichten Vorschriften nicht zweckmäßig und nicht haltbar. Wer es schafft, einige dieser Vorschriften über Bord zu werfen, wird einiges an Lebensfreude hinzugewinnen. Dieser Weg steht jedem offen. Dafür entfällt jedoch auch eine gewisse Bequemlichkeit, denn oft ist es einfacher, sich den Vorschriften und Pflichten zu unterwerfen, als sich wirklich um sich selbst zu kümmern, eigene Entscheidungen zu treffen und gegebenenfalls auch Konflikte auszuhalten.

9.4 Wo bleiben die Bedürfnisse der Eltern?

Eltern sind sowohl für die Erfüllung der elementaren Bedürfnisse ihrer Kinder als auch für die Erfüllung der eigenen Bedürfnisse verantwortlich. Kindliche grundlegende Bedürfnisse haben dabei ganz klar Vorrang, denn Kinder sind hinsichtlich der meisten lebenswichtigen Bedürfnisse wie z.B. Nahrung, Unterkunft, Bildung und Zuneigung auf die Erwachsenen angewiesen. Dennoch haben auch Eltern ebenso wie Kinder Bedürfnisse. Hierbei sind nicht einfach nur Wünsche gemeint. Bedürfnisse haben eine tiefere Dimension. Sie meinen das, was wir von Herzen wünschen und wirklich zum erfüllten Leben brauchen.

Eltern sind besonders „gefährdet", ihre eigenen Anliegen nicht wahrzunehmen und sie zu übergehen. Das turbulente Familienleben und die Versorgung der Kinder lassen oft keinen Raum für ein Nachdenken über die eigenen Bedürfnisse, und oft sind Eltern so erschöpft, dass sie kaum noch die Kraft finden, sich um ihr eigenes Wohlbefinden zu kümmern.

Wo bleiben unerfüllte Bedürfnisse der Eltern?

Wenn Eltern auf Dauer ihre tiefer liegenden Bedürfnisse übergehen, können sie krank, unzufrieden, aggressiv oder depressiv werden. Darum ist es so wichtig, dass Erwachsene ihre eigenen Bedürfnisse wahrnehmen und anerkennen. Den meisten Menschen fällt dies schwer, da sie nicht dahingehend erzogen wurden, ihre tieferen Bedürfnisse wahrzunehmen und als bedeutungsvoll zu erachten. Sie sind vielmehr oft dazu angehalten worden, sich zurückzuhalten, sich nicht zu wichtig zu nehmen und vorrangig nach anderen zu schauen. Dabei wird ganz übersehen, dass ein Mensch sich nur dann wirklich auf andere einlassen kann, wenn er gelernt hat, auch für sich selbst zu sorgen.

Wenn Eltern oft wütend werden, ständig an den Kinder herumnörgeln oder die Kinder anschreien, ist dies häufig ein Ausdruck der versteckten und nicht wahrgenommenen elterlichen Bedürfnisse. Auch wenn Eltern versuchen, sich ganz für ihre Kinder „aufzuopfern" und ihre eigenen Wünsche ganz zurückstellen, kommen die verdrängten Bedürfnisse der Eltern doch auf Umwegen wieder zum Vorschein – über Ärger, Wut, Unzufriedenheit, Depressionen oder körperliche Erkrankungen. Das hat dann wiederum große Auswirkungen auf die gesamte Familie und prägt den familiären Alltag entscheidend mit. Eltern, die zu Hause auf Dauer eine angenehme Atmosphäre aufbauen möchten, in der sich alle wohlfühlen, kommen deshalb nicht darum herum, ihre eigenen Bedürfnisse zu erkunden, wahrzunehmen, zu akzeptieren und sich für deren Erfüllung zu engagieren. Um die Erfüllung müssen sie sich selbst bemühen – das unterscheidet Kinder und Erwachsene.

Wege zu einer gelingenden Kommunikation

Im Familienalltag kollidieren die Bedürfnisse der Eltern häufig mit dem Verhalten der Kinder. Daraus resultieren dann Konflikte, die häufig in Streit und Ärger ausufern. Viele dieser Konflikte lassen sich deutlich entschärfen, wenn Eltern ihre Bedürfnisse kennen und diese auch ganz klar ausdrücken. Wenn dieser Ausdruck über „Ich-Botschaften" geschieht, die in Kapitel 4.10 dargestellt werden, kann eine Auseinandersetzung ohne Anklagen und Vorwürfe stattfinden. Ein einfaches Fallbeispiel veranschaulicht dies:

Fallbeispiel

Herr Lutz ist müde. Sein Sohn Tobias möchte aber noch ein Spiel mit ihm spielen. Herr Lutz sagt seinem Sohn ganz klar: *„Ich sehe, dass du gerne noch mit mir spielen möchtest. Aber ich bin jetzt sehr müde und habe nicht mehr die Kraft dazu. Lass uns morgen schauen, wann wir das Spiel machen können".* Tobias ist nicht begeistert von dieser Botschaft. Aber er reagiert auf eine solche Antwort viel kooperativer als auf väterliche Anweisungen wie beispielsweise: *„Ich habe dir doch deutlich gesagt, dass du dich jetzt mal alleine beschäftigen sollst."*

Wenn sich die Kommunikation in der Familie Stück für Stück dahingehend verändert, dass Eltern ihre eigenen Anliegen klar äußern und damit auch ihre Schwächen und Verletzbarkeit zeigen, wird sich das kindliche Verhalten auch ändern. In solch einer Atmosphäre wird es keine kindlichen „Tyrannen" geben. Denn das Kind erlebt, dass Eltern ganz deutlich ihre Bedürfnisse formulieren und damit auch die Grenzen aufzeigen, die das Kind nicht überschreiten darf. Das funktioniert jedoch nur dann, wenn die Eltern klar sagen „Ich will das..." und „Ich will das nicht...." und die Kinder dabei spüren, dass die Eltern es ernst meinen und mit ihrer ganzen Person dahinterstehen. Zu dem deutlichen Aussprechen und Benennen der Grenzen und Bedürfnisse gehört zugleich auch das sichtbare Handeln. Lang ausferndes Reden oder Erklärungen sind oft der Sache nicht dienlich. Klares Reden und klares Handeln gehören zusammen!

Diese offene und eindeutige Art der Kommunikation hilft auch, elterlichen Wutanfällen vorzubeugen. Denn häufig staut sich bei den Eltern langsam Ärger auf, wenn sie ihren Kindern nicht klar sagen, was sie als Eltern wollen. Die Kinder können dann nicht einschätzen, was den Eltern wirklich wichtig ist und verhalten sich unbeabsichtigt immer wieder so, dass es bei den Eltern ein Unbehagen auslöst. Wenn elterliche Wünsche und Bedürfnisse früh, klar und freundlich formuliert werden, wird sich weniger Ärger anhäufen und nicht so stark anwachsen, dass er sich schließlich als Wutausbruch entlädt.

Ein weiterer Aspekt der deutlichen Benennung elterlicher Bedürfnisse und Grenzen für die Kinder ist, dass diese Klarheit den Kindern einen sicheren Rahmen gibt und damit ein ganz wichtiges kindliches Bedürfnis befriedigt: das Bedürfnis der Kinder nach Sicherheit. Alle Kinder wünschen sich letztlich „starke" Eltern. Damit sind nicht körperlich kräftige, strenge oder laute Eltern gemeint, sondern Eltern, die für sich selbst einstehen und eine klare Ausstrahlung haben. Wenn Eltern zu ihren Bedürfnissen stehen, tun sie dies also nicht nur für sich, sondern zugleich auch für ihr Kind!

Verschiedene Wege zur Erfüllung der Bedürfnisse

Glücklicherweise haben Erwachsene die Möglichkeit, mit der Erfüllung ihrer eigenen Bedürfnisse etwas zu warten. Kinder können hingegen ihre Bedürfnisse nur sehr eingeschränkt verschieben. Eltern haben hier mehr Spielraum, den sie gut nutzen können, damit die Familie den Notwendigkeiten und Wünschen aller gerecht werden kann. Wenn die Bedürfnisse der Eltern aufgeschoben werden müssen, weil kindliche Anliegen oder die Alltagspflichten es nicht anders zulassen, ist das nicht weiter schlimm, wenn die Eltern sich später ihren eigenen Bedürfnissen zuwenden. Eltern sollten deshalb den Familienalltag so planen, dass die Kinder nicht zu kurz kommen, und gleichzeitig ausreichend Gelegenheiten vorsehen, in denen sie sich ihren eigenen Bedürfnissen zuwenden können.

Sehr hilfreich ist es auch, sich vor Augen zu halten, dass es meistens verschiedene Wege gibt, wie das eigene Wohlergehen gesichert werden kann. Wenn ein Mensch beispielsweise traurig ist und den Wunsch verspürt, Trost zu erhalten, kann er ihn, je nach Persönlichkeitstyp, auf unterschiedliche Art und Weise suchen: mit einer Freundin sprechen, in den Arm genommen werden, sich selbst verwöhnen und vieles mehr. Wenn solche aus Bedürfnissen abgeleiteten Wünsche nicht erfüllt werden - wenn beispielsweise die Freundin nicht erreichbar ist - können Erwachsene damit meistens gut umgehen. Sie lassen den Wunsch los und suchen einen anderen Weg - oder sie verschieben die Erfüllung des Wunsches auf später.

Wenn Erwachsene ihre Bedürfnisse klar erkennen, sind sie zudem in der Lage, eindeutige Bitten zu formulieren – an andere oder auch an sich selbst. Wenn ihre Anfrage nicht erfüllt wird, können reife Erwachsene dies gut verkraften, denn es gibt fast immer mehrere Möglichkeiten, ihr Bedürfnis zu erfüllen. Erleichternd kommt noch hinzu, dass Erwachsene in der Lage sind, sich viele Bedürfnisse selbst zu erfüllen. Es ist selten, dass die Erfüllung gänzlich von einer anderen Person abhängt, vom Partner, von einem Freund oder gar von den eigenen Kindern. Wer sich intensiv auf die Suche macht, wird feststellen, dass er sich selbst sehr intensiv beschenken kann.

Anerkennung der eigenen Bedürfnisse

Oft reicht es Erwachsenen auch schon aus, wenn ein Bedürfnis anerkannt wird. Es muss gar nicht immer erfüllt werden. Jeder kennt beispielsweise das wohltuende Gefühl der Erleichterung, wenn jemand anderes intensiv zugehört hat und die eigenen Sorgen ausgesprochen und angenommen wurden. Auch wenn die Ursache für den Kummer immer noch da ist, hat doch ein erstes Stück „Heilung" stattgefunden: der Kummer und die damit verbundenen Bedürfnisse wurden ausgedrückt, anerkannt und akzeptiert. Viel wichtiger als alles zu bekommen ist, dass Menschen wahrnehmen, was sie brauchen oder ersehnen, und dass sie ihre tiefen Wünsche und Bedürfnisse nicht verdrängen und leugnen.

Am Ende des Buches werden einige Literaturempfehlungen gegeben, die sich mit den angesprochenen Themen beschäftigen und einen tieferen Einblick geben. Empfehlenswert sind auch Seminare zur sogenannten „Gewaltfreien Kommunikation" nach Rosenberg. Bei dieser Form der Selbstreflexion und der Kommunikation stehen das wertfreie Aussprechen von Beobachtungen, die Benennung eigener Bedürfnisse und die anschließende Formulierung von Bitten im Vordergrund. Für das Zusammenleben innerhalb der Familie birgt dies viel positives Veränderungspotenzial und zugleich spannende und lohnende Selbsterkenntnisse.

Fragen zur Vertiefung

Wo kollidieren meine Bedürfnisse am stärksten mit den Bedürfnissen der Kinder und den Alltagspflichten?

Wie kann ich mich selbst beschenken und mir Gutes tun? Welchen Bedürfnissen kann ich damit entgegenkommen?

Welche Gefühle wie Ärger, Wut, Unzufriedenheit und Antriebslosigkeit tauchen bei mir häufiger während des Familienalltags auf?

Welche unerfüllten Bedürfnisse könnten sich hinter diesen Gefühlen verstecken?

Auf den Punkt gebracht:

Auf Dauer lassen sich die Bedürfnisse von Eltern nicht komplett zugunsten der Kinder zurückstellen. Verdrängte elterliche Bedürfnisse zeigen sich dann in anderer Form, beispielsweise durch Ärger, Wut, Unzufriedenheit, Genörgel, Depressionen oder Krankheit und beeinflussen indirekt das gesamte Familienklima. Dieses Kapitel ermutigt Eltern dazu, ihre Bedürfnisse wahrzunehmen, anzuerkennen und sich um deren Erfüllung zu kümmern. Nur so werden Erwachsene wirklich „stark" und haben Vorbildcharakter für ihre Kinder. Kinder werden deutlich kooperativer und sind bereit, Grenzen einzuhalten, wenn ihre Eltern ihre Bedürfnisse eindeutig und klar und zugleich freundlich und kindgerecht ausdrücken.

9.5 Rund um Mitleid, Sorgen und Überfürsorge

In den Kapiteln zu kindlichen Ängsten wurde bereits thematisiert, dass Kinder im Zuge ihrer Entwicklung zahlreiche kleinere und größere Fehlschläge, Ängste und Krisen durchleben müssen. Auch wenn Eltern den Kindern gerne diese Erfahrungen ersparen würden, dürfen sie den Kindern dennoch nicht alle Hindernisse aus dem Weg räumen. Denn die Kinder brauchen sie, um zu wachsen, zu reifen und sich zu entwickeln. Für Eltern ist es darum eine anspruchsvolle Herausforderung, diese Situationen auszuhalten, nicht vorschnell einzugreifen und nicht in Mitleid und übermäßiger Sorge zu versinken. Dies gilt in größerem Maße für Eltern von sehr ängstlichen Kindern. Denn sie sind von den Schwierigkeiten ihrer Kinder auch selbst stark emotional betroffen. Sie leiden oft mit ihren Kindern mit und machen sich große Sorgen um deren Wohlergehen. In diesem Kapitel werden Gedankenanstöße gegeben, wie Eltern mit ihren eigenen Emotionen so umgehen können, dass sie mit Vertrauen in sich und die Kinder leben und Zuversicht ausstrahlen.

Sorgen

Wenn ein Kind Schwierigkeiten hat oder traurig ist, ist es eine natürliche Reaktion der Eltern, dass sie sich um das Kind Sorgen machen. Diese Besorgnis bewegt die Eltern dazu, sich mit der Situation des Kindes zu befassen und gegebenenfalls zu handeln. Soweit hat die Sorge also ihren Sinn und eine positive Funktion.

Im Gegensatz zu dieser natürlichen und hilfreichen Sorge gibt es jedoch die übermäßige Sorge, die Eltern stark belasten kann und dem Kind nicht hilft, sondern eher schadet. Übermäßig besorgte Eltern sind durch ihre Befürchtungen so bedrückt, dass sich immer mehr Schwermut ausbreitet und die Lebendigkeit aus dem Familienleben verdrängt wird. Darüber hinaus sind Menschen mit übermäßigen Sorgen fortwährend mit einer imaginären Zukunft beschäftigt. Sorgen richten sich nicht auf das Hier und Jetzt, sondern immerzu auf das, was möglicherweise zukünftig passieren könnte. Die belastenden Gedanken kreisen um eine Fantasiewelt, die real (noch) gar nicht vorhanden ist. Deshalb schließt die Sorge auch den menschlichen Kontakt in der gegenwärtigen Situation aus, denn niemand kann gleichzeitig mit seiner Aufmerksamkeit ganz bei seinem Kind im Hier und Jetzt sein und gleichzeitig mit den Gedanken um mögliche problematische, zukünftige Ereignisse kreisen. Der Familientherapeut Jesper Juul bringt den Zusammenhang folgendermaßen auf den Punkt [13]: „Besorgnis und Depression gehen oft Hand in Hand, ersticken die Vitalität des Besorgten, schaffen Distanz zu den Mitmenschen und machen ihn einsam."

Die Folge für die Kinder sieht Jesper Juul ebenfalls drastisch, wenn er schreibt: „Nichts raubt Kindern so gründlich das Selbstvertrauen wie ständig besorgte Eltern." Wenn Eltern sich Sorgen machen, vermitteln sie damit ihren Kindern stets Botschaften wie: *„Ich habe Angst, dass du nicht zurechtkommst." „Ich habe kein Vertrauen, dass du Erfolg haben wirst."* Für Kinder sind solche Botschaften immer entmutigend, sehr verletzend und treffen sie tief. Vielleicht möchten Sie sich einmal in Ihre eigene Kindheit versetzen und sich an Situationen erinnern, in denen Ihre Eltern Ihnen etwas nicht zugetraut haben. Spüren Sie, wie kränkend das für Sie gewesen war? Vielleicht waren Sie darüber auch wütend oder traurig. Ähnlich geht es uns auch jetzt noch als Erwachsene. Stellen Sie sich vor, dass Sie ein wichtiges Vorhaben planen, und Ihr Partner oder jemand anderes deutlich ausdrückt, dass er an Ihrer Kompetenz und Ihrem Erfolg zweifelt. Das wird heftigen Widerstand in Ihnen hervorrufen!

Wenn die übermäßige Sorge also weder den Eltern, noch den Kindern gut tut, sollten die Eltern sich bemühen, die übermäßige Besorgnis abzubauen und gegen mehr Zuversicht und Zutrauen einzutauschen. So wird es der gesamten Familie besser gehen. Hier sind die Eltern gefordert, an sich selbst zu arbeiten und sich zu verändern, denn eine übermäßige Sorge ist kein unabänderliches Schicksal, sondern kann überwunden werden. Der erste Schritt liegt deshalb darin, die Sorge nicht als „vorgegeben" anzusehen, sondern sich bewusst dafür zu entscheiden, einen Weg aus der übermäßigen Sorge heraus zu finden. Sehr hilfreich für diese Entscheidung kann die Erkenntnis sein, dass die unverhältnismäßig starke Sorge sehr viel Lebendigkeit und Energie aufsaugt und dennoch allen – Eltern, Partnern und Kindern – schadet. Wenn die Sorge zuviel Energie in Anspruch nimmt, gleichen die Betroffenen dem Besitzer eines Autos, der mit seinem Auto andere Autos abschleppen will, obwohl er nur noch wenige Tropfen Benzin in seinem Tank hat. Nur wenn der eigene „Tank" ausreichend gefüllt ist, können wir daran gehen, andere zu unterstützen.

Ein erster Schritt kann es sein, wenn betroffene Eltern alle ihre Befürchtungen aufschreiben und dann diese Sätze hinterfragen. Im Kapitel 9.6 (Das Verändern von negativen Gedanken und Gefühlen) werden zwei Methoden beschrieben, wie negative Gedanken hinterfragt und verändert werden können. Diese Vorgehensweisen eignen sich hervorragend dazu, die vielen Überzeugungen, die hinter den starken Sorgen stecken, zu reflektieren. Ebenso können Entspannungsübungen (Autogenes Training, Progressive Muskelentspannung, tiefe Zwerchfellatmung, Meditation u.a.) unterstützend wirken, denn Entspannung und Sorge sind zwei Pole, die sich gegenseitig ausschließen. Edmund Jacobson, der Begründer der Progressiven Muskelentspannung, formuliert es folgendermaßen: „In einem entspannten Körper kann kein ängstlicher Geist existieren".

Überfürsorge

Viele Eltern von stark schüchternen Kindern bekommen von außen den Ratschlag, dass sie ihre Kinder nicht überbehüten sollen. Gemeint ist damit meistens, dass die Eltern ihre Kinder nicht zu sehr beschützen und sie weniger vor Herausforderungen abschirmen sollen. Bei diesen Ratschlägen wird jedoch häufig übersehen, dass die Grenze zwischen einer Überbehütung einerseits und einer Überforderung des Kindes andererseits für jedes Kind individuell ganz anders aussieht. Für ein sehr offenes Kind stellt beispielsweise der Besuch des Kindergartens eine freudvolle Unternehmung dar. Ein stark schüchternes Kind hingegen kann schon mit dem täglichen Besuch des Kindergartens stark gefordert sein. Wenn die Mutter eines solchen Kindes dann beschließt, dass das Kind nicht auch noch nachmittags die überfüllte Turngruppe besuchen soll, kann dies von außen als Überbehütung interpretiert werden. Wer das Kind näher kennt, würde hingegen sagen, dass das Kind mit dem zusätzlichen Besuch der Turngruppe möglicherweise überfordert wäre. Daher sollten sich Eltern stark schüchterner Kindern nicht übermäßig von Ratschlägen anderer leiten lassen. Denn keiner kennt sein Kind so gut wie sie selbst. Eltern sollten zuallererst ihrer eigenen Intuition folgen und die Ratschläge anderer kritisch prüfen.

Dennoch wird es sicherlich einige Eltern geben, die aus verschiedensten Gründen dazu neigen, ihr Kind zu stark zu beschützen. Wer sein Verhalten diesbezüglich hinterfragen möchte, kann dies anhand der nachfolgenden Frageliste tun:

Fragen zur Vertiefung

Wo beschütze ich mein Kind zu sehr und bin „überbehütend"?

Welche Erfahrungen oder welchen Entwicklungsschritt kann mein Kind dadurch vielleicht nicht machen?

Habe ich Angst vor einer möglichen Leere, wenn ich weniger für das Kind tue oder weniger mit dem Kind zusammen bin?

Beschütze ich mein Kind möglicherweise zu sehr, weil ich nur wenig Zutrauen zu meinem Kind habe?

Beschütze ich mein Kind möglicherweise zu sehr, weil ich selbst ständig in Sorge bin und wenig Vertrauen in das Leben habe?

Wird ein Kind tatsächlich überbehütet, wird es in seiner Entwicklung beeinträchtigt, denn es begegnet nicht den Herausforderungen, die es zum Wachsen und Reifen braucht. Es übernimmt nicht die Eigenverantwortung, die es übernehmen könnte, und es handelt weniger selbstständig als es vermag. Die Folge ist, dass das Kind kein stabiles Selbstvertrauen ausbilden kann und ständig unterhalb seiner Möglichkeiten bleibt.

Der Gegenpol zur Überbehütung ist das Loslassen des Kindes und das Vertrauen, dass das Kind auch Schwierigkeiten und Fehlschläge überwinden wird. Beides lässt sich nicht auf Kommando erzeugen, denn dahinter steht eine grundsätzlich positive und zuversichtliche Lebenseinstellung. Es ist die Grundhaltung eines Menschen, der sich nicht von übermäßigen Sorgen belasten lässt. Wer sich auf den Weg macht, die eigene übergroße Besorgnis abzulegen, wird zugleich das Kind weniger überbehüten, freier werden, loslassen und Vertrauen schöpfen.

Mitleid

Wenn Eltern erleben, dass es ihren Kindern nicht gut geht, ist eine mögliche Reaktion das Bemitleiden des Kindes. Die Botschaften, die das Kind dann empfängt, sind: *„Ich bin arm dran. Mir geht es schlecht. Ich werde bedauert. Anderen geht es besser als mir."* Wenn Sie einmal für einen kurzen Moment versuchen, sich in das Kind mit diesen Botschaften hineinzuversetzen, werden Sie die Schwere und die Mutlosigkeit spüren, die diese Sätze ausstrahlen. Darum schadet Mitleid dem Kind und schwächt es. Es verstärkt Traurigkeit, Entmutigung und Depression. Es schafft Distanz zwischen der Person, der es gut geht und die den anderen bemitleidet, und dem „Leidenden", der bemitleidet wird. Die meisten Kinder möchten deshalb kein Mitleid. Sie möchten stattdessen Ermutigung und Mitgefühl.

Was aber ist mit Mitgefühl im Gegensatz zum Mitleid gemeint? Das Mitgefühl entsteht, wenn wir uns ganz in andere Menschen hineinversetzen und deren Gefühle wie die eigenen nachempfinden. Mitgefühl entsteht aus Gleichheit und Nähe. Wenn es Kindern nicht gut geht, können Erwachsene ihr Mitgefühl beispielsweise zeigen, indem sie dem Kind aktiv zuhören und somit ausdrücken, dass sie am Erleben des Kindes ein echtes Interesse haben und dass sie die Traurigkeit sehen und wahrnehmen (vgl. Kapitel 4.9 zum Aktiven Zuhören).

Fallbeispiel

Melanie ist nicht auf die Geburtstagfeier ihrer Klassenkameradin eingeladen worden und ist darüber sehr gekränkt und verletzt. Die Mutter bemitleidet sie und bestätigt Melanie darin, dass das sehr schlimm und von der Klassenkameradin gemein sei. Zum Trost bietet sie der Tochter ein großes Eis an. Melanie will aber kein Eis, denn ein Eis wäre nur ein „billiger Trost". Es geht ihr weiterhin schlecht, und sie fühlt sich darin bestätigt, dass die Welt traurig, gemein und ungerecht ist.

Eine mitfühlende Mutter hätte Melanie erst einmal „aktiv" zugehört, die aufgenommene Botschaft ohne Wertung zurückgespiegelt und der Tochter beispielsweise erwidert: „Das hat dir sehr weh getan." Der Schmerz wäre davon nicht weg, aber Melanie würde spüren, dass die Mutter sich in ihren Schmerz einfühlt und dass es in Ordnung ist, dass sie traurig ist. Vielleicht wäre das Gespräch auch darauf gekommen, ob Melanie Ideen hat, wie es weitergehen soll. Vielleicht wäre Melanie klar geworden, dass sie selbst andere Klassenkameraden öfters einladen muss, wenn sie selbst eingeladen werden möchte. Oder es wäre ihr aufgefallen, dass sie andere treue Freundinnen hat und diese mehr wertschätzen sollte.

Für Eltern ist die Unterscheidung zwischen entmutigendem Mitleid und einfühlendem Mitgefühl nicht einfach. Zudem ist es ein Lernprozess, der Zeit braucht.

Daher tun sich Eltern keinen Gefallen, wenn sie sich ein „perfektes" mitfühlendes Handeln abverlangen. Freuen Sie sich stattdessen über jede Situation, wo Ihnen Mitgefühl gelungen ist. Interessant ist sicherlich auch ein Gespräch mit den eigenen Kindern, was diese unter Mitleid und unter Mitgefühl verstehen, und wie sie gerne „getröstet" und ermutigt werden wollen.

Auf den Punkt gebracht:

In diesem Kapitel geht es um die emotionalen Herausforderungen, vor denen Eltern stehen, wenn sie aushalten müssen, dass es ihren Kindern schlecht geht oder ihre Kinder Schwierigkeiten überwinden müssen. Da für die Kinder Krisen, Ängste und Hindernisse unverzichtbar für ihre Entwicklung und ihr Wachstum sind, müssen die Eltern sich darin üben, dies auszuhalten und nicht ständig einzugreifen. Übermäßige Sorge, Überbehütung und Mitleid sind in diesem Prozess für das Kind schädlich und für die Eltern belastend. Alternativen zu diesen belastenden Gefühlen können folgende Haltungen und Handlungen sein, die dem Kind wertschätzende Unterstützung geben: Loslassen, Mitgefühl, Ermutigung, Entspannung und Vertrauen.

9.6 Das Verändern von negativen Gedanken und Gefühlen

Unsere Gefühle und unser Handeln hängen sehr stark mit unseren Gedanken zusammen. Wenn wir Negatives über uns denken, fühlen wir uns ängstlich, schuldig, wertlos oder verunsichert. Wenn wir Negatives über andere denken, fühlen wir uns häufig ärgerlich, wütend oder ungeduldig. Wenn wir hingegen positive Gedanken haben, lösen diese Gefühle wie Freude, Zuneigung, Vertrauen und anderes aus. Oft geschieht das Denken „automatisch" und nicht bewusst, so dass wir die einzelnen Gedanken gar nicht bemerken. Wir erkennen dann auch nicht, wo unsere Gefühle wirklich herkommen, und welches der ursprüngliche Antrieb für unser Handeln ist. Letztlich kann das unreflektierte Denken ein ganzes Lebensschicksal mit beeinflussen, wie folgendes Sprichwort eindrucksvoll beschreibt:

Achte auf Deine Gedanken.
Deine Gedanken werden zu Worten.

Achte auf Deine Worte.
Deine Worte werden zu Taten.

Achte auf Deine Taten.
Deine Taten werden zu Gewohnheiten.

Achte auf Deine Gewohnheiten.
Deine Gewohnheiten werden zu Deinem Charakter.

Achte auf Deinen Charakter.
Dein Charakter wird Dein Schicksal.

Die Kenntnis der eigenen Gedanken und das bewusste Gestalten der eigenen Gedankenwelt sind damit ein ganz wichtiger Schlüssel zur Lösungsfindung und damit zu Glück und Lebensfreude. Da die Wahrnehmung und Reflexion der eigenen Gedanken eine solch große Bedeutung besitzen, haben sich viele Philosophen, Psychologen und Vertreter von Religionen mit diesem Thema beschäftigt. So spielt zum Beispiel im Buddhismus die Achtsamkeit auf die Gedanken eine wesentliche Rolle. In allen Meditationsformen, unabhängig von Religion oder Weltanschauung, wird geübt, das meist unkontrollierte „Gedankenkarussell" zu beruhigen. Versuchen Sie einmal, zwei Minuten an nichts zu denken. Es wird Ihnen aller Wahrscheinlichkeit nach nicht gelingen, und vermutlich werden Sie auch festgestellt haben, dass in dieser sehr kurzen Zeitspanne eine Vielzahl an Gedanken kamen und gingen.

Psychologen beschäftigen sich vor allem mit den Auswirkungen von Gedanken auf die menschliche Psyche. Bereits der griechische Philosoph Epiktet postulierte hierzu:

»Nicht die Dinge selbst, sondern nur unsere Vorstellungen über die Dinge machen uns glücklich oder unglücklich.«

Albert Ellis, ein amerikanischer Psychologe und Pionier der „kognitiven Verhaltenstherapie", hat diesen Ansatz in den 70er Jahren aufgegriffen. Er entwickelte eine Methode, die Menschen dabei hilft, sich ihre negativen Gedanken bewusst zu machen, sie zu hinterfragen und gegebenenfalls zu verändern. Diese Herangehensweise ist bei vielen Menschen sehr effektiv, und neben der Anwendung in Coaching und Therapie hervorragend geeignet für das Selbst-Coaching. Beim Selbst-Coaching können Erwachsene und Jugendliche das Hinterfragen und Verändern der Gedanken auch ohne fremde Unterstützung für sich allein erfolgreich durchführen. Diese Methode kann auf eine spannende Reise in die eigene Gedanken- und Gefühlswelt führen und im Alltag die Gefühle und Verhaltensweisen positiv verändern. Folgendes einfache Fallbeispiel stellt den grundlegenden Ablauf dar:

Fallbeispiel zur Bearbeitung negativer Gedanken und Gefühle

Die Ausgangssituation ist:

Die Tochter trödelt jeden Morgen vor dem Kindergarten. Die Mutter treibt sie regelmäßig zur Eile an und wird schließlich wütend. Noch lange nach dem Verlassen des Hauses schwelt der Ärger in der Mutter.

Die zugrundeliegenden, nicht hilfreichen Gedanken der Mutter sind:

→ Kinder müssen gehorchen.

→ Kinder sollen sich beeilen, wenn Eltern das verlangen.

→ Wenn meine Tochter mir nicht gehorcht, habe ich etwas in der Erziehung falsch gemacht.

→ Wenn meine Tochter älter wird, wird es noch schlimmer werden, und ich werde ihr gegenüber ganz hilflos sein.

Die Gefühle, die durch diese Gedanken ausgelöst werden, sind:

→ Ärger, Wut, Hilflosigkeit, Angst vor der Zukunft, Minderwertigkeitsgefühle

Das Hinterfragen der Gedanken zeigt neue Sichtweisen auf:

→ Es ist natürlich, dass Kinder trödeln und sich nicht von der Uhrzeit antreiben lassen.

→ Kinder sind dankenswerter Weise noch in der Lage, vollständig im Hier und Jetzt zu leben und nicht mit ihren Gedanken ständig in die Zukunft vorauszueilen.

→ Es ist die Aufgabe der Eltern, den Tagesablauf so zu gestalten, dass Raum für Trödeleien vorhanden ist.

Es entstehen neue, hilfreiche Gedanken und neue Verhaltensweisen:

→ Wir könnten alle früher aufstehen und damit den Tag entspannter angehen.

→ Ich bin dankbar und freue mich für meine Tochter, dass sie noch so intensiv im Hier und Jetzt lebt.

Damit entstehen auch positive Gefühle:

→ Humor und Lachen über sich selbst und die unrealistischen, überhöhten Forderungen an die Tochter.

→ Erleichterung über eine alternative Lösung.

→ Wertschätzung der Tochter.

Dieses einfache Beispiel zeigt, dass hinter dem Gefühl von Ärger, wie es häufig im Alltag erlebt wird, eine ganze Ansammlung von Gedanken stehen kann, die wir in der konkreten Situation gar nicht wahrnehmen. Mit recht wenig Anstrengung ist es möglich, sich diese verborgenen Gedanken ins Bewusstsein zu rufen. Wenn diese Gedanken und die Vielzahl der ausgelösten Gefühle erst einmal bewusst reflektiert werden, ist der Weg zu einer neuen Sichtweise und einer anderen Verhaltensweise nicht mehr weit. Meistens erweisen sich die Gedanken, die negative Gefühle hervorrufen, als nicht haltbar, als nicht richtig oder als Produkt einer verzerrten Sichtweise. Positive Gedanken sind meist stimmiger und führen dann zu anderem Verhalten und angenehmeren Gefühlen. Dieser einfach klingende Sachverhalt hat eine enorme Tragweite. Er bedeutet, dass unser Fühlen und Handeln in sehr großem Ausmaß davon bestimmt wird, wie wir denken. Wenn wir lernen, unser Denken zu beobachten, zu reflektieren und nach kritischem Hinterfragen gegebenenfalls zu verändern, können wir unserem Leben eine ganz neue Ausrichtung geben. Als Reaktion auf unsere veränderten Gefühle und unser Verhalten wird auch die Umwelt ganz anders auf uns reagieren. Der Mensch ist damit nicht das Opfer der Umstände, er ist vielmehr ein „Opfer" seiner eigenen Gedanken.

Das ABCZ-Schema

Wer seine Gedanken, Gefühle und Verhaltensweisen bewusst erforschen und gestalten möchte, kann dies mit dem ABCZ-Schema tun, das nachfolgend dargestellt wird. Es baut auf den grundlegenden Arbeiten von Albert Ellis auf und eignet sich sehr gut zum Selbst-Coaching. Die Formulierungen stammen von dem Psychologen Harlich Stavemann und wurden von der Autorin zum besseren Verständnis etwas ergänzt bzw. modifiziert [24]. Das Schema trägt den Titel „ABCZ-Modell", wobei A für die Ausgangssituation steht, B für die (subjektive) Bewertung, C für die Konsequenz und Z für die Zielsetzungen. Nachfolgend wird zunächst das Schema gezeigt. Es kann auch als Kopiervorlage für eigene Reflexionen verwendet werden. Anschließend wird zum besseren Verständnis das Schema noch einmal gezeigt, diesmal mit Eintragungen, wie sie für das obige Fallbeispiel denkbar wären.

Es ist zu Beginn sehr empfehlenswert, die Selbstreflexion mit dem ABCZ-Schema regelmäßig durchzuführen und zu üben. Das kann allein oder gemeinsam mit jemand anderem erfolgen. Ein guter Einstieg ist es beispielsweise, abends den Tag in Gedanken vorüberziehen zu lassen und sich an ein oder zwei Begebenheiten zu erinnern, die mit negativen Gefühlen verbunden waren, z.B. mit Ärger. Diese Situationen können dann mit den zugehörigen Gedanken, Gefühlen und Handlungen mit dem ABCZ-Schema reflektiert werden. Wer dies mit Humor angeht, wird immer wieder über sich selbst lachen und mit Schmunzeln entdecken, wie oft sich ähnliche Ketten von Gedanken, Gefühlen und Verhaltensweisen wiederholen. Das ist kein Anlass zur Entmutigung oder Frustration. Seien Sie vielmehr dankbar für jedes Muster aus Gedanken, Gefühlen und Handlungen, das Sie entdecken und entlarven. Mit der Zeit werden die aufgedeckten Muster zunehmend an Einfluss verlieren, und positive Gedanken und Gefühle werden immer weiteren Raum einnehmen.

ABCZ-Modell zum Hinterfragen von Gedanken, Gefühlen und Verhaltensweisen *angelehnt an [24]*

A. Ausgangssituation

Was geschah gerade zu dem Zeitpunkt, als ich diese Gedanken oder diese Gefühle hatte? Was würde ein Außenstehender wahrnehmen und beschreiben?

B. Mein persönliches Bewertungssystem

1. Meine persönliche Sichtweise von der Ausgangssituation
Was sehe ich mit meinem Vorwissen und meinem persönlichen Wertesystem in dieser Situation? Welche Gedanken denke ich bewusst, welche werden mir erst bei näherem Hinsehen bewusst?

2. Meine Schlussfolgerungen und vermuteten Konsequenzen
Wie interpretiere ich die Situationen? Welche Schlussfolgerungen ziehe ich aus meiner persönlichen Sichtweise der Ausgangssituation? Welche Konsequenzen vermute ich?

3. Meine persönliche Bewertung
Wie finde bzw. fände ich das?

C. Meine Konsequenzen

1. Meine Gefühlskonsequenz
Welches Gefühl stellt sich ein? Gibt es körperliche Begleitsymptome?

2. Meine Verhaltenskonsequenz
Was genau tue ich darauf hin? Wie verhalte ich mich?

Z. Finden von neuen und angemessenen Zielsetzungen

1. Neue Zielgedanken
Welchen Gedanken finde ich für die Situation A angemessen und zielführend?

2. Neue Zielgefühle
Welches Gefühl finde ich in der Situation A angemessen und zielführend?

3. Neues Zielverhalten
Welches Verhalten finde ich in der Situation A angemessen und zielführend?

Beispiel für das ABCZ-Modell analog zum obigen Fallbeispiel

A. Ausgangssituation

Was geschah gerade zu dem Zeitpunkt, als ich diese Gedanken oder diese Gefühle hatte? Was würde ein Außenstehender wahrnehmen und beschreiben?
Die Tochter trödelt und ist in ihren Gedanken und ihrem Tun ganz versunken. Die Mutter steht unter großer Anspannung und treibt die Tochter gereizt und unfreundlich zur Eile an.

B. Mein persönliches Bewertungssystem

1. Meine persönliche Sichtweise von der Ausgangssituation

Was sehe ich mit meinem Vorwissen und meinem persönlichen Wertesystem in dieser Situation? Welche Gedanken denke ich bewusst, welche werden mir erst bei näherem Hinsehen bewusst?
Meine Tochter muss mir gehorchen. Es ist sehr wichtig, dass ich pünktlich im Büro bin.

2. Meine Schlussfolgerungen und vermuteten Konsequenzen

Wie interpretiere ich die Situationen? Welche Schlussfolgerungen ziehe ich aus meiner persönlichen Sichtweise der Ausgangssituation? Welche Konsequenzen vermute ich?
Ich verliere die Kontrolle über meine Tochter. Wenn sie älter wird, wird sie gar nicht mehr auf mich hören. Ich werde im Büro großen Ärger bekommen, wenn ich es nicht rechtzeitig dort ankomme.

3. Meine persönliche Bewertung

Wie finde bzw. fände ich das?
Völlig unakzeptabel. Als Mutter und Kollegin würde ich versagen.

C. Meine Konsequenzen

1. Meine Gefühlskonsequenz

Welches Gefühl stellt sich ein? Gibt es körperliche Begleitsymptome?
Gefühle: Ärger, Wut, Hilflosigkeit, Angst vor dem Chef und vor zukünftiger „Tyrannei" der Tochter. Körperliche Symptome: Schneller Herzschlag, Schwitzen.

2. Meine Verhaltenskonsequenz

Was genau tue ich darauf hin? Wie verhalte ich mich?
Ich werde immer unfreundlicher und schreie meine Tochter an. Ich schiebe sie nach draußen.

Z. Finden von neuen und angemessenen Zielsetzungen

1. Neue Zielgedanken

Welchen Gedanken finde ich für die Situation A angemessen und zielführend?
Die Tochter will mich nicht ärgern, sie handelt einfach wie ein Kind. Es ist schön, dass meine Tochter noch ganz im Hier und Jetzt leben kann.

2. Neue Zielgefühle

Welches Gefühl finde ich in der Situation A angemessen und zielführend?
Geduld und Gelassenheit. Wertschätzung der kindlichen Freude und Neugierde an dem, was jetzt gerade da ist.

3. Neues Zielverhalten

Welches Verhalten finde ich in der Situation A angemessen und zielführend?
Humor. Lachen über mich selbst. Andere Organisation des Tagesablaufs mit mehr Pufferzeiten.

Selbstreflexion mit „The Work"

Eine ähnliche und verblüffend einfache Vorgehensweise hat Byron Katie mit der Methode „The Work" entwickelt. Übersetzt bedeutet sie „Die Arbeit". „The Work" besteht aus einer Zusammenstellung von Fragen, welche die eigenen Meinungen hinterfragen und dazu verhelfen, die ausgelösten Gefühle aufzuspüren. Zusätzlich werden die ursprünglichen Meinungen ins Gegenteil verkehrt, so dass sich ganz neue Sichtweisen eröffnen können. „The Work" ist leichter und spielerischer als die Arbeit mit dem ABCZ-Schema, dafür aber weniger analytisch und systematisch. Letztlich ist es eine Frage der eigenen Vorliebe, welche Methode jemand bevorzugt. Darum ist es empfehlenswert, beide Methoden einfach auszuprobieren. Nachfolgend werden die Grundzüge von „The Work" kurz dargestellt. Eine ausführlichere Beschreibung ist in Büchern oder auf der Homepage von Byron Katie zu finden [25,26].

Ausgangspunkt für die Selbstreflexion ist ein konkreter Satz. Er sollte unsere Meinung zu bestimmten Dingen widerspiegeln. Beispiele hierfür sind: *„Es macht mich ärgerlich, dass mein Kind so unordentlich ist.", „Ich bin enttäuscht, dass mein Partner mir so wenig Liebe zeigt."* oder *„Ich bin zu ungeduldig mit meinen Kindern.".* Diese Sätze können als Grundlage für die Reflexion nach „The Work" genommen werden, noch effektiver kann es jedoch sein, diese Sätze weiter zuzuspitzen, indem sie eine Formulierung mit „sollen", „müssen" oder "nicht dürfen" enthalten. Denn fast alle unsere negativen Gefühle resultieren aus Gedanken darüber, wie wir sein sollten, wie andere sein sollten oder wie die Welt sein sollte. Wenn die Realität sich dann anders zeigt, reagieren wir darauf mit Ärger, Enttäuschung oder anderem. Die obigen Sätze könnten also auch folgendermaßen auf den Punkt gebracht werden: *„Mein Kind sollte ordentlicher sein" „Mein Partner muss mir mehr Liebe zeigen" „Ich muss geduldiger mit den Kindern sein".* Je einfacher der Satz ist, desto besser. Deshalb sollte er auch keine Worte wie „weil", „aber" oder „und" enthalten. Wenn der Satz steht, kann die Untersuchung losgehen. Nehmen Sie hierbei für jeden Durchgang nur einen Satz! Die Analyse besteht zunächst aus vier Hauptfragen, die in der nächsten Textbox zusammengestellt sind. Zum besseren Verständnis und zur Anregung sind weitere Unterfragen hinzugefügt.

„The Work" von Byron Katie: Die vier Hauptfragen

1. Hauptfrage: Ist es wahr?

(Wenn die Antwort Nein ist, fahren Sie mit 3. fort).

2. Hauptfrage: Kann ich mit absoluter Sicherheit wissen, dass das wahr ist?

→ Kann ich wirklich wissen, was auf lange Sicht am Besten für seinen/ihren/meinen eigenen Pfad ist?

→ Kann ich genau wissen, dass ich mich freuen würde, wenn ich bekäme, was ich wollte?

→ Gibt es andere Menschen, die den Satz nicht für wahr halten würden?

3. Hauptfrage: Wie reagiere ich bzw. was passiert, wenn ich diesen Gedanken glaube?

→ Wo trifft mich das Gefühl, wo fühle ich es in meinem Körper, wenn ich das glaube?

→ Welche Bilder sehe ich, wenn ich diesen Gedanken glaube?

→ Wie behandele ich andere, wenn ich diesen Gedanken glaube? Was sage ich ihnen? Was unternehme ich? Wen greift mein Verstand an und wie?

→ Wie behandele ich mich, wenn ich diesen Gedanken glaube?

→ Bringt dieser Gedanke Frieden oder Stress in mein Leben?

→ Wohin reist mein Verstand, wenn ich diesen Gedanken glaube?
(Listen Sie alle auftauchenden Gedanken und Überzeugungen auf und beschäftigen Sie sich später damit.)

→ Was habe ich davon, an diesem Gedanken festzuhalten?

→ Kann ich einen positiven Grund finden, warum ich diesen Gedanken behalten sollte?

4. Wer wäre ich ohne den Gedanken?

(Es ist hilfreich, hierbei die Augen zu schließen)

→ Wie würde ich mich ohne diesen Gedanken fühlen?

→ Wie würde ich das Leben anders führen, wenn ich diesen Gedanken nicht glaubte?

→ Wer bin ich genau jetzt, hier sitzend, ohne diesen Gedanken?

Die umfangreichen Unterfragen dienen der Unterstützung. Sie können die Unterfragen auch weglassen und sich einfach auf die Hauptfragen konzentrieren. Sehr hilfreich ist es, wenn „The Work" nicht nur mit dem Verstand durchgearbeitet wird. Denn es geht im Wesentlichen darum, sich tiefer in den Ausgangssatz und die dazugehörigen Fragen hineinzufühlen. Bei diesem Prozess steigen dann nicht nur Gedanken, sondern möglicherweise auch Gefühle, Körperempfindungen, Bilder oder Handlungsimpulse auf. Oft münden diese in überraschende neue Erkenntnisse.

Nach den vier Hauptfragen wird der ursprünglich Satz „umgedreht". Dabei geht es darum, sich in die Umkehrung hineinzuspüren und deren Wahrheitsgehalt zu ergründen. Wie die Umkehrung im Detail funktioniert, veranschaulicht die nachfolgende Textbox:

„The Work" von Byron Katie: Die Umkehrung

Nach den vier Hauptfragen wird die Aussage umgekehrt. Die Umkehrung ist eine Möglichkeit, das Gegenteil von dem in Betracht zu ziehen, was bisher für wahr gehalten wurde. Oft hält sie uns auch den eigenen Spiegel vor. Es gibt verschiedene Umkehrungen wie die Verneinung einerseits oder das Vertauschen von „der andere" zu „ich" andererseits.

Zum Beispiel kann der Satz "Lina sollte auf mich hören" umgekehrt werden zu:

→ Lina sollte nicht auf mich hören.

→ Ich sollte auf Lina hören.

→ Ich sollte auf mich hören.

Erlauben Sie sich, die Umkehrungen voll und ganz zu erfahren. Fragen Sie sich bei jeder Umkehrung:

→ Ist das genau so wahr oder kommt es der Wahrheit näher?

→ Wenn ich diesen umgedrehten Gedanken leben würde, was würde ich tun oder wie würde ich mein Leben anders führen?

→ Sehe ich noch andere Umkehrungen, die genauso wahr oder noch näher an der Wahrheit liegen?

„The Work" lässt sich gut allein, aber ebenso mit einem Partner gemeinsam durchspielen. Es gibt verschiedene Anbieter von Seminaren, in denen in „The Work" eingeführt und gemeinsam geübt wird. Solch ein Einstieg wird vielen leichter fallen als das alleinige Üben zu Hause. Mit älteren Kindern kann „The Work" auch gemeinsam durchgearbeitet werden, zum Beispiel abwechselnd zu Überzeugungen der Eltern und zu Überzeugungen der Kinder. Besonders spannend ist dieses gemeinsame Vorgehen, wenn es um Konflikte in der Familie geht und alle Beteiligten bereit sind, ihre festgefahrenen Meinungen zu hinterfragen.

Auf den Punkt gebracht:
Negative Gedanken beeinflussen unsere Gefühle, unser Handeln und letztlich unser ganzes Leben. Den meisten Menschen ist dieser Zusammenhang nicht bewusst, und sie sehen sich als Oper der Umstände oder des Schicksals. Wer jedoch seine Gedanken reflektiert, hinterfragt und durch stimmigere Gedanken ersetzt, wird erfreut feststellen, dass sich die eigenen Gefühle positiv verändern und sich ganz neue Handlungsspielräume eröffnen. Der Familienalltag kann sich deutlich entspannen, Ängste und Sorgen können abgebaut und Konflikte entschärft werden. In diesem Kapitel werden zwei Methoden vorgestellt, mit denen die eigenen Gedanken hinterfragt und verändert werden können. Beide Methoden eigenen sich sowohl für das Selbst-Coaching, als auch für die Arbeit mit einem Partner.

9.7 Wie sich Familiensysteme ausbalancieren

Die systemische Familienberatung sieht die Schwierigkeiten von Einzelnen aus einem ganz anderen Blickwinkel als traditionelle Beratungs- und Therapiemethoden. Der systemische Ansatz wird hier kurz vorgestellt, weil er das Herangehen an Probleme entscheidend verändern kann. In der systemischen Familienberatung interessiert die Problemgeschichte kaum. Der Blick ist vielmehr auf die Gegenwart, vorhandene Stärken und mögliche Lösungen gerichtet. Es wird hierbei nicht der einzelne Mensch isoliert betrachtet, sondern immer das ganze „System", in dem er sich bewegt. Bei Kindern ist es die Familie und das weitere Umfeld in Schule, Kindergarten und Freundeskreis. Es wird davon ausgegangen, dass sich alle Mitglieder dieses Systems gegenseitig beeinflussen. Es gibt keine Handlungen, die nicht auch die anderen und das gesamte Beziehungsgefüge beeinflussen. In einer „gesunden" Familie hat jedes Familienmitglied (altersgemäß) genug Freiraum, und das System ist beweglich. Das System kann jedoch „krank" werden, wenn die Familienbalance gestört ist. Meist wird dann - als Reaktion auf die Störung - nur ein einziges Familienmitglied als „auffällig" erlebt.

Oft sind es die Kinder, die mit Verhaltensauffälligkeiten aufzeigen, dass im Familiengefüge etwas nicht in Ordnung ist. Ein Beispiel sind verhaltensauffällige Kinder, deren Eltern zerstritten sind. Ein anderes Beispiel ist ein Kind, das mit einem „Symptom" auszugleichen versucht, wenn ein Elternteil Wut und Ärger unterdrückt und damit den natürlichen Ausgleich innerhalb des Systems blockiert. Die Schwierigkeiten des Kindes haben aus der systemischen Sicht immer einen Zweck und ein positives Ziel. Davon wird auch ausgegangen, wenn das Ziel dem Kind und den Eltern nicht bewusst ist oder das kindliche Verhalten vom logischen Standpunkt aus nicht sinn- oder wirkungsvoll erscheint.

In der systemischen Beratung geht es darum, dass die Familie alternative Lösungen findet und Veränderungen einleitet, so dass die kindliche Verhaltensauffälligkeit nicht mehr nötig ist, um das Familiensystem in Balance zu halten oder auf Unstimmigkeiten hinzuweisen. Es wird stets davon ausgegangen, dass hinter jeder Handlung eines jeden Familienmitglieds eine gute Absicht steht, auch wenn diese vordergründig nicht als solche erkannt wird. Es gibt somit keine „Schuldigen", keine „Guten" und keine „Bösen". Weil jede Familie und ihre Mitglieder einzigartig sind, gibt es auch keine Patentrezepte, sondern immer nur individuelle Lösungen.

Wenn Ihr Kind Auffälligkeiten zeigt, die Sie nicht verstehen oder sich nicht erklären können, kann ein „systemischer" Blick auf die Familiensituation einige neue Erkenntnisse bringen. Neben einer eigenen Bestandsaufnahme ist hierbei die Unterstützung durch einen außen stehenden systemischen Berater sehr hilfreich. Da alle Familienmitglieder ein Teil ihres Familiensystems sind, fehlt ihnen naturgemäß die Sicht von außen. In der systemischen Familienberatung wird die Familie darin unterstützt, ihr Familiensystem besser zu verstehen und Veränderungen, die allen zugute kommen, einzuleiten. Die für sie stimmige Lösung findet die Familie in diesem Prozess selbst und bleibt dadurch selbstbestimmt und autonom.

Fragen zur Vertiefung

Wie sieht unser Familiensystem aus? Gibt es gravierende Ungleichgewichte, Konflikte oder Streit?

Gibt es einzelne Familienmitglieder, die nicht genügend Freiraum haben, unzufrieden sind, häufig zurückstecken oder still leiden?

Gibt es ein Familienmitglied, das krank oder „auffällig" ist? Ist es denkbar, dass dieses Familienmitglied damit das Familiensystem stützt oder stellvertretend für andere Familienmitglieder anzeigt, dass etwas nicht stimmt?

Was würde passieren, wenn dieses Familienmitglied von heute auf morgen wieder gesund bzw. „unauffällig" wäre? Gäbe es andere Veränderungen in der Familie?

Auf den Punkt gebracht:

Die systemische Beratung baut auf der Grundannahme aus, dass jede Familie ein „System" ist, in dem die Handlungen jedes Einzelnen Auswirkungen auf alle anderen haben. Wenn das Familiengleichgewicht gestört ist - beispielsweise wegen elterlichen Streits oder unausgesprochener Konflikte - passiert es oft, dass ein Kind „auffällig" wird mit dem (unbewussten) Ziel, das Familiensystem vor dem Zusammenbruch zu bewahren. Aus systemischer Sicht verschwindet die „Auffälligkeit" des Kindes, sobald die Familie alternative Wege gefunden hat und sich so verändert, dass eine ausgewogene Balance im Familiensystem wieder hergestellt wird. Die „Auffälligkeit" wird dann nicht mehr gebraucht.

9.8 Wenn Eltern unter Schüchternheit leiden

Es gibt nicht nur viele schüchterne Kinder, sondern ebenso viele Erwachsene, die sehr stark schüchtern sind und unter dieser Schüchternheit leiden. Genau wie stark schüchterne Kinder erleben auch sie Angst in der Begegnung mit anderen Menschen und vermeiden viele soziale Kontakte.

Wenn Eltern schüchtern sind, aber mit dieser Schüchternheit ein zufriedenes Leben führen und ihren Kindern ausreichend Kontakte zu anderen Menschen ermöglichen, gibt es keinen Anlass zur Veränderung. Wenn Eltern aber unter der Schüchternheit leiden oder das Kind auf Grund der Schüchternheit der Eltern stark isoliert leben muss, stehen den Eltern viele Wege offen, um ihre eigene Schüchternheit und die damit verbundenen Ängste zu überwinden.

Der erste Schritt liegt in der Entscheidung: „Ich will mich verändern!". Möglicherweise kommen bei diesem Gedanken bei vielen Betroffenen spontan viele Einwände wie „Ich bin halt so, in meinem Alter kann ich auch nichts mehr ändern" oder „Schüchternheit ist erblich, damit muss ich leben". Betroffene sollten diese Einwände zur Kenntnis nehmen, sich aber nicht vorschnell beirren lassen. Der Psychologe Philip Zimbardo und die Psychologen Barbara und Gregory Markway nennen zahlreiche Beispiele erwachsener Menschen, die ihre soziale Angst überwunden haben [27,28]. Denn auch wenn die Neigung zur Schüchternheit zu einem Teil vererbt sein mag, so ist dennoch der Umgang mit der Schüchternheit in weitem Maße veränderbar. Weiterhin sollte das Ziel der Veränderung auch gar nicht sein, dass stark Schüchterne ihr zurückhaltendes und stilles Temperament ablegen. Dies ist nicht das Thema. Es geht vielmehr darum, die Angst vor anderen Menschen zu verlieren. Diese Angst ist nicht primär vererbt, sondern hängt in großem Ausmaß von unserer Art des Denkens und von erlernten Verhaltensmustern ab. Sowohl das Denken, als auch das Verhalten sind weitaus stärker veränderbar, als sich die meisten Menschen vorstellen. Mehr Hintergrundinformationen und praktische Methoden dazu befinden sich in Kapitel 9.6.

Der zweite Schritt kann dann verschiedene Formen annehmen. Wer sich auf den Weg zu einem Leben ohne soziale Ängste machen möchte, kann zum Beispiel folgendermaßen beginnen:

→ die eigenen Gedankenmuster nach den in Kapitel 9.6 beschriebenen Methoden hinterfragen und verändern,

→ Ratgeber oder Selbsthilfebücher zu dem Thema lesen,

→ einen Coach oder Therapeuten aufsuchen, der sich mit diesem Thema auskennt,

→ ein Gruppentraining oder eine Selbsthilfegruppe aufsuchen,

→ damit beginnen, täglich etwas ein bisschen anders als gewohnt zu machen und langsam sein Verhaltensrepertoire zu erweitern.

Wie dieser konkrete Weg dann im Einzelnen aussieht, geht über den Rahmen dieses Elternratgebers weit hinaus. Für Interessierte sind deshalb im Anhang Empfehlungen zum Weiterlesen gegeben.

Fragen zur Vertiefung

Nehmen wir einmal an, die Angst vor anderen Menschen wäre über Nacht verschwunden, was wäre dann anders? Was würden Sie tun? Wie würden Sie sich fühlen? Woran würden Ihre Kinder das merken?

Gibt es einen zwingenden Grund, die Angst noch eine Weile beizubehalten?

Wenn ich mich entscheide, die soziale Angst zu überwinden: Was ist der nächste Schritt? Wie kann ich mich für diesen nächsten Schritt „belohnen"?

Auf den Punkt gebracht:

Ausgeprägte Schüchternheit, die mit einem Leidensdruck verbunden ist, ist kein unabänderliches Schicksal. Auch Erwachsene können ihre Ängste im Umgang mit anderen Menschen überwinden. Der erste Schritt ist, dies wirklich zu wollen und sich nicht von Zweifeln beirren zu lassen.

Im Wesentlichen geht es dabei darum, ein zufriedenes Leben ohne einengende Ängste zu leben. Dabei müssen grundlegende Persönlichkeitsmerkmale wie Zurückhaltung oder Bevorzugung eines ruhigen Umfelds keineswegs aufgegeben werden. Im Gegenteil, Menschen ohne Angst haben viel mehr Freude an ihrer eigenen Gesellschaft als Menschen, die häufig von ihren Ängsten in Anspannung versetzt werden.

---

10 Tipps zum Weiterlesen, Literatur und Referenzen

10.1 Tipps zum Weiterlesen

▣ Kinderängste

Jan-Uwe Rogge: Ängste machen Kinder stark. Rowohlt Verlag, 1999 (Sehr empfehlenswertes und einfühlsames Buch mit zahlreichen Praxisbeispielen.)

Gertraud Finger: Brauchen Kinder Ängste? Wie Kinder an ihren Ängsten wachsen. Klett-Cotta, 2004

Barbara Markway; Gregory Markway: Kinderängste und Schüchternheit überwinden. Beltz Verlag, 2007 *(Empfehlenswert für Eltern mit sehr stark schüchternen Kindern.)*

▣ Schulangst und Mobbing

Jo-Jacqueline Eckardt: Mobbing bei Kindern. Erkennen, helfen, vorbeugen. Urania Verlag. 2006 *(Praxisnahes und gut zu lesendes Buch.)*

Dieter Krowatschek, Holger Domsch: Stressfrei in die Schule. Ängste überwinden. Patmos Verlag, 2006

Matthias Pöhm: Schlagfertig auf dem Schulhof, mvg-Verlag, 2008 *(Das Buch ist ein Trainingsbuch für Jugendliche. Geübt werden die Körpersprache und die Sprache mit dem Ziel, dass das Auftreten sich so verändert, dass der Jugendliche nicht mehr von Drangsalierern bedrängt wird.)*

■ Hochsensible Kinder

Elaine Aron: Das hochsensible Kind. mvg-Verlag, 2002

■ Fantasiereisen und Spiele

Andrea Christiansen: Mut und Stärke durch Fantasiereisen. Mit dem Zauberbären mehr Selbstvertrauen für Kinder. Urania Verlag, 2008 *(15 Fantasiereisen für Kinder ab 5 Jahren zu den Themen Selbstvertrauen, Mut, Glück, Kreativität und Entspannung.)*

Ulrike Petermann: Die Kapitän-Nemo-Geschichten. Geschichten gegen Angst und Stress. Herder spektrum, 2001 *(14 Fantasiegeschichten in die Unterwasserwelt.)*

Andrea Erkert: Liebe Schnecke, komm heraus! Spiele und Anregungen zur Förderungen des Selbstwertgefühls und des sozialen Verhaltens. Ökotopia-Verlag, 2000 *(Spiele und Übungen zu verschiedenen Aspekten von Wahrnehmung, sozialem Lernen und Selbstwertgefühl. Viele Übungen sind für Kindergruppen konzeptioniert. Einige sind auch für zu Hause geeignet.)*

■ Entspannungstraining, Progressive Muskelentspannung und Autogenes Training

Ursula Salbert: Ganzheitliche Entspannungstechniken für Kinder. Ökotopia-Verlag, 2010 *(Entspannungstraining für Kinder mit kindgerechten Übungen und Fantasiereisen aus den Bereichen Yoga, Atemtechnik, Autogenes Training und Progressive Muskelentspannung für Kindergarten- und Schulkinder.)*

Linda Lantierei, Daniel Goleman: Emotionale Intelligenz für Kinder und Jugendliche. Ein Übungsprogramm, um innere Stärke aufzubauen. Mit CD, Arkana-Verlag, 2009 *(Im Buch geht es darum, die emotionale Intelligenz zu stärken und zu verbessern durch körperliche Entspannung mittels progressiver Muskelentspannung und Body-Scan und durch eine Achtsamkeitsübung. Sie enthält unterschiedliche altersgerechte Übungen für Kinder von 5 - 7 Jahren, für Kinder von 8 - 11 Jahren und Jugendliche ab 12. Sehr empfehlenswert durch die altersgerechten unterschiedlichen Übungen.)*

Vanessa Speck: Progressive Muskelentspannung für Kinder. Audio-CD. Hogrefe-Verlag, 2005 *(Führt durch die progressive Muskelentspannung ohne einbettende Geschichte, daher gut geeignet für Jugendliche und Erwachsene; zusätzlich enthält sie eine Entspannungsgeschichte für Kinder.)*

■ **Das Trainingsprogramm „Ich schaffs"**

Ben Furman: Ich schaffs! Spielerisch und praktisch Lösungen mit Kindern finden – Das 15-Schritte-Programm für Eltern, Erzieher und Therapeuten, Carl-Auer-Verlag, 2005 *(Gut zu lesende Darstellung mit zahlreichen Fallbeispielen.)*

■ **Negative Gedanken hinterfragen und verändern**

Sabine Ahrens-Eipper, Katrin Nelius: Mutig werden mit Til Tiger. Ein Ratgeber für Eltern, Erzieher und Lehrer von schüchternen Kindern. Hogrefe Verlag, 2009 *(Enthält ein Kapitel zu diesem Thema mit kindgerechten Arbeitsblättern.)*

Barbara Markway; Gregory Markway: Kinderängste und Schüchternheit überwinden. Beltz Verlag, 2007 *(Enthält ein Kapitel zu diesem Thema mit kindgerechten Arbeitsblättern.)*

Byron Katie: Lieben was ist. Wie vier Fragen Ihr Leben verändern können. Goldmann Verlag. 7. Auflage, 2002 *(Ausführliche Darstellung der „The Work" mit vielen Fallbeispielen. Für Erwachsene.)*

Harlich Stavemann: Im Gefühlsdschungel: Emotionale Krisen verstehen und bewältigen. Beltz Verlag, 2001 *(Umfangreiche Darstellung der verschiedenen Formen negativer Gedanken und ihrer Wirkungen. Im Buch wird auch das ABCZ-Schema erläutert. Für Erwachsene.)*

■ **Selbsthypnose und Mentaltraining**

Saskia Baisch-Zimmer, Gabriele Petrig: Kinder-Mentaltraining. Mit vielen Übungen und „Bärenstarken Gedanken". Beltz-Verlag, 2011

Dirk Revenstorf; Reinhold Zeyer: Hypnose lernen. Anleitungen zur Selbsthypnose für mehr Leistung und weniger Stress. Carl-Auer-Systeme Verlag, 9. Auflage 2009 *(Kurze und fundierte Darstellung mit praktischen Übungen.)*

Brian Alman, Peter Lambrou: Selbsthypnose. Ein Handbuch zur Selbsttherapie. Carl-Auer-Verlag, 2009 *(Sehr umfangreiches Buch, das ausführlich die verschiedensten Selbsthypnosetechniken und zahlreiche Anwendungsgebiete behandelt. Dennoch leicht geschrieben.)*

Kurt Tepperwein: Praxisbuch Mental-Training: Entspannen – Neue Kraft schöpfen – Das leben gestalten. Droemer-Knaur-Verlag, 2009 *(Gut zu lesende Einführung in das Mentaltraining mit zahlreichen Übungen.)*

■ **Pubertät**

Jan-Uwe Rogge: Pubertät. Loslassen und Haltgeben. rororo Taschenbuchverlag, 2010 *(Empfehlenswertes Buch zum Thema Pubertät und seinen vielen Facetten.)*

Ilona Einwohlt, Christina Arras von Arena: Schmetterlingsflügel für dich! Das Coachingbuch für starke und selbstbewusste Mädchen. Arena Verlag, 2006

■ **Schüchternheit und Angst bei Jugendlichen und Erwachsenen**
Borwelin Bandlow: Das Buch für Schüchterne. Wege aus der Selbstblockade. Rowohlt Verlag, 2007 *(Gut zu lesender und humorvoller Ratgeber mit vielen Anregungen und Hintergrundinformationen.)*

Barbara Markway; Gregory Markway: Frei von Angst und Schüchternheit. Soziale Ängste besiegen – ein Selbsthilfeprogramm. Beltz Verlag, 2001 *(Umfangreicher Ratgeber mit vielen Übungen, Empfehlungen und Hintergrundinformationen zu sozialen Angststörungen von Erwachsenen.)*

Dale Carnegie: Sorge dich nicht – lebe! Die Kunst, zu einem von Ängsten und Aufregungen befreiten Leben zu finden. Fischer Taschenbuchverlag, 2003 *(Einfach geschriebener „Klassiker" mit vielen guten Anstößen für ein Leben ohne Sorgen.)*

Matthias Pöhm: Schlagfertig auf dem Schulhof, mvg-Verlag, 2008 *(Das Buch ist ein Trainingsbuch für Jugendliche. Geübt werden die Körpersprache und die Sprache mit dem Ziel, dass das Auftreten sich so verändert, dass der Jugendliche nicht mehr von Drangsalierern bedrängt wird.)*

■ **Kommunikation / Bedürfnisse von Eltern / Gewissen / Grenzen setzen**
Thomas Gordon: Familienkonferenz: Die Lösung von Konflikten zwischen Eltern und Kind, Heyne Verlag 1989 *(Dieses Buch ist der „Klassiker" für das Aktive Zuhören und nach wie vor sehr aktuell. Mit vielen Fallbeispielen.)*

Jan-Uwe Rogge: Das neue Kinder brauchen Grenzen. Rowohlt Taschenbuchverlag, 2. Auflage, 2008 *(Lesenswertes und empfehlenswertes Buch mit vielen Fallbeispielen* *zum Erziehungsalltag mit den übergeordneten Themen von Grenzen setzen, konsequent erziehen, Orientierung geben, Rituale gestalten und ein partnerschaftliches Miteinander gestalten.)*

Thomas d' Ansembourg: Endlich ICH sein. Wie man mit anderen zusammenleben und gleichzeitig man selbst bleiben kann. Herder Verlag, 2004 *(Wertvolles Buch zum Umgang mit Bedürfnissen und Gefühlen; gleichzeitig Einführung in die Grundlagen der „Gewaltfreien Kommunikation" nach Rosenberg.)*

Manfred Prior, Heike Winkler: MiniMax für Lehrer: 16 Kommunikationsstrategien mit maximaler Wirkung. Beltz Verlag, 2009. *(Ein kurzes und dennoch gehaltreiches Buch über Kommunikation, die den Blick auf Lösungen, Ressourcen und Achtung vor dem anderen hat. Auch für Eltern und Jugendliche sehr lesenswert.)*

Serena Rust: Wenn die Giraffe mit dem Wolf tanzt. Vier Schritte zu einer einfühlsamen Kommunikation. Koha-Verlag, 2006 *(Bildreiche Einführung in die Gewaltfreie Kommunikation.)*

Verena Burgbacher, Carola Eißler: Schluss mit dem schlechten Gewissen: Wege zu mehr Lebensfreude, Herder Verlag, 2008 *(Lesenswertes Buch zur Entstehung und Überwindung von übermäßig starkem „schlechten" Gewissen.)*

■ Asperger Syndrom und ADS

Tony Attwood: Das Asperger-Syndrom: Wie Sie und ihr Kind alle Chancen nutzen – Das erfolgreiche Praxis-Handbuch für Eltern und Therapeuten. Trias Verlag, 2005 *(Gut zu lesende und informationsreiche Einführung.)*

Prince-Hughes von Dawn: Heute singe ich mein Leben: Eine Autistin begreift sich und ihre Welt. Ullstein Taschenbuchverlag, 2005 *(Spannende und ergreifende Autobiographie einer Frau mit Asperger Syndrom.)*

Uta Reimann-Höhn: Langsam und verträumt: ADS bei nicht-hyperaktiven Kindern. Herder Verlag, 2008

Helga Simchen: ADS. Unkonzentriert, verträumt, zu langsam und viele Fehler im Diktat: Hilfen für das hypoaktive Kind. Kohlhammer Verlag, 2009

10.2 Verwendete Literatur und Referenzen

1   Siebke Stieler-Melfsen: Soziale Phobie bei Kindern und Jugendlichen: Psychopathologie und Psychotherapie. Habilitationsschrift Universität Würzburg, 2008

2   Philip G. Zimbardo, Shirley Radl: The shy child. A parent's guide to preventing and overcoming shyness from infancy to adulthood. McGraw-Hill Book Company, 1981

3   Franz Petermann, Ulrike Petermann: Training mit sozial unsicheren Kindern - Einzeltraining, Kindergruppen, Elternberatung. Beltz Verlag, 2009

4   Sabine Ahrens-Eipper, Bernd Lepow: Mutig werden mit Til Tiger. Ein Trainingsprogramm für sozial unsichere Kinder. Hogrefe Verlag, 2004

5   Sabine Ahrens-Eipper, Katrin Nelius: Mutig werden mit Til Tiger. Ein Ratgeber für Eltern, Erzieher und Lehrer von schüchternen Kindern. Hogrefe Verlag, 2009

6   Jan-Uwe Rogge: Ängste machen Kinder stark. Rowohlt Verlag, 1999

7   Jan Kristal: The temperament perspective. Working with children's behavioural styles. Paul Brookes Publishing, 2005

8   Helen Neville, Diane Clark Johnson: Temperament tools. Working with your child's inborn traits. Parenting Press, Washington 1998

9   Elaine Aron: Das hochsensible Kind. mvg-Verlag, 2002

10 Stefanie Stahl, Melanie Alt: So bin ich eben! Erkenne dich selbst und andere. Ellert & Richter Verlag, 2005

11 Jolande Jacobi: Die Psychologie von C. G. Jung. 21. Auflage, Fischer Taschenbuchverlag, 2006

12 Paul D. Tieger, Barbara Barron-Tieger: Nurture by Nature: Understand Your Child's Personality Type - And Become a Better Parent. Verlag Little, Brown and Company, 1997

13 Jesper Juul: Das kompetente Kind. 7. Auflage, Rowohlt-Verlag, 2007

14 Thomas Gordon: Familienkonferenz. 25. Auflage, Heyne Verlag, 1998

15 L. Lantieri, D. Goleman: Emotionale Intelligenz für Kinder und Jugendliche. Ein Übungsprogramm, um innere Stärke aufzubauen. Mit CD. Arkana-Verlag, 2009

16 Jutta Joormann, Suzan Unnewehr: *Behandlung der sozialen Phobie bei Kindern und Jugendlichen. Ein kognitiv-verhaltenstherapeutisches Gruppenprogramm.* Hogrefe-Verlag, 2002

17 Barbara Markway; Gregory Markway: *Kinderängste und Schüchternheit überwinden.* Beltz Verlag, 2007

18 Sabine Maur-Lambert, Andrea Landgraf, Klaus-Ulrich Oehler: *Gruppentraining für ängstliche und sozial unsichere Kinder und ihre Eltern.* verlag modernes lernen Borgmann, 2003

19 Stefan Adams: *Fantasiereisen für Jugendliche.* Don Bosco Verlag, 2001

20 Matthias Pöhm: *Schlagfertig auf dem Schulhof.* mvg-Verlag, 2008

21 Ben Furmann: *Ich schaffs! Spielerisch und praktisch Lösungen mit Kindern finden – Das 15-Schritte-Programm für Eltern, Erzieher und Therapeuten.* Carl-Auer-Verlag, 2005

22 Bill O'Hanlon: *Probiers mal anders! Zehn Strategien, die Ihr Leben verändern.* Carl-Auer Verlag, 2007

23 Jan-Uwe Rogge: *Das neue Kinder brauchen Grenzen.* 2. Auflage, Rowohlt Taschenbuchverlag, 2008

24 Harlich Stavemann: *Therapie emotionaler Turbulenzen. Einführung in die kognitive Verhaltenstherapie.* 3. Auflage, Beltz Verlag, 2003

25 Byron Katie: *Lieben was ist. Wie vier Fragen Ihr Leben verändern können.* 7. Auflage, Goldmann Verlag, 2002

26 Homepage von „The Work of Byron Katie" mit einer Einführung in die Methode und Arbeitsmaterialien zum Download. *http://www.thework.com/deutsch/index.asp*

27 Philip Zimbardo: *Shyness, what it is, what to do about it.* Addison Wesley, 1989

28 Barbara Markway, Gregory Markway: *Frei von Angst und Schüchternheit. Soziale Ängste besiegen – ein Selbsthilfeprogramm.* Beltz Verlag, 2001

29 Silvia Schneider: Angststörungen bei Kindern und Jugendlichen. Springer-Verlag, 2003

30 Jesper Juul: Die kompetente Familie. Neue Wege in der Erziehung. Kösel Verlag, 2007

31 Jan-Uwe Rogge: Pubertät. Loslassen und Haltgeben. 13. Auflage, Rowohlt Taschenbuchverlag, 2007

32 Rainmar du Bois: Kinderängste: Erkennen, verstehen, helfen. Beck Verlag, 2007

33 Carl Schwartz, N. Snidman, Jerome Kagan: Adolescent social anxiety as an outcome of inhibited temperament in childhood. J. Am. Acad. Child Adolesc. Psychiatry 38, 1008-1015, 1999

34 David Keirsey: Please understand me II. Temperament, character, intelligence. Promethus Nemesis Book Company, 1998

35 Gertraud Finger: Brauchen Kinder Ängste? Wie Kinder an ihren Ängsten wachsen. Klett-Cotta, 2004

36 Norbert Beck, Silke Cäsar, Britta Leonhardt: Training sozialer Fertigkeiten mit Kindern im Alter von 8 bis 12 Jahren. Deutsche Gesellschaft für Verhaltenstherapie, 2008

37 Andrea Christiansen: Mut und Stärke durch Fantasiereisen. Mit dem Zauberbären mehr Selbstvertrauen für Kinder. Urania Verlag, 2008

38 Myla und Jon Kabat-Zinn: Mit Kindern wachsen: Die Praxis der Achtsamkeit in der Familie. Arbor Verlag, 2006

39 Borwin Bandelow: Das Buch für Schüchterne. Wege aus der Selbstblockade. Rowohlt Verlag, 2007

40 Elaine Aron: Sind Sie hochsensibel? mvg-Verlag, 2005

41 Andrea Erkert: Liebe Schnecke, komm heraus! Spiele und Anregungen zur Förderungen des Selbstwertgefühls und des sozialen Verhaltens. Ökotopia-Verlag, 2000

42 Ursula Salbert: Ganzheitliche Entspannungstechniken für Kinder. Ökotopia Verlag, 2010

43 Verena Burgbacher, Carola Eißler: Schluss mit dem schlechten Gewissen: Wege zu mehr Lebensfreude; Herder Verlag, 2008